Krippen
aus aller Welt
in der Sammlung
Würth

Italien
Neapolitanische Kompaktkrippe
verschiedene Materialien
60 x 36 x 35 cm
Sammlung Würth, Inv. K992
Erworben 2002

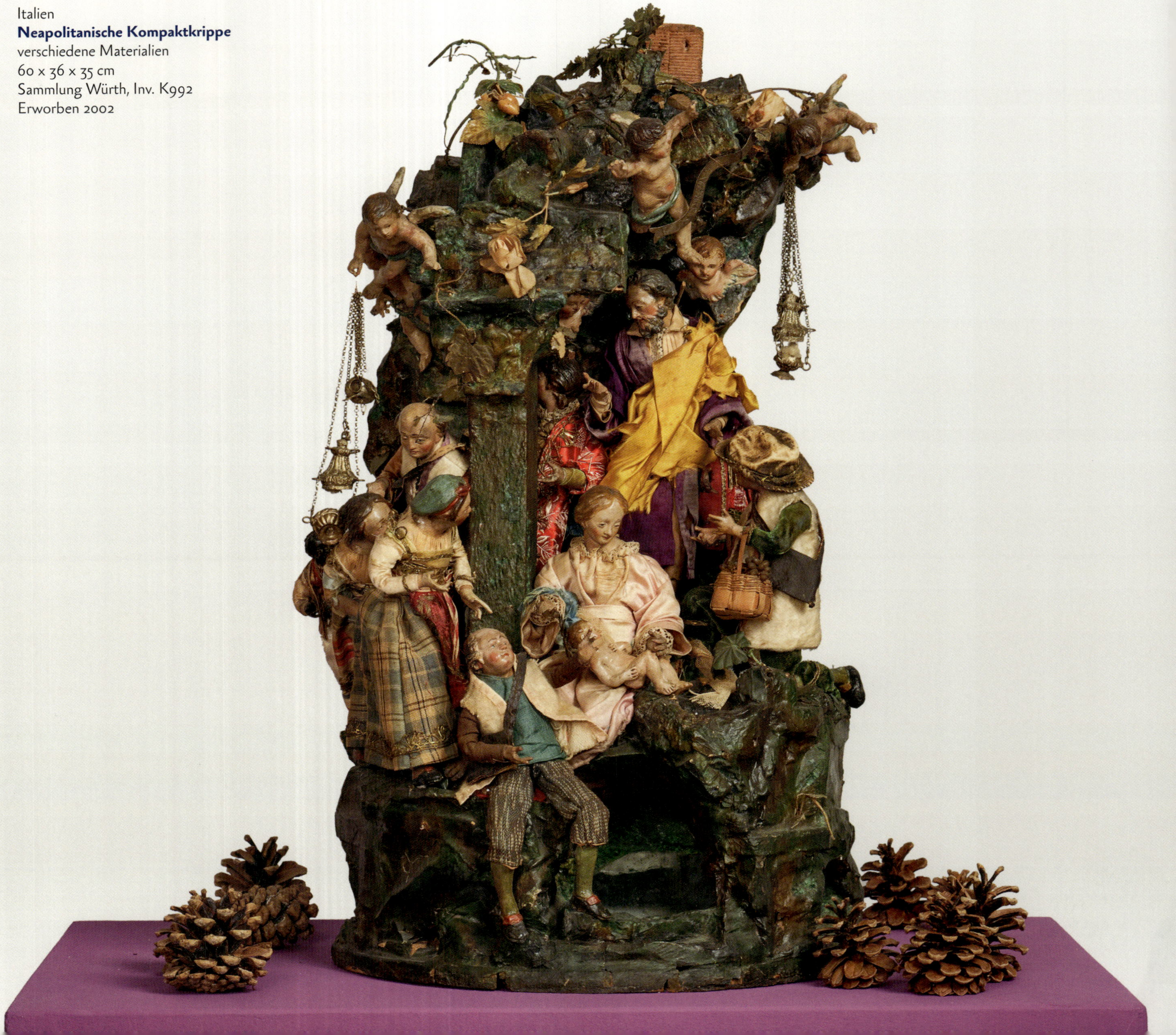

Krippen aus aller Welt

in der Sammlung Würth

Swiridoff

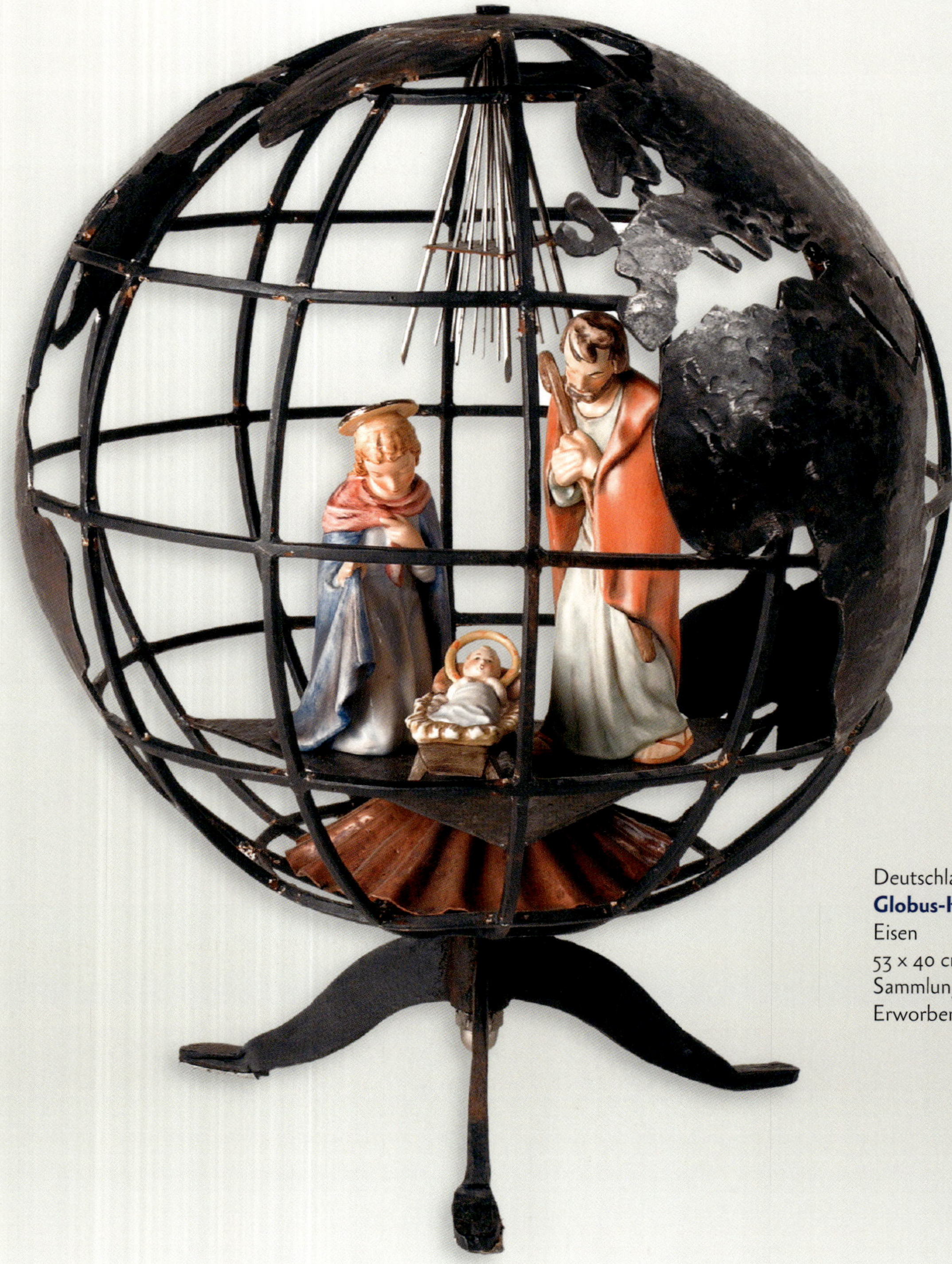

Deutschland
Globus-Krippe
Eisen
53 × 40 cm
Sammlung Würth, Inv. K306
Erworben 2002

Zum Geleit
Ulfert-Buchholz-Sammlung

Der erste Kontakt zu Edwin und Wilma Buchholz wurde 2001 durch ein Schreiben der Sammler an mich initiiert. Gesucht wurde ein Käufer für die „Ulfert-Buchholz-Sammlung internationaler Krippenkunst", wobei mich zunächst faszinierte, mit welcher Sorgfalt der Wissenschaftler Edwin Buchholz seine fast 50 Jahre andauernde Aufbauarbeit einer Sammlung für Krippenkunst akribisch dokumentiert hat.

Über 4 1/2 Jahrzehnte hatte Edwin Buchholz aus praktisch allen Erdteilen und Kulturkreisen christliche Krippenkunst zusammengetragen. Die Vielfalt der Darstellungen und Materialen zeigt eine unglaubliche Fülle künstlerischen Ideenreichtums, die mich schnell in ihren Bann zog, obwohl diese eher kunsthandwerkliche Kollektion außerhalb meines langjährigen Sammlungsinteresses lag.

Mit Sicherheit ist für den Betrachter interessant, wie unterschiedlich sich die Menschen dem Thema der Geburt Jesu Christi nähern und in welcher Art und Weise der Ursprung des Christfestes heute verarbeitet und präsentiert wird.

In einer Zeit abnehmender Gläubigkeit ist es wichtig und sinnvoll, kommenden Generationen diese einmalige Krippensammlung in ihrer Geschlossenheit zu erhalten. Gegen Fanatismus jeder Art kann die Krippensammlung von Edwin und Wilma Buchholz mit rund 700 Exponaten ein anschauliches, ja greifbares Beispiel christlicher Größe und Toleranz aufzeigen.

Der Krippenbestand der Sammlung Würth, der auf die Ulfert-Buchholz-Sammlung zurückgeht, ist mittlerweile fester Bestandteil des jährlichen Ausstellungsprogramms in unseren Museen und Kunstkabinetten.

Gerade in diesen politisch schwierigen Zeiten, die geprägt sind von Krieg und Flucht sowie wirtschaftlichen Unsicherheiten, ist das christliche Weihnachtsfest, das Fest der Liebe und des Friedens ein Licht- und Mittelpunkt für viele Menschen. So hoffe ich, liebe Leserinnen und Leser, dass dieser Katalog und die Weihnachtskrippen der Sammlung Würth auch Sie für einen kurzen Moment innehalten lassen und auf die besinnliche Zeit des Jahres einstimmen.

Reinhold Würth

Frankreich
Paul Fouqué
Provenzalische Krippe mit Santons
gebrannter und bemalter Ton
Stall: 32 x 41 x 22 cm,
Höhe Figuren bis 5,5 cm
Sammlung Würth, Inv. K346
Erworben 2002

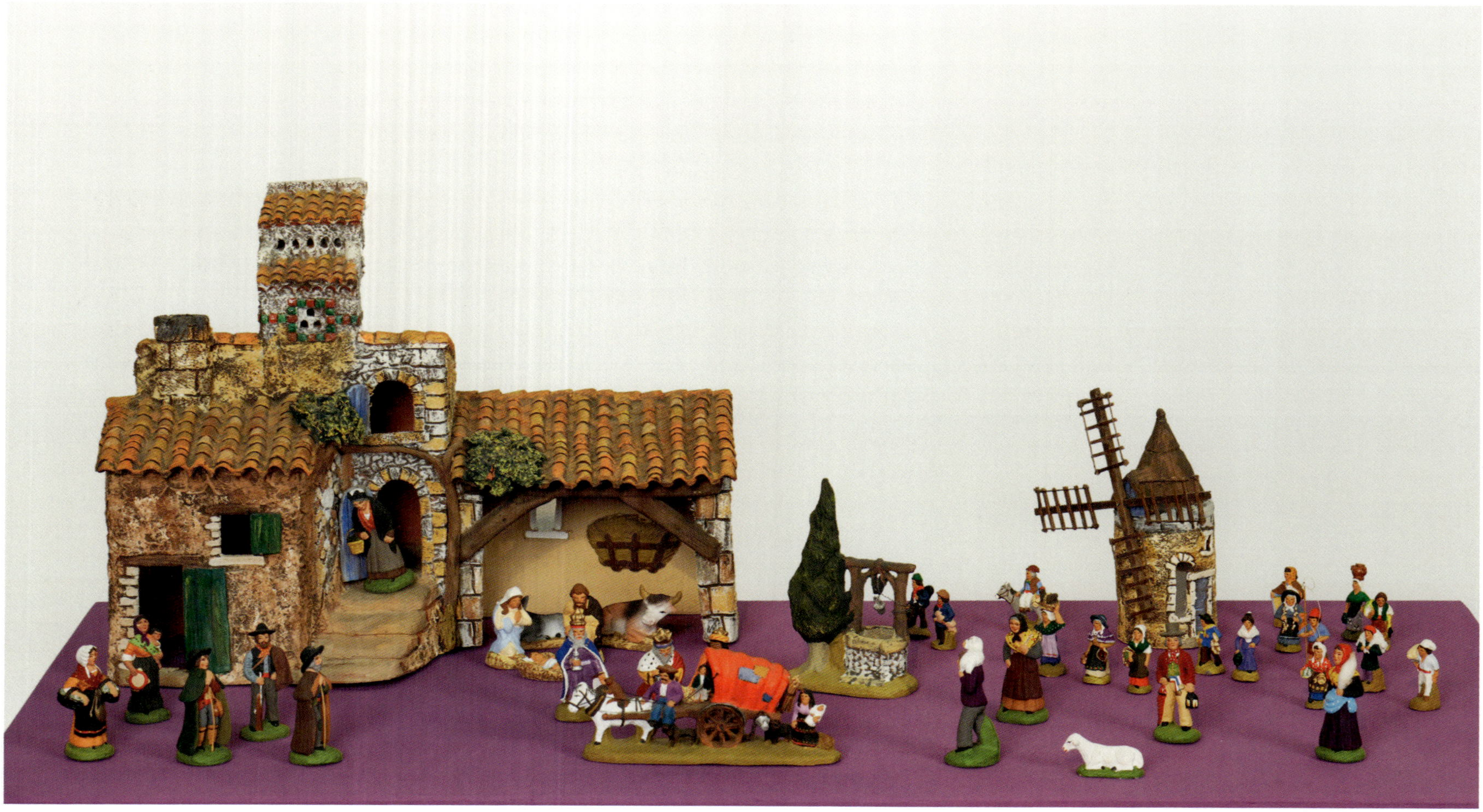

Internationale Krippenkunst in der Sammlung Würth

Maria, Josef und das Kind in der Krippe findet man überall auf der Welt. Sie werden aus Ebenholz geschnitzt, aus Ton modelliert, aus Keramik gegossen und bemalt, aus Stein gemeißelt, aus Bananenblättern geflochten, auf Leinen gestickt oder aus Stanniolpapier gefaltet. Ob Bauern im Erzgebirge, christianisierte Stämme im afrikanischen Buschland oder Indios in den Anden: Sie alle stellen Jahr für Jahr im Dezember kleine Figuren auf. Die Heilige Familie ist gesetzt. Dazu braucht es Hirten und einheimische Tiere: Ochs, Esel und Schafe in Europa, Lamas und bunte Vögel in den Anden, Kängurus in Australien oder Eisbären bei den Krippen aus Grönland. Unverzichtbar sind selbstverständlich auch die Könige aus dem Morgenland, allein oder mit Gefolge. Engel und Sterne sind ebenfalls gern gesehen.

Doch häufig schafft es auch eine ganze Reihe anderer Personen auf die »Besetzungsliste«. Die Santon-Krippen der Provence zeigen zum Beispiel neben der Heiligen Familie vor allem Menschen, die man als südfranzösische Typen wiedererkennt. Zu einer provenzalischen Krippe gehören deshalb nicht nur Maria, Josef, das Jesuskind und die Heiligen Drei Könige, sondern eigentlich das ganze Dorf: die Bäckerin, der Fischer, der Wasserträger, die Frau, die Wein verkauft, und so fort. Maria ist dann eine anmutige junge Schönheit, Josef ein ergrauter, gutmütiger Mann und die Hirten haben breite Nasen und Lachfalten um die Augen und Runzeln auf der Stirn. Detailfreude und Ausschmückung sind nicht nur in der Provence kaum Grenzen gesetzt. Denn nichts hat sich so gründlich dem Zugriff gelehrter Theologie entzogen wie die Weihnachtsgeschichte.

Dass der Gottessohn nicht auf übernatürliche Weise zur Welt gekommen ist, sondern – wie wir alle – von einer Frau auf die Welt gebracht wurde, macht ihn zum Teil jeder Gemeinschaft. Seine Geburt ist deshalb wohl der radikalste und überzeugendste Ausdruck seiner Menschwerdung. Und zweifellos ist sie auch der Grund, warum gerade die Weihnachtsgeschichte eine so wichtige Rolle in der Volksfrömmigkeit spielt. In der Bibel selbst ist Christi Geburt nämlich von geringerer Bedeutung als die Osterpassion oder das Pfingstwunder. Bezeichnenderweise erzählt nur der Evangelist Lukas ausführlich von der Geburt Jesu. Matthäus handelt sie in einigen kurzen Versen ab und Markus und Johannes kennen Jesus ohnehin nur als Erwachsenen.

Trotzdem hat das Geschehen von Bethlehem eine Strahlkraft entfaltet, die weit über den eigentlichen Bibeltext hinausreicht. Geburten und die damit verbundenen Sorgen und Freuden gehören zu den grundlegenden Alltagserfahrungen der Menschen auf der ganzen Welt. Und so erzählt die Weihnachtsgeschichte von einem Ereignis, das man auch ohne theologische Gelehrsamkeit unmittelbar und aus eigener Anschauung verstehen kann.

Die Männer und Frauen, die seit Jahrhunderten volkstümliche Krippen hämmern, schnitzen, modellieren und meißeln interpretieren es auf eigene Weise. In einer faszinierenden Mischung aus Kunst und Frömmigkeit bringen sie dabei das ästhetische, soziale und religiöse Empfinden ihrer jeweiligen Volksgruppe zum Ausdruck. So sind Krippen also nicht einfach nur Volkskunst, sondern immer auch bildnerischer Ausdruck kollektiver Bibelauslegung. Wohl auch deshalb finden sich in den volkstümlichen Krippendarstellungen nur selten Versuche, die Szenerie *originalgetreu* nachzubauen, etwa durch orientalische Gewänder, Pflanzen oder Gebäude. Maria, Josef und Jesus werden vielmehr im wahrsten Sinn des Wortes vergegenwärtigt: Sie können schwarz sein oder weiß, gelb oder braun. Und sie tragen Ponchos, Dirndl, Bergstiefel oder Lendenschurze. Sie leben in Lehmhütten, Iglus, Berghöhlen oder Steinhäusern; in prächtigen Palästen und manchmal auch nur in einer bescheidenen Streichholzschachtel. Sie trinken aus Kalebassen und Tonkrügen, essen Hirse, Reis oder Maniok, Fisch oder Rentier. Die Weihnachtsgeschichte ist auf diese Weise kein Mysterium, sie ereignet sich vielmehr mitten im Leben der Menschen.

C. Sylvia Weber
Beate Elsen-Schwedler

Thailand
Goldteakholz-Krippe
Goldteakholz
Höhe bis 24,5 cm
Sammlung Würth, Inv. K614
Erworben 2002

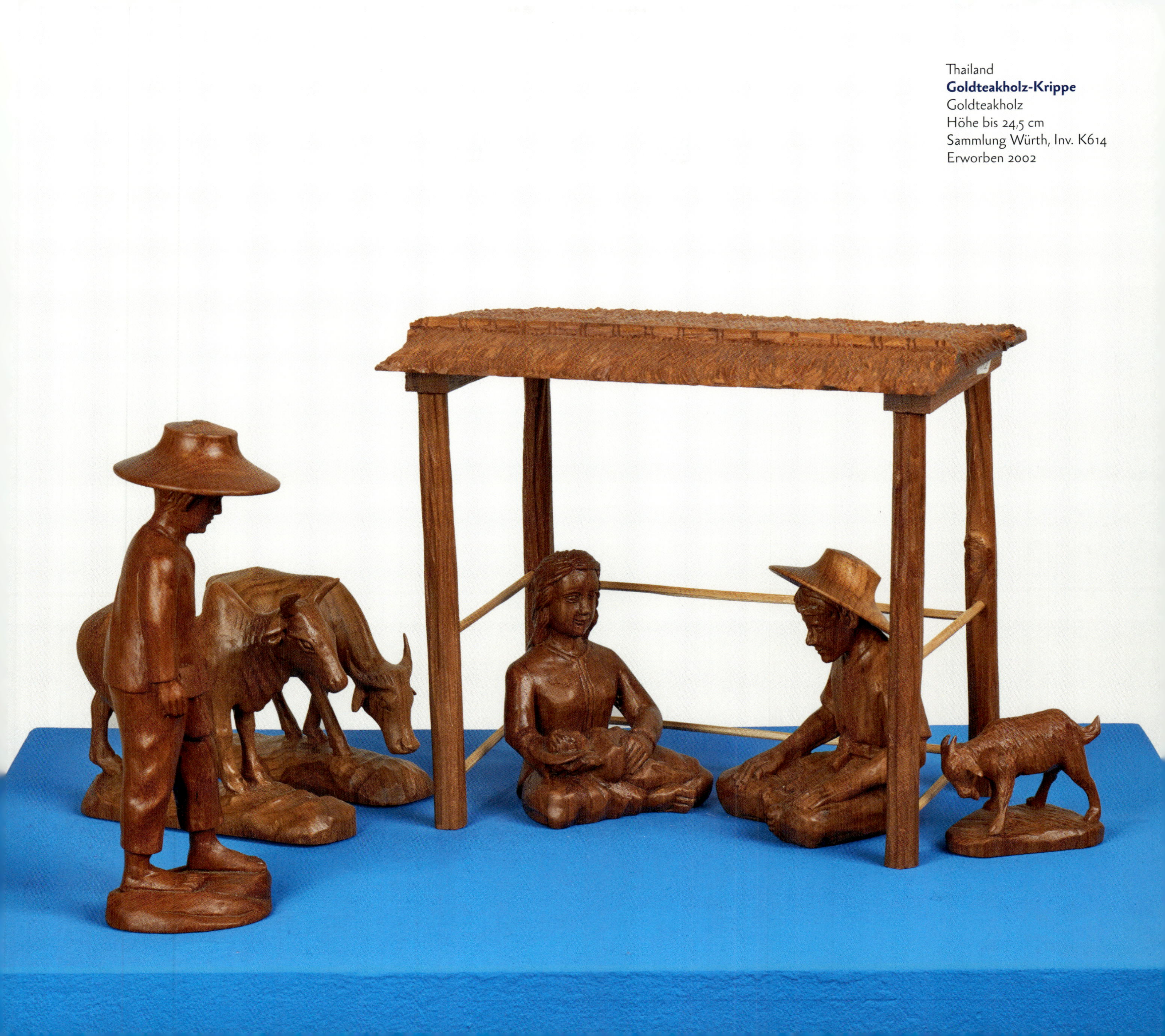

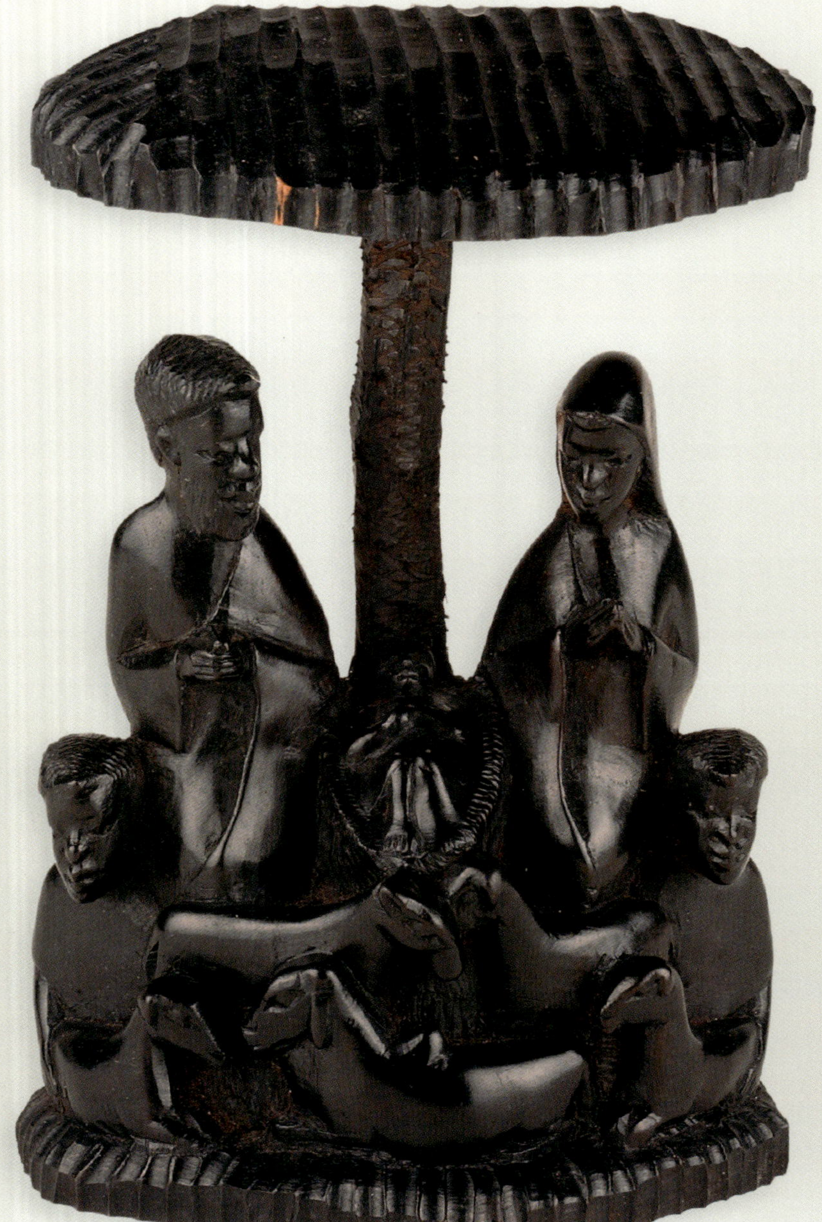

Tansania
Anbetung unter Baum
Ebenholz
18,6 x 11,8 x 5,7 cm
Sammlung Würth, Inv. K807
Erworben 2002

Die Krippe – Zeichen der Toleranz und der Völkerverständigung

Edwin Buchholz
über Weihnachtskrippen
aus aller Welt und deren
universelle Botschaft

Der folgende Text stammt von dem Sammler Edwin Buchholz und ist eine leicht gekürzte und überarbeitete Fassung des „Krippen-Breviers" (Swiridoff-Verlag, 2002).

Im Februar 2002 ist die „Ulfert-Buchholz-Sammlung internationaler Krippenkunst" auf das Museum Würth in Künzelsau übergegangen. Für diese glückliche Fügung sind wir Herrn Professor Würth und seiner lieben Frau Carmen von Herzen dankbar. Unser in 46 Jahren geschaffenes Lebenswerk hat hier eine würdige Heimat gefunden und kann seine segensreichen Botschaften auf Besucherinnen und Besucher aus aller Welt ausstrahlen. Benannt ist die Sammlung nach unserem ältesten Sohn Ulfert, der als 22-Jähriger nach erfolgreichem Abschluss seines Studiums der Volkswirtschaft an der University of Southern California, Los Angeles 1982 in den USA tödlich verunglückte.

Diese Einführung soll dem erfahrenen Krippenfreund ebenso dienlich sein wie den Besucherinnen und Besuchern einer Krippenausstellung, die sich mit der Weihnachtskrippe an sich noch nicht näher befassen konnten, aber jetzt daran interessiert sind. Beider Interesse wird mit knapp gehaltenen Ausführungen über das Wesen und die Zusammensetzung der Krippe sowie über ihre Arten und Aufgaben Rechnung getragen.

Mit dem Sammeln von Krippen begannen wir im Jahre 1954. Inspiriert durch den Gegensatz zwischen neapolitanischen Prunkkrippen mit oft Hunderten von künstlerisch-handwerklich herausragenden Krippen aus dem 18. Jahrhundert und den schlichten, aber kunsthandwerklich nicht minder hochstehenden Krippen mit überschaubaren Figurengruppen einer traditionsreichen Schnitzerfamilie in St. Ulrich/Südtirol, wollten wir herausfinden, wie die Menschen von heute die Geburt Christi vor 2000 Jahren darstellen: Menschen aus aller Welt, aller Altersstufen, Berufe, Nationen und selbst Religionen; Menschen verschiedenster Fertigkeiten (von Kunstschaffenden bis zu Laien); Menschen, die auf die Not anderer hinweisen und für Toleranz, Verständigung und Frieden werben möchten.

Diese Aspekte des Gegenwartsbezugs und der Internationalität wurden schon wenig später ergänzt durch die Vielfalt der verwendeten Materialien und Techniken. Welche davon für die Herstellung einer Krippe ausgewählt werden können und wie sie sich heute über die Länder dieser Welt verbreiten, wird wahrscheinlich auch Kennerinnen und Kennern manche neue Erkenntnis vermitteln.

Edwin Buchholz

Die Weihnachtsgeschichte – Grundlage für Krippendarstellungen weltweit

Zur Erfassung und Gestaltung von Geschehnissen um die Geburt Christi stehen uns das Wort, die Musik, das Bild und die Figur als Ausdrucksformen zur Verfügung. Auch in der Weihnachtsgeschichte steht am Anfang das Wort, das Wort des Evangeliums. Deshalb wird es in dieser kleinen Abhandlung allen anderen Texten vorangestellt. Dieses Wort wird gelesen, darüber wird nachgedacht, geschrieben, gereimt und gepredigt, und es wird dazu gebetet. Über das Geschenk des Gottessohnes wird gerne gesungen und gespielt, in Liedern, Chören und Orchestern, in Kantaten, Motetten und Messen und vor allem in Oratorien und Konzerten.

Weihnachten ist ohne Musik ebenso wenig denkbar wie ohne das Weihnachtsevangelium. In der darstellenden Kunst nahmen sich vom frühen Mittelalter an zuerst Maler der Christgeburt an – vor allem der Darstellung von Maria mit dem Jesuskind und der Geburt im Stall zu Bethlehem. Dem Verfahren nach entstanden Buch-, Wand- und Tafelmalereien, gefolgt von Emaille- und Glasbildern, Mosaiken und Bildteppichen. Zu dreidimensionalen Darstellungen in Form von Krippenfiguren kam es zwar erst später, aber sie dominieren nun seit etwa 300 Jahren die Krippenkunst – auch in der hier vorgestellten Sammlung. Eine harmonische und eindrucksvolle Symbiose von Wort, Musik und Figuren bietet das Krippenspiel, das aus den geistlichen Mysterienspielen des frühen Mittelalters hervorging und später vor allem in Süddeutschland gepflegt wurde.

Grundlage für alle künstlerischen Ausdrucksformen weltweit ist die Weihnachtsgeschichte. Aus ihr gehen und gingen auch die wichtigsten Impulse für die internationale Krippenkultur aus.

Mariä Verkündigung

Als Elisabeth im sechsten Monat war, sandte Gott den Engel Gabriel nach Nazareth in Galiläa zu einem jungen Mädchen namens Maria. Es war mit einem Mann

Deutschland
Mariä Verkündigung
Stickgarn
98 x 76,5 cm, gerahmt
Sammlung Würth, Inv. K246
Erworben 2002

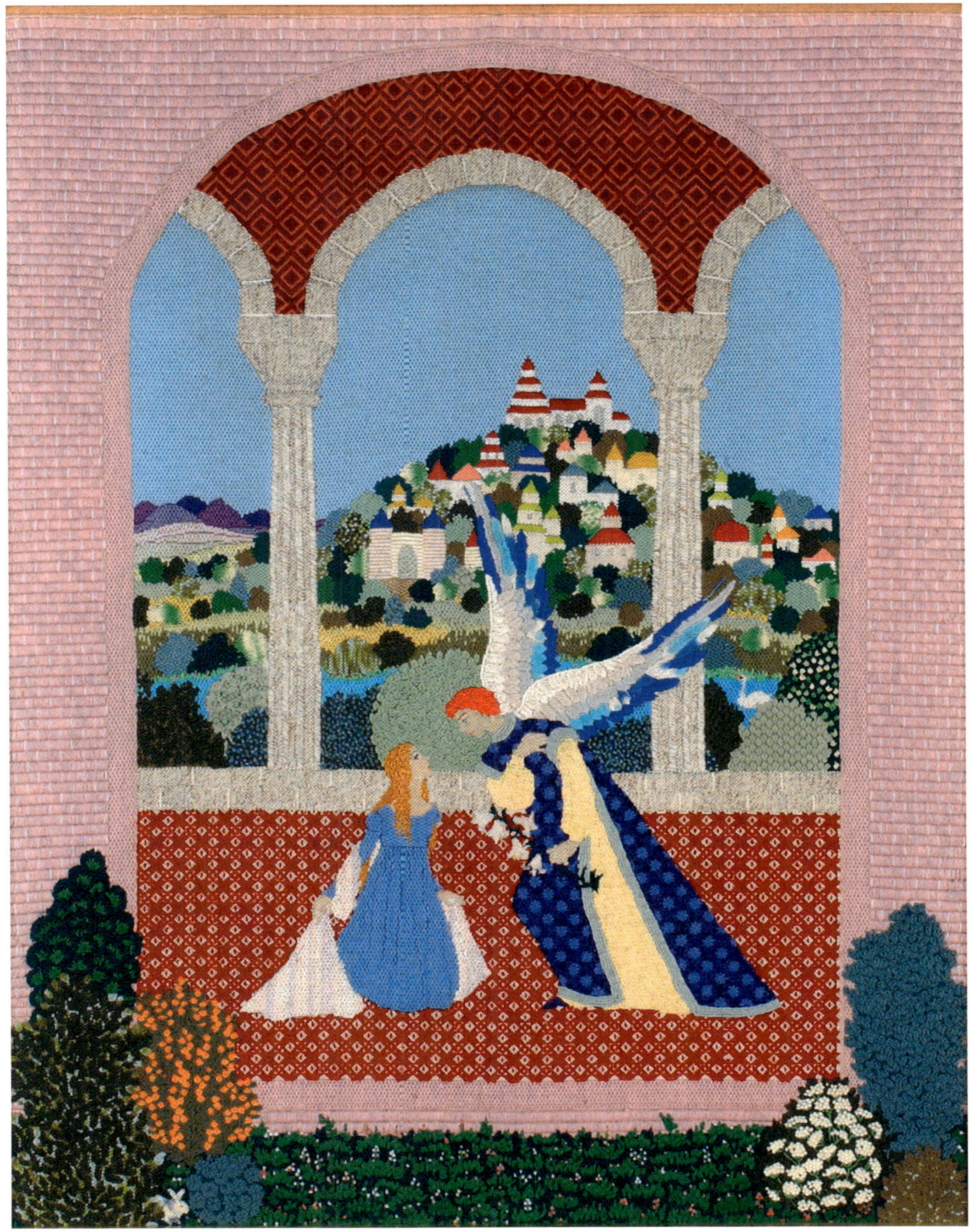

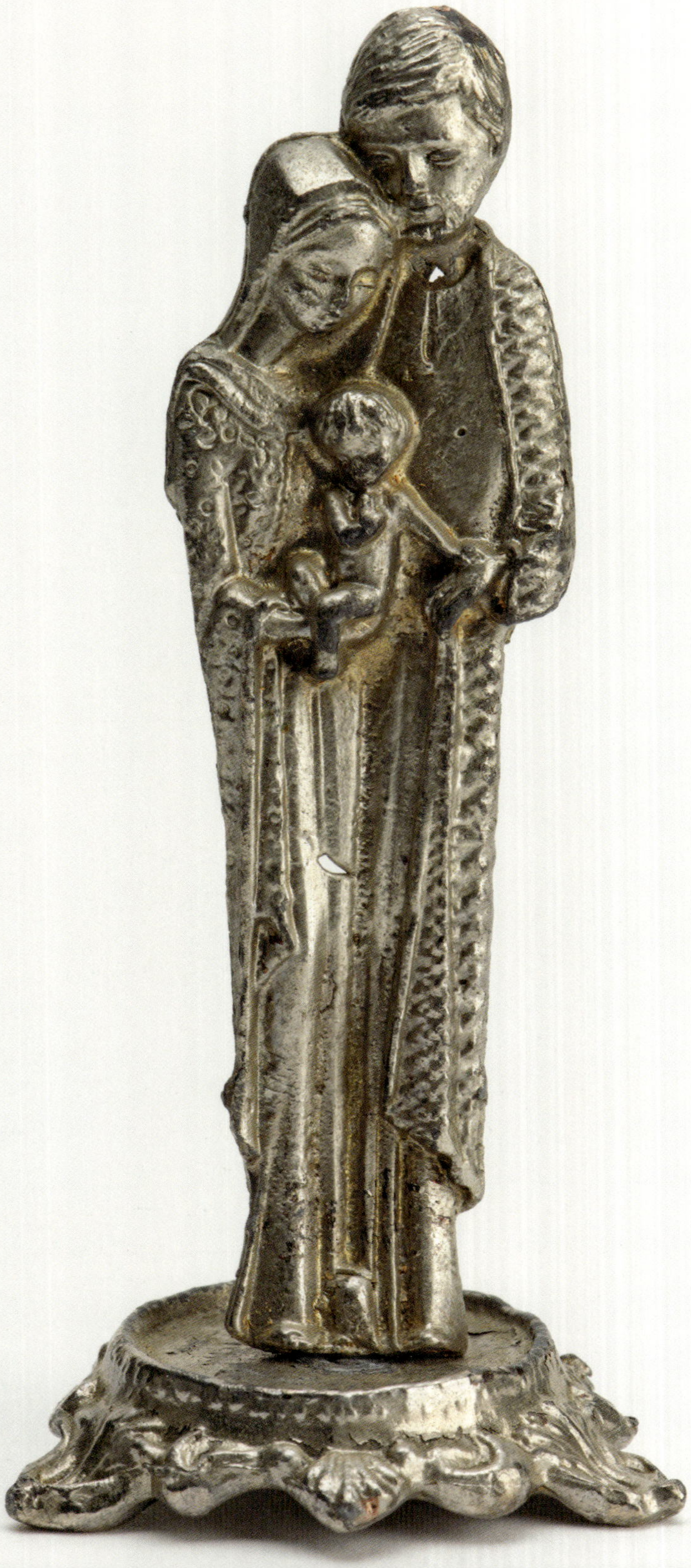

Edwin Buchholz

verlobt, der Josef hieß und von König David abstammte. Der Engel kam zu Maria und sagte: „Freu dich, Maria, Gott hat dich zu Großem ausersehen!" Maria erschrak über diesen Gruß und überlegte, was er bedeuten sollte. Der Engel fuhr fort: „Hab keine Angst, Maria; du hast Gnade bei Gott gefunden! Du wirst schwanger werden und einen Sohn zur Welt bringen. Den sollst du Jesus nennen. Er wird groß sein und wird Sohn des Höchsten genannt werden. Gott der Herr wird ihm das Königtum seines Vorfahren David übertragen. Er wird für immer über die Nachkommen Jakobs regieren. Seine Herrschaft wird nie zu Ende gehen." Maria fragte den Engel: „Wie soll das zugehen? Ich habe doch mit keinem Mann zu tun!" Er antwortete: „Gottes Geist wird über dich kommen, und seine Kraft wird sich an dir erweisen. Deshalb wird man das Kind, das du zur Welt bringst, heilig und Sohn Gottes nennen. Denk an Elisabeth, deine Verwandte. Sie bekommt trotz ihres Alters einen Sohn. Sie ist bereits im sechsten Monat, und man hat doch von ihr gesagt, sie könne keine Kinder bekommen. Für Gott ist nichts unmöglich."
Da sagte Maria: „Ich will ganz für Gott da sein. Es soll so geschehen, wie du es gesagt hast." Dann verließ sie der Engel.
(Lukas 1,26–38)

Geburt Jesu

Zu jener Zeit ordnete Kaiser Augustus an, dass alle Bewohner des römischen Reiches in Steuerlisten erfasst werden sollten. Es war das erste Mal, dass so etwas geschah. Damals war Quirinius Gouverneur der Provinz Syrien. So zog jeder in die Heimat seiner Vorfahren, um sich dort eintragen zu lassen. Auch Josef machte

Deutschland
Alban Hastreiter
Dekret-Krippe
Holz, Ton, Styropor, bemalt
56 x 69 x 44 cm
Sammlung Würth, Inv. K269
Erworben 2002

Diese Krippe zum dritten Advent zeigt drei berittene römische Soldaten, die das Dekret des Kaisers Augustus zur Volkszählung verkünden. Ihren Ursprung hat diese Art der Darstellung in Bayern und im Salzkammergut, wo als erste Krippenfigur ein weißer Reiter oder ein „goldenes Rössl" aufgestellt wurde.

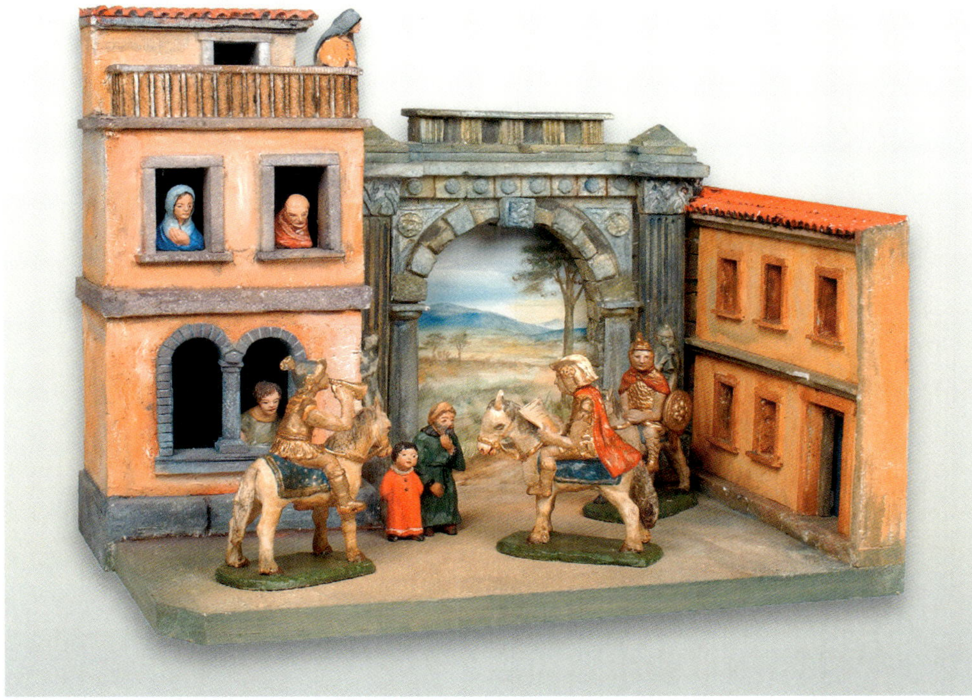

<
Iran
Heilige Familie
Metallguss
11,7 x 5,3 cm
Sammlung Würth, Inv. K846
Erworben 2002

sich auf den Weg. Von Nazareth in Galiläa ging er nach Bethlehem, das in Judäa liegt. Das ist der Ort, aus dem König David stammte. Er musste dorthin, weil er ein direkter Nachkomme Davids war. Maria, seine Verlobte, begleitete ihn. Sie erwartete ein Kind. Während des Aufenthalts in Bethlehem kam für sie die Zeit der Entbindung. Sie brachte einen Sohn zur Welt, ihren Erstgeborenen, wickelte ihn in Windeln und legte ihn in eine Futterkrippe im Stall. Eine andere Unterkunft hatten sie nicht gefunden. (Lukas 2,1–7)

Äthiopien
Alemayehu Bizuneh
Hirten
Malerei auf Leder
32 x 33,5 cm, gerahmt
Sammlung Würth, Inv. K70
Erworben 2002

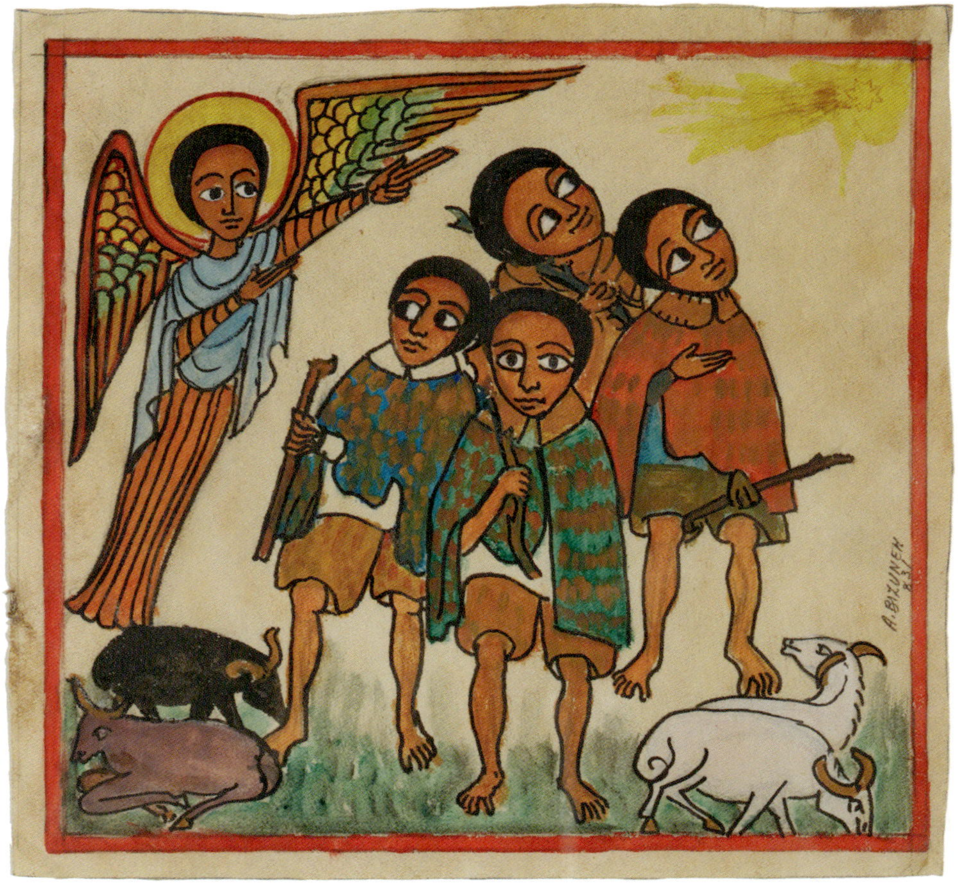

Die Hirten und die Engel

In der Gegend dort hielten sich Hirten auf. Sie waren in der Nacht auf dem Feld und bewachten ihre Herden. Ein Engel Gottes kam zu ihnen, und Gottes heller Glanz leuchtete rings um sie. Sie fürchteten sich sehr; aber der Engel sagte: „Habt keine Angst! Ich bringe gute Nachricht für euch, über die sich alle Menschen freuen werden. Heute wurde in der Stadt Davids euer Retter geboren – Christus, der Herr! Überzeugt euch selbst: Ihr werdet ein Kind finden, eingewickelt in Windeln; es liegt in einer Futterkrippe. Das ist der versprochene Retter; daran könnt ihr ihn erkennen." Plötzlich stand neben dem Engel eine große Schar anderer Engel, die lobten Gott und riefen: „Alle Ehre gehört Gott im Himmel! Sein Friede gilt allen auf der Erde, die sich von ihm lieben lassen." Als die Engel in den Himmel

zurückgekehrt waren, sagten die Hirten zueinander: „Kommt, wir gehen nach Bethlehem und sehen uns an, was Gott uns bekanntgemacht hat!“ Sie brachen sofort auf, gingen hin und fanden Maria und Josef und das Kind in der Krippe. Als sie es sahen, berichteten sie, was ihnen der Engel von dem Kind gesagt hatte. Alle, die dabei waren, staunten über das, was ihnen die Hirten erzählten. Maria aber merkte es sich genau und dachte immer wieder darüber nach. Die Hirten gingen zu ihren Herden zurück, lobten Gott und dankten ihm für das, was sie gesehen und gehört hatten. Es war alles so gewesen, wie der Engel es ihnen gesagt hatte.
(Lukas 2,8–20)

Die Weisen, Sterndeuter oder Heiligen Drei Könige

Jesus wurde in Bethlehem, einem Ort in Judäa, geboren, als Herodes König war. Bald nach seiner Geburt kamen Sterndeuter aus dem Osten nach Jerusalem und fragten: „Wo finden wir das neugeborene Kind, das König der Juden werden soll? Wir haben seinen Stern aufgehen sehen und sind gekommen, um ihm zu huldigen.“ Als König Herodes das hörte, geriet er in Aufregung, und mit ihm ganz Jerusalem. Er ließ alle führenden Priester und Gesetzeslehrer zu sich kommen und fragte sie: „Wo soll der versprochene König geboren werden?“ Sie antworteten: „In der Stadt Bethlehem in Judäa. Denn so hat der Prophet geschrieben: Du Bethlehem im Lande Juda! Du bist keineswegs die unbedeutendste Stadt in Judäa, denn aus dir soll der Mann kommen, der mein Volk Israel führen wird.“ Daraufhin rief Herodes die Sterndeuter heimlich zu sich und fragte sie aus, wann sie den Stern zum ersten Mal gesehen hätten. Dann schickte er sie nach Bethlehem und sagte: „Geht hin und erkundigt euch genau nach dem Kind, und wenn ihr es gefunden habt, gebt mir Nachricht! Dann will auch ich zu ihm gehen und ihm huldigen.“ Nachdem sie diesen Bescheid erhalten hatten, machten sich die Männer auf den Weg. Der Stern, den sie schon bei seinem Aufgehen beobachtet hatten, ging ihnen voraus. Genau über der Stelle, wo das Kind war, blieb er stehen. Als sie ihn dort sahen, kam eine

Deutschland

Anbetung der Heiligen Drei Könige

gebrannter und glasierter Ton

Höhe bis 26,5 cm

Sammlung Würth, Inv. K805

Erworben 2002

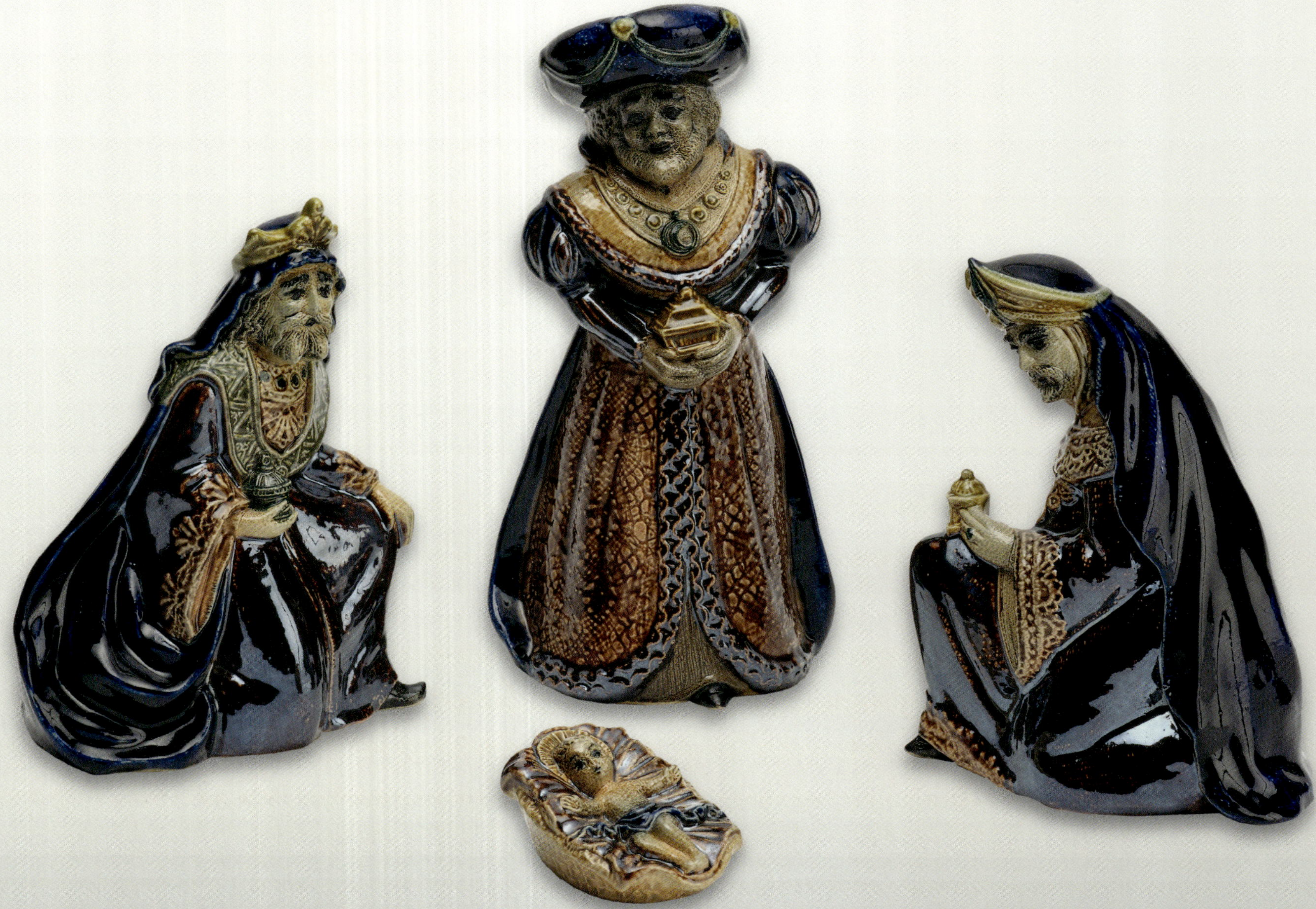

Polen
Tadeusz Żak
Fluchtrelief
Holz
26 x 35 x 9 cm
Sammlung Würth, Inv. K550
Erworben 2002

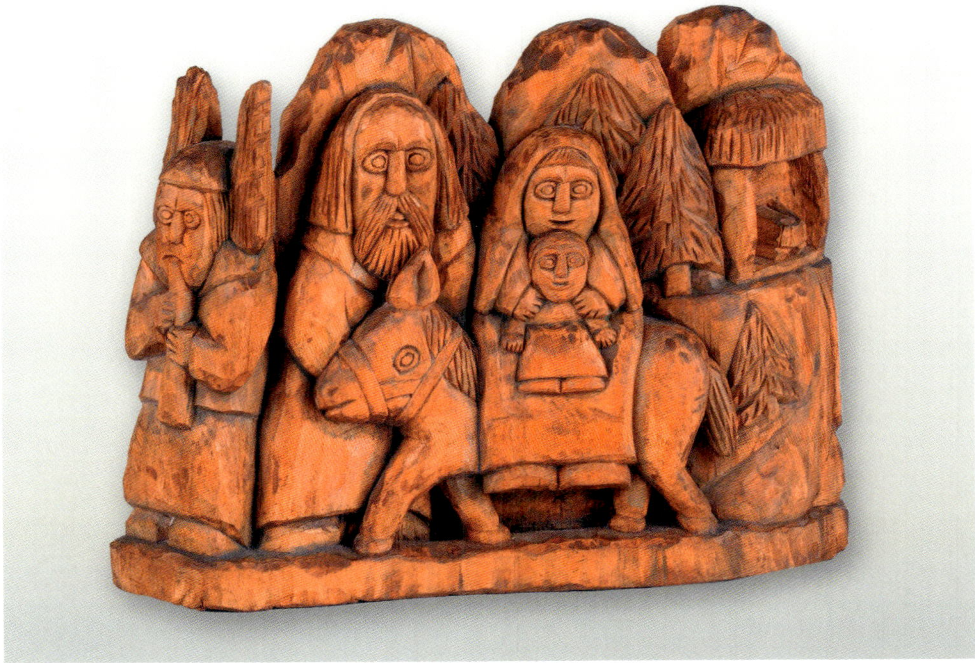

große Freude über sie. Sie gingen in das Haus, fanden das Kind mit seiner Mutter Maria, warfen sich vor ihm nieder und huldigten ihm. Dann breiteten sie die Schätze aus, die sie ihm als Geschenk mitgebracht hatten: Gold, Weihrauch und Myrrhe. In einem Traum befahl ihnen Gott, nicht noch einmal zu Herodes zu gehen. So reisten sie auf einem anderen Weg in ihr Land zurück. (Matthäus 2,1–12)

Flucht nach Ägypten

In der folgenden Nacht erschien dem Josef im Traum ein Engel Gottes und sagte: „Steh auf, nimm das Kind und seine Mutter und flieh nach Ägypten! Bleib dort, bis ich dir sage, dass du zurückkommen kannst. Herodes wird nämlich alles daransetzen, das Kind zu töten." Da brach Josef mit dem Kind und seiner Mutter mitten in der Nacht nach Ägypten auf. Dort lebten sie bis zum Tod des Herodes. So traf ein, was Gott durch den Propheten vorausgesagt hatte: „Aus Ägypten habe ich meinen Sohn gerufen." (Matthäus 2,13–15)

Edwin Buchholz

Was ist eine Krippe?

>
Peru
3-flooriges Retablo
gebrannter und lackierter Ton
52,3 × 59 × 9 cm
Sammlung Würth, Inv. K520
Erworben 2002

Ein Retablo ist ein außen bemaltes Holzgehäuse zur Unterbringung von Krippenszenen. Es kann winzig klein wie eine Streichholzschachtel sein oder aus mehreren Stockwerken bestehen wie dieses Exemplar. Auf allen drei Ebenen sind Alltagszenen zu sehen, die nicht immer Ereignisse zu Christi Geburt darstellen. Bei dem Krippenmotiv ganz oben ist auffallend, dass nicht Maria oder Josef das Jesuskind hält, sondern eine Person aus dem Volk.

Weihnachtskrippen sind bildhafte Darstellungen von Geschehnissen zur Geburt Christi, von Mariä Verkündigung bis zur Flucht nach Ägypten. Die Formen solcher Darstellungen sind von Land zu Land in den jeweiligen Kulturen sehr verschieden: Figuren, Reliefs, Skulpturen, Textilbildnisse, gemalte Bilder u. v. a. Entsprechend vielfältig können die zur Erstellung einer Krippe verwendeten Materialien und Techniken sein. Nur Figurengruppen aus Holz (oder allenfalls noch aus Papier oder Ton), wie sie in der erweiterten Alpenregion vorkommen, als Krippe gelten zu lassen, ist mit dem weltweiten Formenreichtum der Krippe nicht vereinbar.

Erst durch Martin Luther wurde das im Sächsischen gebrauchte alte Wort „Krippe" (Geflochtenes, geflochtener Trog) deutsches Allgemeingut. Da die Förderung der Familienkrippe oberstes Ziel aller Krippenvereine im In- und Ausland ist und das Krippenbauen das häufigste und am meisten verbreitete sakrale Kunstschaffen von Hobby- und Laienkünstlerinnen und -künstlern darstellt, bleibt die Frage, ob die Krippe Kunst, Volkskunst oder gar nur Brauch ist, generell offen und kann nur von Fall zu Fall beantwortet werden. In der vom Verfasser gemeinsam mit seiner Ehefrau zusammengetragenen Sammlung gibt es faszinierende Arbeiten von Kunstschaffenden und Kunsthandwerkern, aber auch von Hobby- und Laienkünstlerinnen und -künstlern, deren Schöpfungen eine Zuordnung zur Kunst durchaus rechtfertigen. Familienkrippen wurden nach ihrem Aufkommen im späten 18. Jahrhundert innerhalb der Familien gefertigt, auf- und ausgebaut und alljährlich mit familiären Zeremonien aufgestellt. Seit der Mitte des 20. Jahrhunderts dominieren als Mittelpunkt familiärer Weihnachtsfeste überwiegend zwar nur noch gekaufte Krippen, sie können aber ebenfalls eine starke Bindungswirkung zwischen Großeltern, Kindern und Enkeln entfalten.

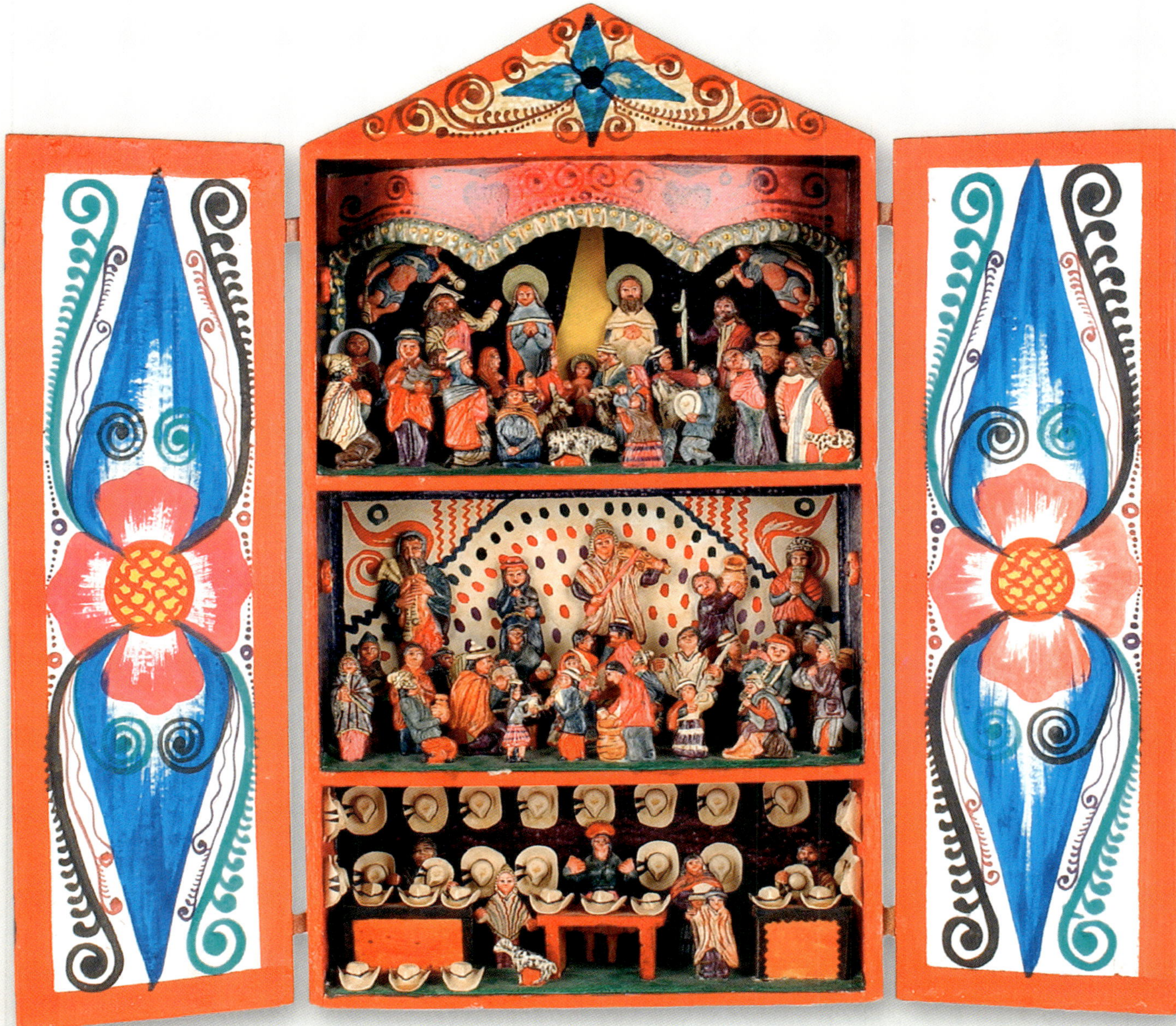

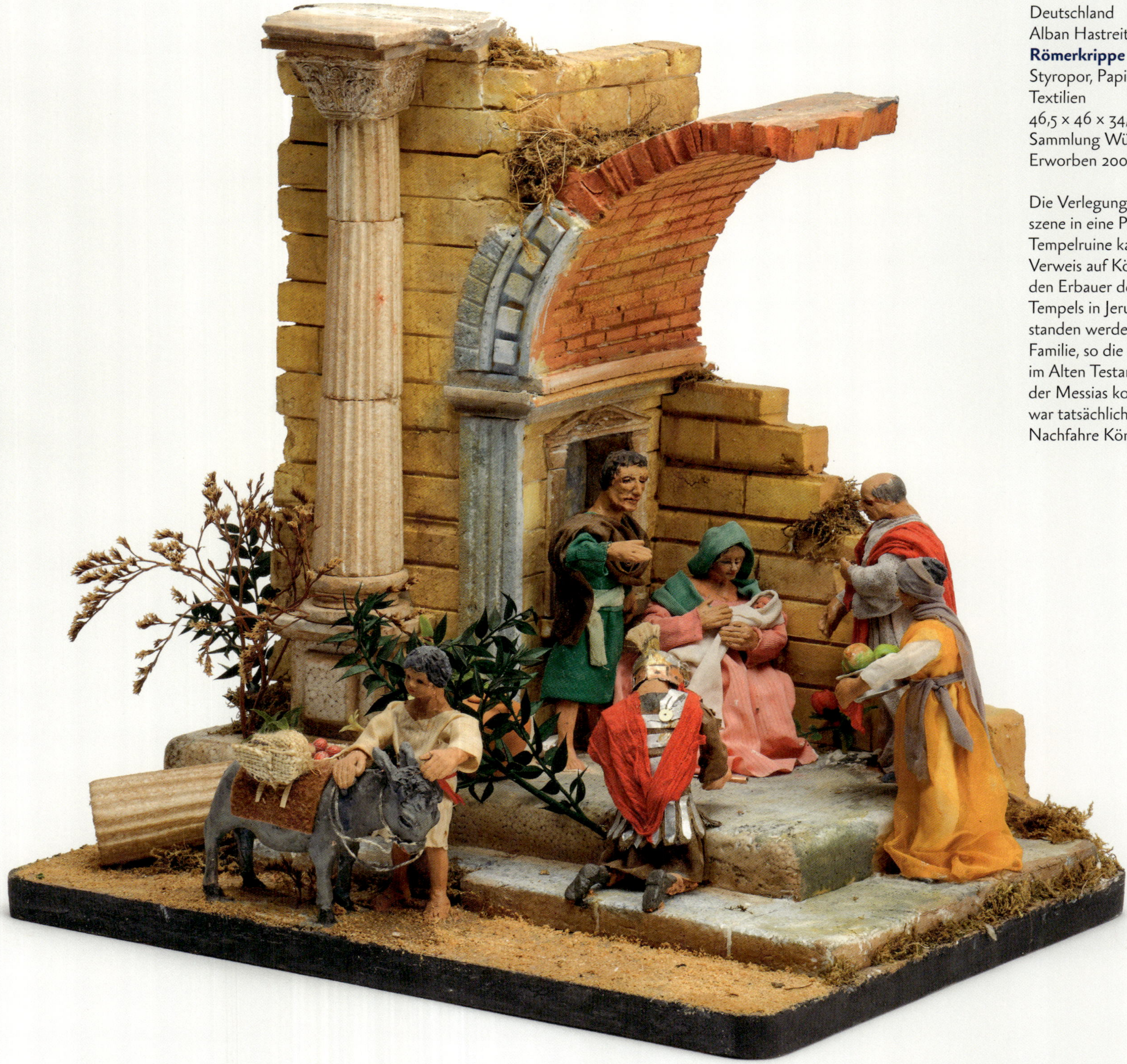

Deutschland
Alban Hastreiter
Römerkrippe
Styropor, Papiermaché, Textilien
46,5 x 46 x 34,5 cm
Sammlung Würth, Inv. K336
Erworben 2002

Die Verlegung der Geburtsszene in eine Palast- oder Tempelruine kann auch als Verweis auf König David, den Erbauer des zweiten Tempels in Jerusalem, verstanden werden. Aus seiner Familie, so die Prophezeiung im Alten Testament, werde der Messias kommen. Josef war tatsächlich ein direkter Nachfahre König Davids.

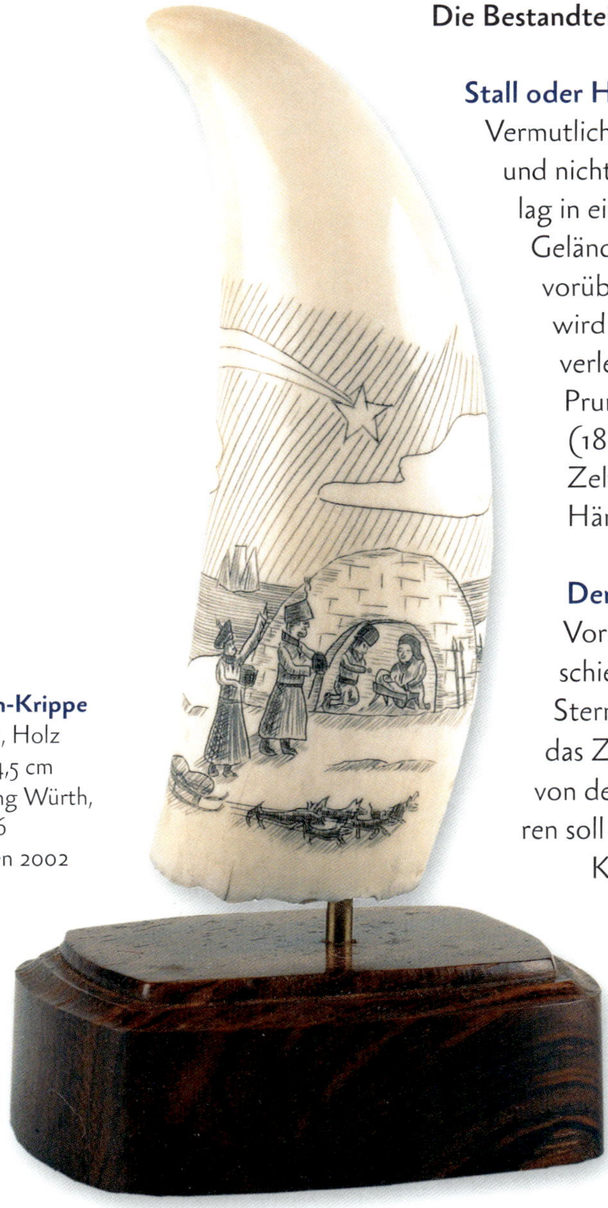

USA
Walzahn-Krippe
Walzahn, Holz
Höhe: 14,5 cm
Sammlung Würth,
Inv. K726
Erworben 2002

Die Bestandteile einer Krippe

Stall oder Höhle?

Vermutlich wurde das Jesuskind in einer Geburtsgrotte oder -höhle geboren und nicht, wie teils angenommen, in einem Stallgebäude. Denn Bethlehem lag in einem felsigen, von Sandsteinbergen, Höhlen und Grotten geprägten Gelände. Solche Grotten haben wohl auch den nomadischen Hirten zur vorübergehenden Unterbringung ihrer Herden gedient. Gelegentlich wird die Geburtsszene von Krippenbauern auch in eine Palastruine verlegt. Dies geht zurück auf die der Selbstdarstellung dienenden Prunkkrippen neapolitanischer und spanischer Fürsten in der Barockzeit (18. Jahrhundert). In anderen Kulturen wird das Jesuskind in einem Zelt geboren oder es schläft auf einer Bodenmatte oder in einer Hängematte.

Der Stern von Bethlehem

Vor allem an Ställen, Hütten und Grotten, aber auch auf Bildern verschiedenster Techniken wird über dem heiligen Geschehen meist der Stern von Bethlehem fixiert. Er hat zwei Funktionen: Zum einen ist er das Zeichen für den Messias, bekundet also, dass hier Jesus Christus von der Jungfrau Maria für alle Menschen geboren wurde, und zum anderen soll er den drei Sterndeutern – oder Magiern oder Heiligen Drei Königen – den Weg zur Krippe zeigen.

Engel

Engel sind Boten Gottes, haben aber in seinem Auftrag auch die Bewahrung seiner Schutzbefohlenen sicherzustellen. Die Weihnachtsgeschichte beginnt mit der frohen Botschaft des Erzengels Gabriel an Maria, dass sie auserkoren sei, den Sohn Gottes zu gebären. Und dann ist es wiederum ein Engel, der in Begleitung einer ganzen Engelschar den Hirten die Geburt Christi verkündet. Auch der Heiligen Familie im Stall zu Bethlehem werden oft (musizierende) Engel beigesellt. Schließlich ist es auch ein Engel, der Josef auf der Flucht mit Maria und dem Kind den Weg nach Ägypten weist („Weis-Engel“).

Kenia
Krippe mit Schlange
Elfenbein
20,5 x 10 cm
Sammlung Würth, Inv. K444
Erworben 2002

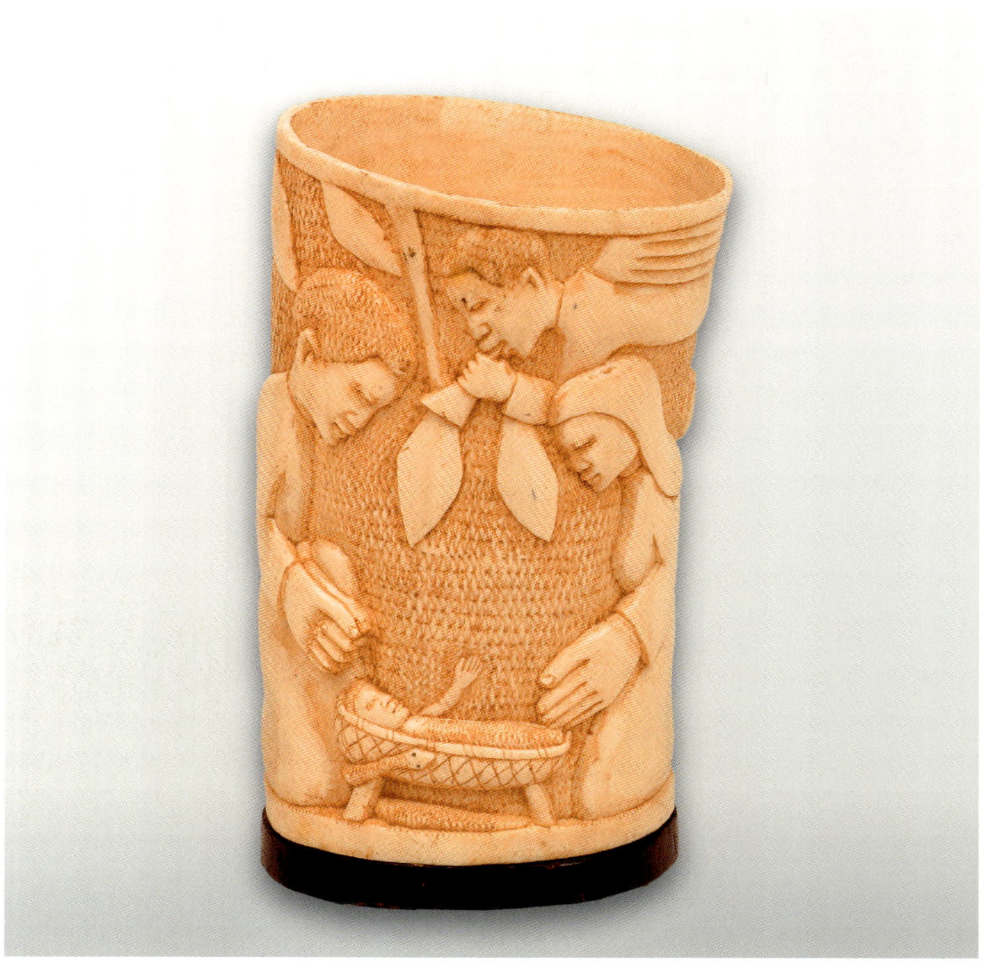

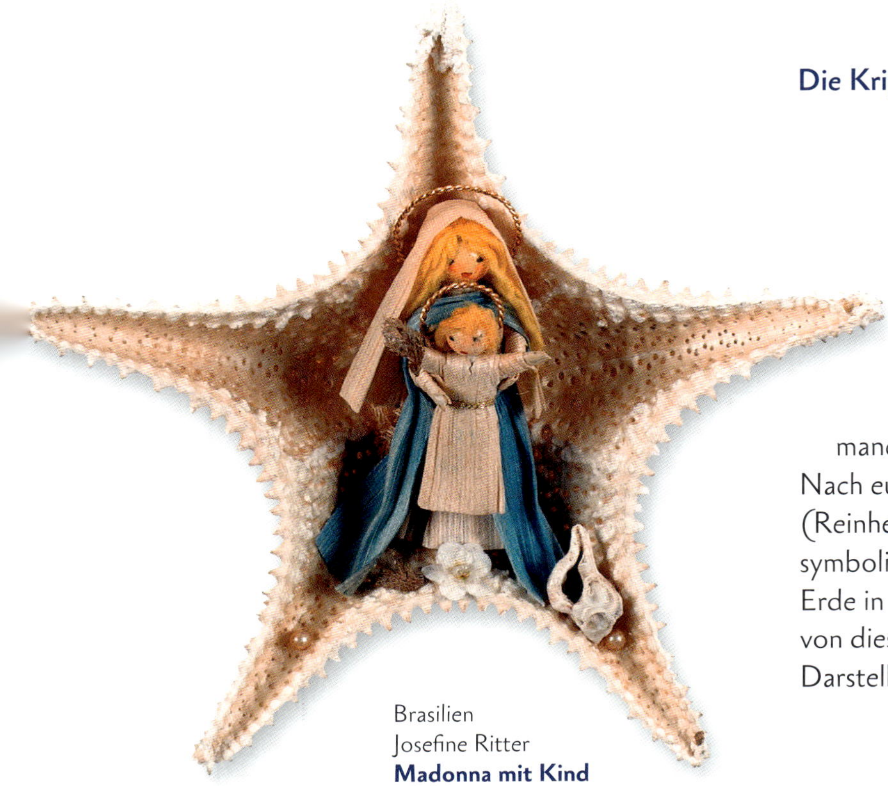

Brasilien
Josefine Ritter
Madonna mit Kind
Seestern, Maisstroh,
Naturmaterialien
18,5 x 20 cm
Sammlung Würth, Inv. K95
Erworben 2002

Die Heilige Familie

Die beiden Zentralfiguren jeder Krippe sind Maria und das Jesuskind. Deshalb gilt Maria mit dem Kind auf dem Arm oder Schoß oder manchmal auch zu ihren Füßen bereits als eigenständige Krippendarstellung. Nach europäischer Tradition wird Maria als junge Frau in den Farben Weiß (Reinheit), Rot (Liebe) und Blau (Treue) gekleidet. In anderer Interpretation symbolisiert Rot (Fleisch) die Erde und Blau den Himmel, sodass Himmel und Erde in Maria vereint sind. In afrikanischen und asiatischen Krippen wird jedoch von dieser europäischen Vorgabe immer öfter zugunsten von kulturspezifischen Darstellungen abgewichen, wie zahlreiche Beispiele in unserer Sammlung belegen.

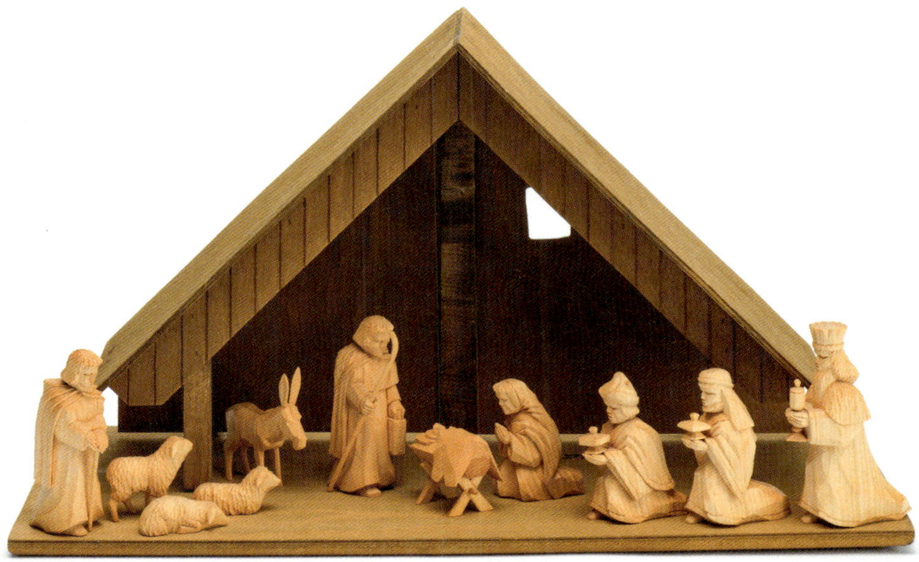

Deutschland
Anbetung im Stall
Kirschholz
Stall: 65,5 x 27,5 cm, Höhe Figuren bis 15 cm
Sammlung Würth, Inv. K133
Erworben 2002

In christlicher Bildtradition wird Josef häufig mit einer Laterne oder Kerze dargestellt. Dies charakterisiert ihn als Hüter des Lichts, also Jesu Christi, wird aber auch als Symbol seiner Erkenntnis nach anfänglichem Zweifeln interpretiert.

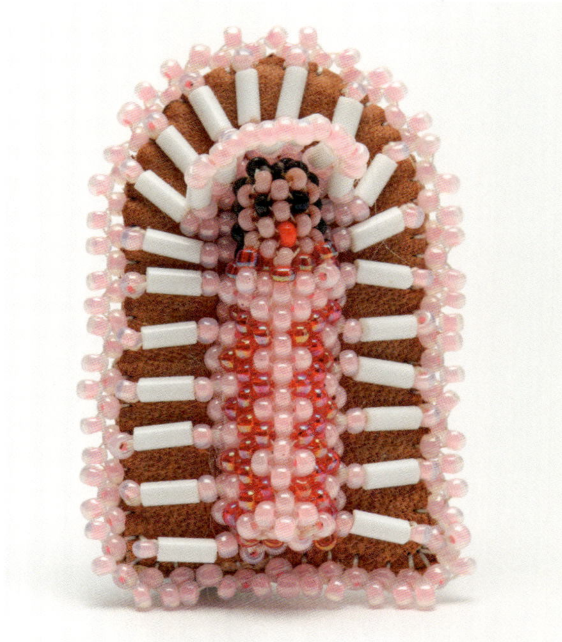

USA
Jesuskind aus Perlen
Glasperlen, Leder
5 × 3,3 cm
Sammlung Würth, Inv. K648
Erworben 2002

Das Wort „Fatschen" kommt wohl vom lateinischen Wort „fascia" = Binde, Band und bezieht sich auch auf die Windel, die das Jesuskind als Zeichen der Menschwerdung trägt. Diese Arbeit ist eine Variante eines Papuse-Mädchens aus den USA, die die ursprünglich im alpenländischen Raum verbreitete Jesuskinddarstellung auf die Kulturtechniken der nordamerikanischen Ureinwohner angewandt hat.

Josef wird meist als alter Mann präsentiert, ursprünglich in gelber (Weisheit) und dunkelvioletter (Demut) Kleidung. Heute unterliegt er keiner spezifischen „Kleiderordnung" mehr und trägt lediglich einen schlichten Umhang oder Mantel. Wenn er keine Laterne oder Kerze in der Hand hält, hebt er seine Hände schützend über das Kind, lädt zur Anbetung ein oder steht äußerlich teilnahmslos neben Maria und der Krippe. Manchmal hält Josef einen blühenden Stab in der Hand. Diese Darstellung bezieht sich auf den Bericht über die Verlobung von Maria und Josef, wie sie in der „Legenda aurea", einem Volksbuch aus dem Mittelalter mit Lebensgeschichten und Legenden von Heiligen, berichtet wird: Maria lehnte eine Heirat ab, da sie Gott ihre Jungfräulichkeit gelobt hatte. Die Ältesten befragten Gott im Gebet und erhielten die Weisung, alle ledigen Männer aus dem Stamm Davids zu versammeln. Wessen Rute zu blühen beginne, dem sollten sie Maria vermählen. Josefs Rute blühte auf und eine Taube ließ sich auf ihr nieder. Daher ist die Taube als Symbol des Heiligen Geistes auch in vielen Krippendarstellungen zu finden.

Das Jesuskind wird, wie erwähnt, von Maria entweder auf den Armen oder auf dem Schoß gehalten, oder es liegt gewickelt auf Stroh oder Heu in einer Krippe, oft auch zugedeckt mit einem Tuch. Im Laufe der Krippengeschichte wurde in einigen Regionen Europas das Jesuskind von Maria und Josef getrennt und in der Form des reich geschmückten Wiegen- und Wickelkindes als selbstständiges Heilswesen verehrt. Beispiele dafür sind das Bornkindl (gerade geborenes Christkind) oder das früher in den Alpenländern verbreitete Fatschenkind (mit kostbaren Bändern umwickeltes Christkind).

Ochs und Esel

Obwohl Ochs und Esel in den Weihnachtsevangelien nicht vorkommen, gehörten sie von alters her zum Stall wie die Krippe. In der allegorischen Auffassung der Kirchenväter symbolisiert der Esel das Heidentum, während der Ochse das jüdi-

Deutschland
Sandsteinrelief
Sandstein
12,4 x 19,8 x 4 cm
Sammlung Würth, Inv. K188
Erworben 2002

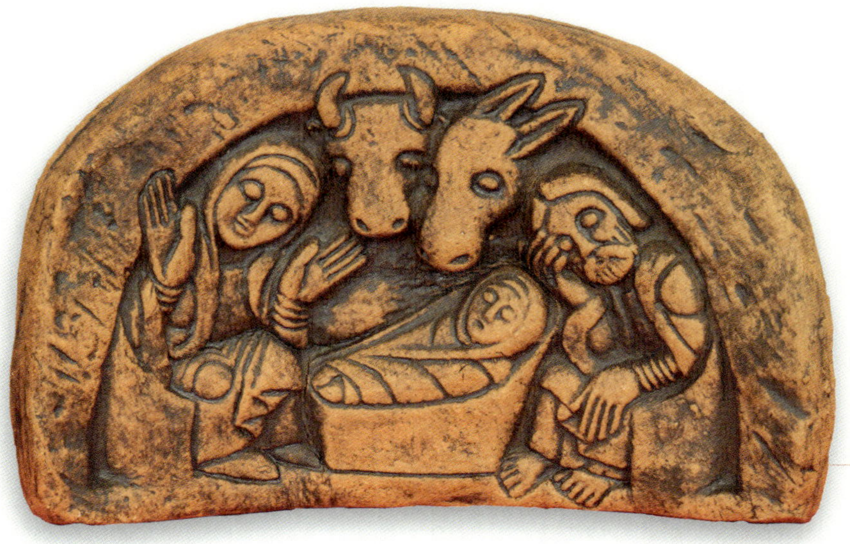

Finnland
Lappland-Krippe
Naturmaterial, Spanholz, Wolle
Zelt: 25 x 20 x 20 cm,
Höhe Figuren bis 13,2 cm
Sammlung Würth, Inv. K702
Erworben 2002

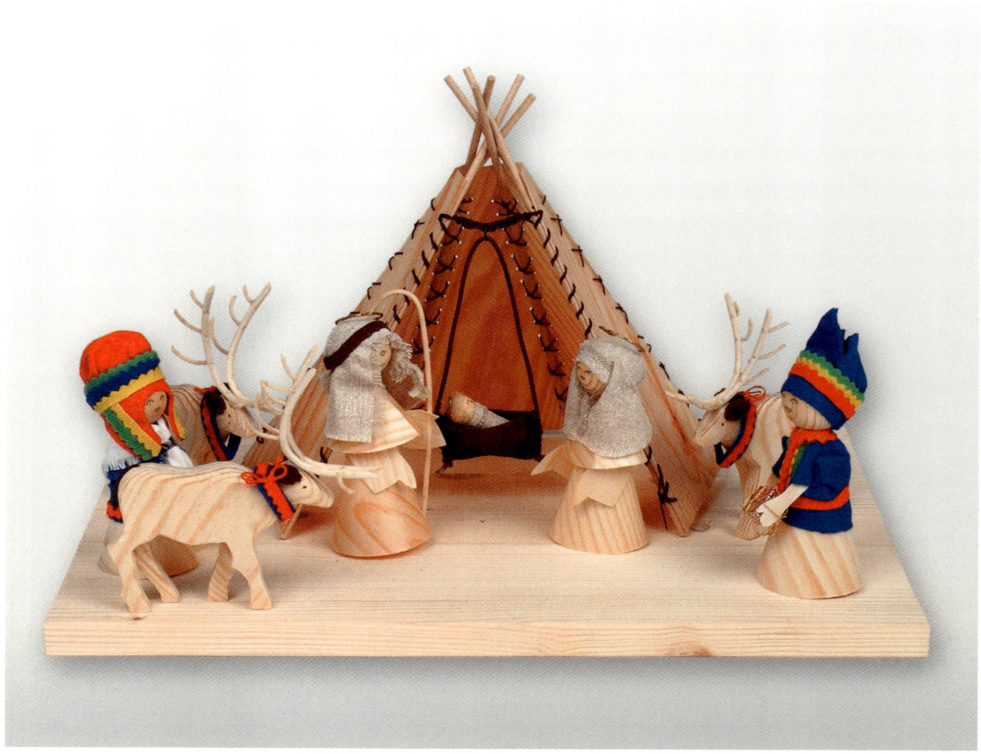

sche Volk versinnbildlicht, das unter der Last seiner einengenden Gesetze seufzt. Der Esel diente auch als Tragtier für Maria und Jesus auf der Flucht nach Ägypten. In Krippendarstellungen aus Regionen, in denen der Esel unbekannt ist, wird er entweder durch einheimische Tiere ersetzt oder einfach weggelassen.

Hirten

Warum erfolgte die Verkündigung der Geburt Jesu gerade an die Hirten? Die Hirten waren zu jener Zeit trotz ihrer Unentbehrlichkeit ein verachteter Stand, weil sie wirtschaftlich von den Besitzern der Herden abhängig waren und zudem als unehrlich galten. Durch die Bevorzugung dieser Hirten bei der Verkündigung der Geburt Christi lädt Gott alle ein, Christus als Herrn und Erlöser anzunehmen. An der Krippe finden wir verschiedene Typen von Hirten, zum Beispiel den knienden, anbetenden Hirten, den musizierenden Hirten und den jungen Hirten mit einem Lamm in seinen Armen oder über der Schulter. Diese Figur wurde von der frühchristlichen Kunst als Symbol Christi nach dem Gleichnis vom „Guten Hirten"

(Johannes 10,1–16) übernommen. Die Krippenbauer identifizieren sich vielfach mit den Hirten, stellen sie als Menschen des eigenen Volkes (erkennbar an Tracht oder Geschenken) dar.

Oft sind die Hirten nur noch symbolisch an der Krippe vertreten und werden ergänzt oder ersetzt durch Anbetende und Gabenbringende aus anderen Gesellschaftsgruppen (Bauern, Handwerker, Bergleute, Waldarbeiter, Musikanten, Fischer, Frauen, Kinder, Großeltern, Menschen mit Behinderung u. v. a.), um die Allgemeingültigkeit des Ereignisses hervorzuheben. Die Lebendigkeit und Unmittelbarkeit der Krippe wird durch ihr Zubehör erheblich gesteigert. Dazu zählen vor allem die vielfältigen Geschenke, die Gabenbringende der Heiligen Familie präsentieren oder für sie bereithalten. Bei den internationalen Krippen spiegelt sich auch darin der große Reichtum der Kulturen – bis hin zu den Instrumenten der Musiker.

Ungarn
Csikós-Krippe
gebrannter und bemalter Ton, Gips
Höhe bis 31 cm
Sammlung Würth, Inv. K628
Erworben 2002

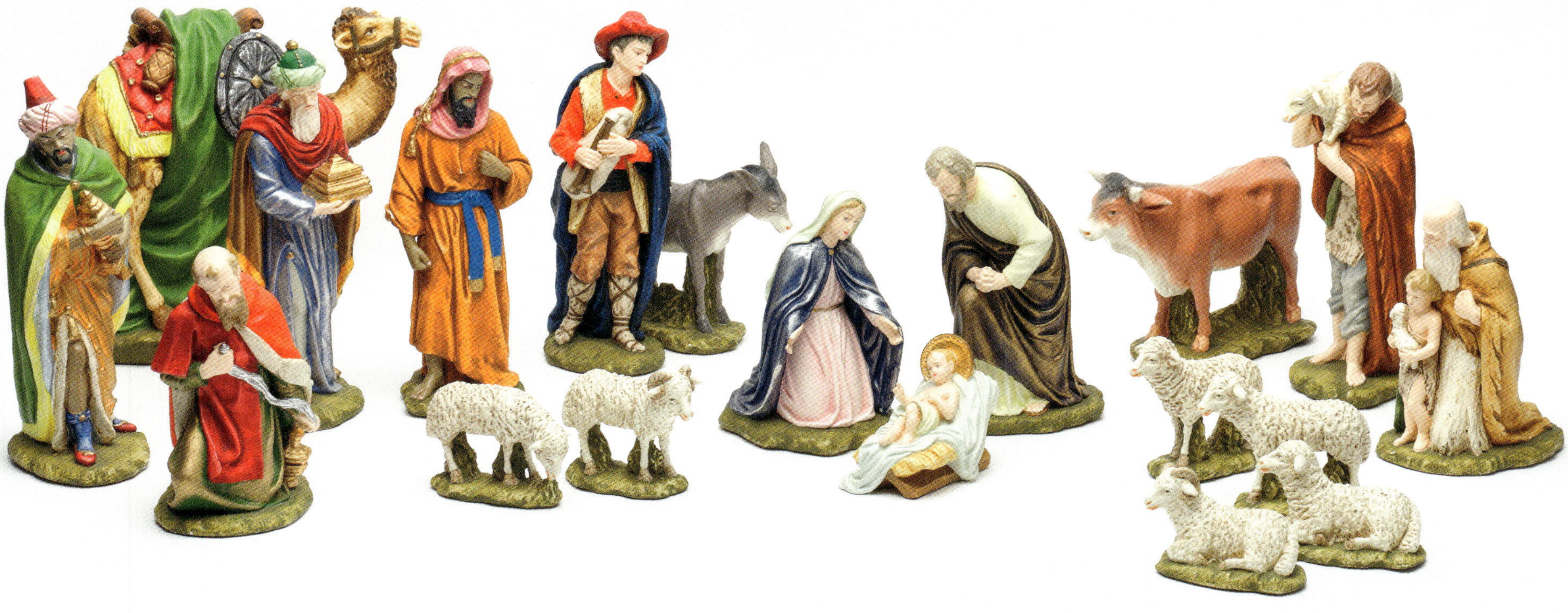

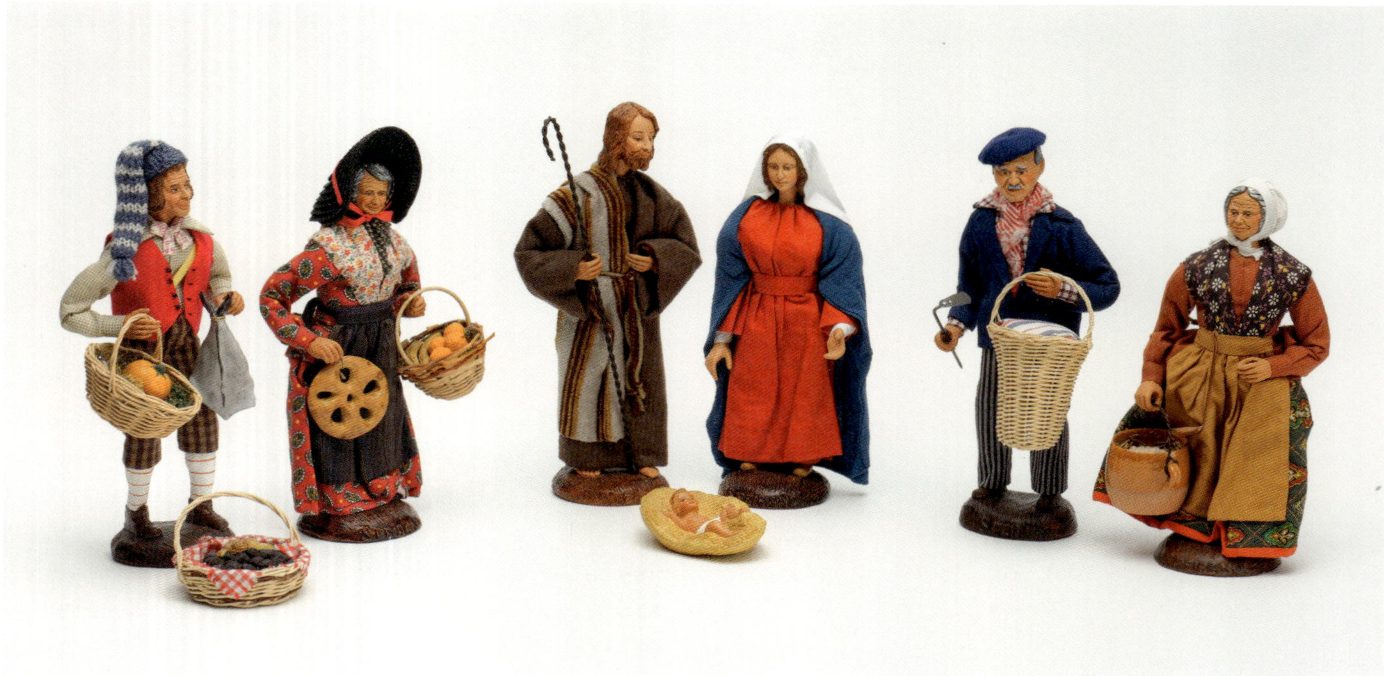

Frankreich
Santons
gebrannter und bemalter
Ton, Textilien
Höhe bis 27 cm
Sammlung Würth, Inv. K348
Erworben 2002

Die provenzalischen „Santons“ bringen Gaben aus ihrer Region an die Krippe: Brot, Früchte, Trüffel, Schnecken und Fische.

Die Weisen, Sterndeuter oder Heiligen Drei Könige

Den Gegenpol zu den mittellosen, verachteten Hirten als Vertreter des jüdischen Volkes bilden die aus dem heidnischen Morgenland kommenden drei Weisen oder Könige, wie sie seit dem 12. Jahrhundert genannt werden: klug, reich und angesehen. Man gab ihnen Namen und die drei Lebensalter Jüngling (Caspar), Mann (Balthasar) und Greis (Melchior) und ordnete sie den damals bekannten drei Erdteilen Afrika, Asien und Europa zu. Melchior, der Greis und Repräsentant Europas, häufig in einen roten Mantel mit weißem Hermelinkragen gekleidet, schenkt Gold und will Christus damit als König versinnbildlichen, der über Weisheit, Reichtum und Macht verfügt. Historisch sehen Krippenkundige Melchior oft in Karl dem Großen personifiziert. Der im Mannesalter stehende Balthasar kommt als König Vorderasiens und Asiens und hat Weihrauch als Gabe gebracht, um damit Christus als Gott zu ehren. Als historische Gestalt wird meist Alexander der Große als Balthasar verstanden. Myrrhe macht der jugendliche Caspar als Repräsentant Afrikas dem Kind zum Geschenk – als Zeichen der Reinheit Jesu und seiner Bedeutung als Heiland und Erlöser durch seinen eigenen Tod, denn Myrrhe diente auch zum Einbalsamieren von Mumien. Eine historische Personifizierung Caspars ist nicht bekannt. Aber nicht die Ausbreitung der mitgebrachten Schätze war wesentlich, sondern die Anbetung des neuen Königs und Gottes durch die drei mächtigsten Könige der Welt: „Alle Könige müssen ihm huldigen, alle Völker ihm dienen." (Psalm 72,11). In der Lieblingskrippe des Sammlers bezeugt ein zu Boden gesunkener irdischer König dem neugeborenen Gott-König seine totale Ergebenheit.

Nach der Legende brachte der Kölner Erzbischof Rainald von Dassel die Gebeine der Heiligen Drei Könige im 12. Jahrhundert von Mailand nach Köln, wo sie im Dom noch heute verehrt werden. In katholischen Gegenden Deutschlands wird jedes Jahr am Vorabend des Dreikönigstags (6. Januar) von den Sternsingern

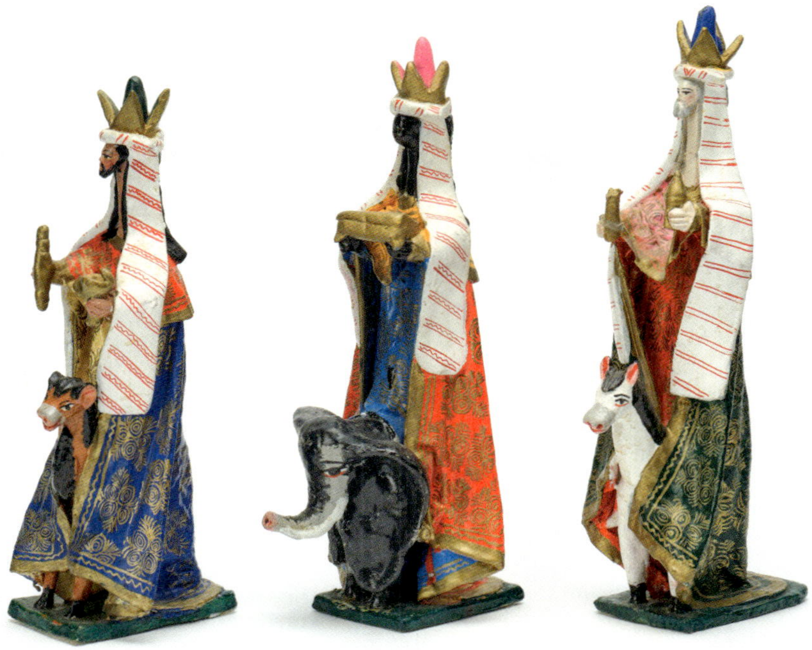

Peru
Hilario Mendívil
Heilige Drei Könige
lackiertes Papiermaché
Höhe bis 32,5 cm
Sammlung Würth, Inv. K524
Erworben 2002

Aus der Werkstatt des Krippenkünstlers Hilario Mendívil stammen diese drei Königsfiguren. Ihre Reittiere, Gaben und Hautfarben kennzeichnen sie als Vertreter der zur Zeit Christi Geburt bekannten drei Erdteile: Der europäische König reitet auf einem Pferd, der arabische König auf einem Kamel und der König aus Afrika auf einem Elefanten.

Argentinien
Anbetung
gebrannter und bemalter Ton
Höhe bis 13,2 cm
Sammlung Würth, Inv. K76
Erworben 2002

Die Lieblingskrippe des Sammlers Edwin Buchholz: Ein indigener Künstler aus den argentinischen Anden modellierte die vier Tonfiguren mit dem am Boden liegenden, anbetenden König.

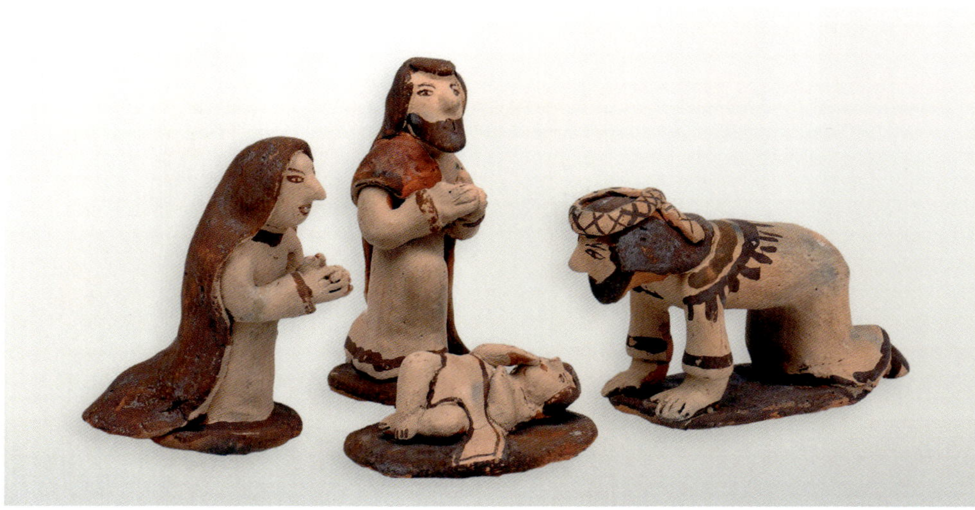

zum Schutz vor Feuer und Unheil folgende Segensinschrift mit weißer Kreide auf die Rahmen der Haustüren geschrieben: C + M + B mit der Jahreszahl. Viele lesen die drei Buchstaben als Abkürzungen von Caspar, Melchior und Balthasar, während andere meinen, sie stünden für „Christus Mansionem Benedicat" (Christus segnet dieses Haus).

In zeitgenössischen Krippen ist der zur Barockzeit überdimensionierte „himmlische Hofstaat" der Könige – auch aus Kostengründen – auf eine kleine Gruppe reduziert: drei Könige, ein bis zwei Pagen, wenige Tragtiere, eventuell begleitet von Treibern. In den meisten Krippendarstellungen kommen die Könige sogar ohne jede Begleitung vor. Unsere Sammlung enthält aber auch ein paar Krippen mit relativ reichhaltigem Königszug.

Deutschland
Georg Lang sel. Erben
Oberammergauer Prunkkrippe
Holz, Textilien
Höhe bis 31 cm
Sammlung Würth, Inv. K143
Erworben 2002

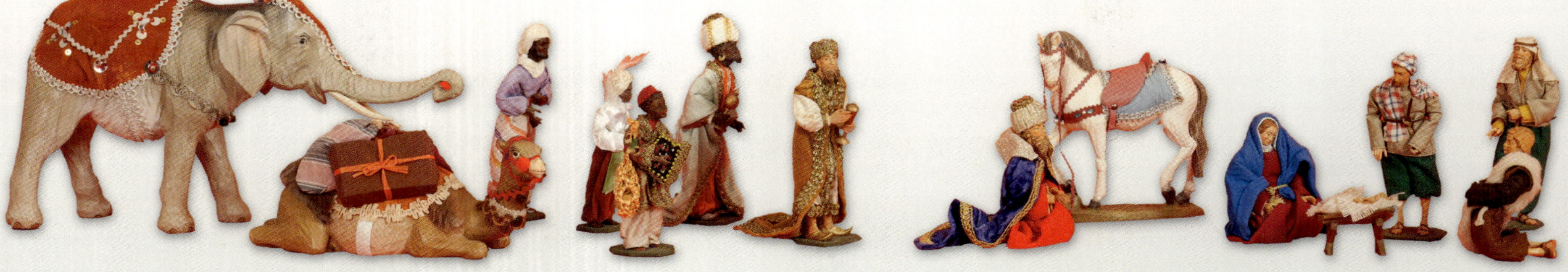

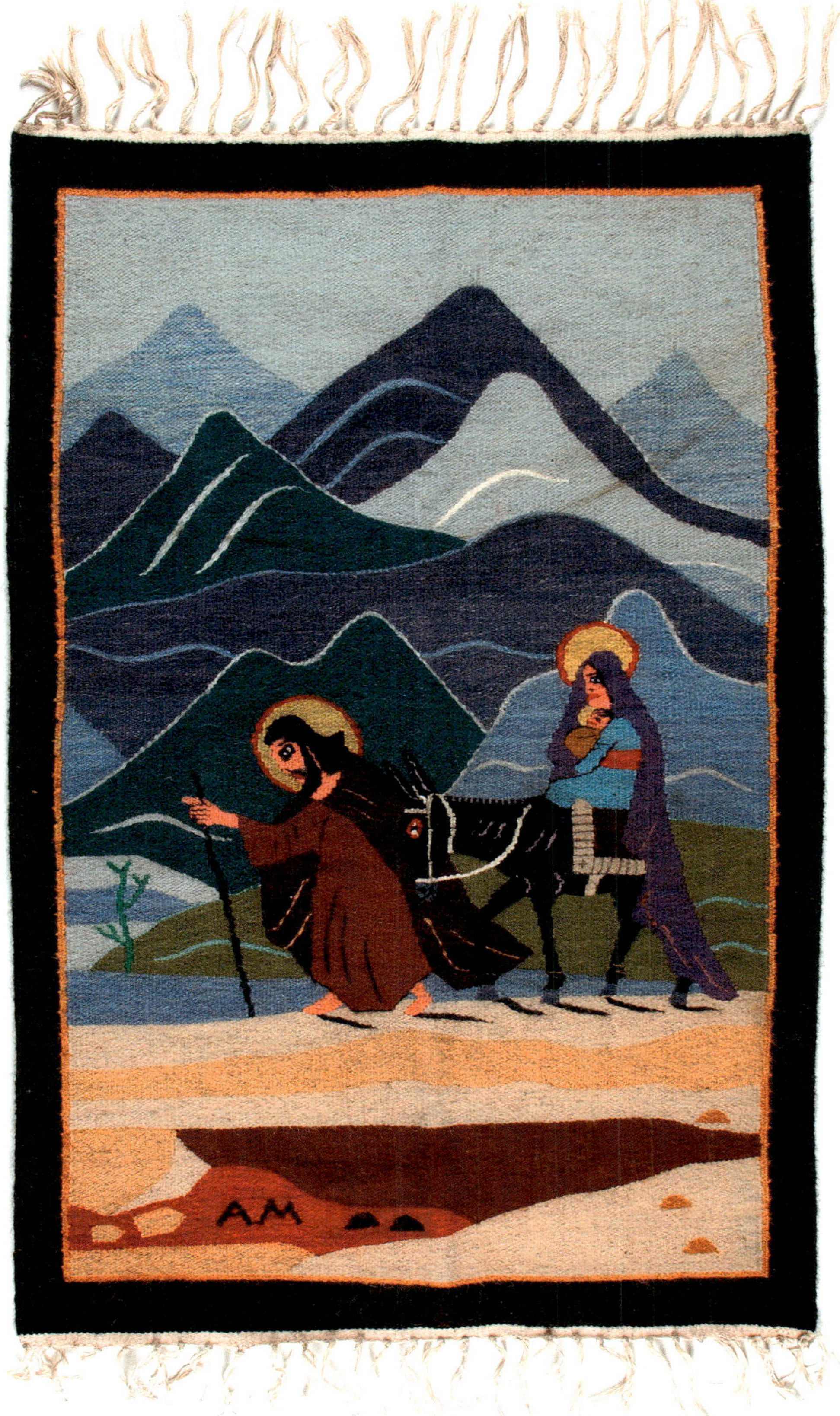

Ägypten
Flucht nach Ägypten
gewebte Wolle
100 x 61 cm
Sammlung Würth, Inv. K794
Erworben 2002

Edwin Buchholz

Flucht nach Ägypten

Die Darstellung der Fluchtszene ist immer die gleiche: Josef trägt das Bündel mit den Habseligkeiten der Familie und führt den Esel, auf dem Maria mit dem Jesuskind sitzt. Während in der Regel nur ein einziger Engel Josef den Weg weist, waren es nach Auffassung der Kirchenväter dieselben drei „Weis-Engel", die bereits die Heiligen Drei Könige geleitet hatten.

Litauen
Krippe mit Tieren
Holz
Höhe bis 19 cm
Sammlung Würth, Inv. K840
Erworben 2002

Nebenfiguren

Mit der Übertragung der Weihnachtsgeschichte in die heimatliche Kultur und Umgebung anderer Länder war eine völkerkundliche Vielfalt verbunden, vor allem in den Nebenfiguren. Nicht immer waren damit auch religiöse Sinnbilder gemeint,

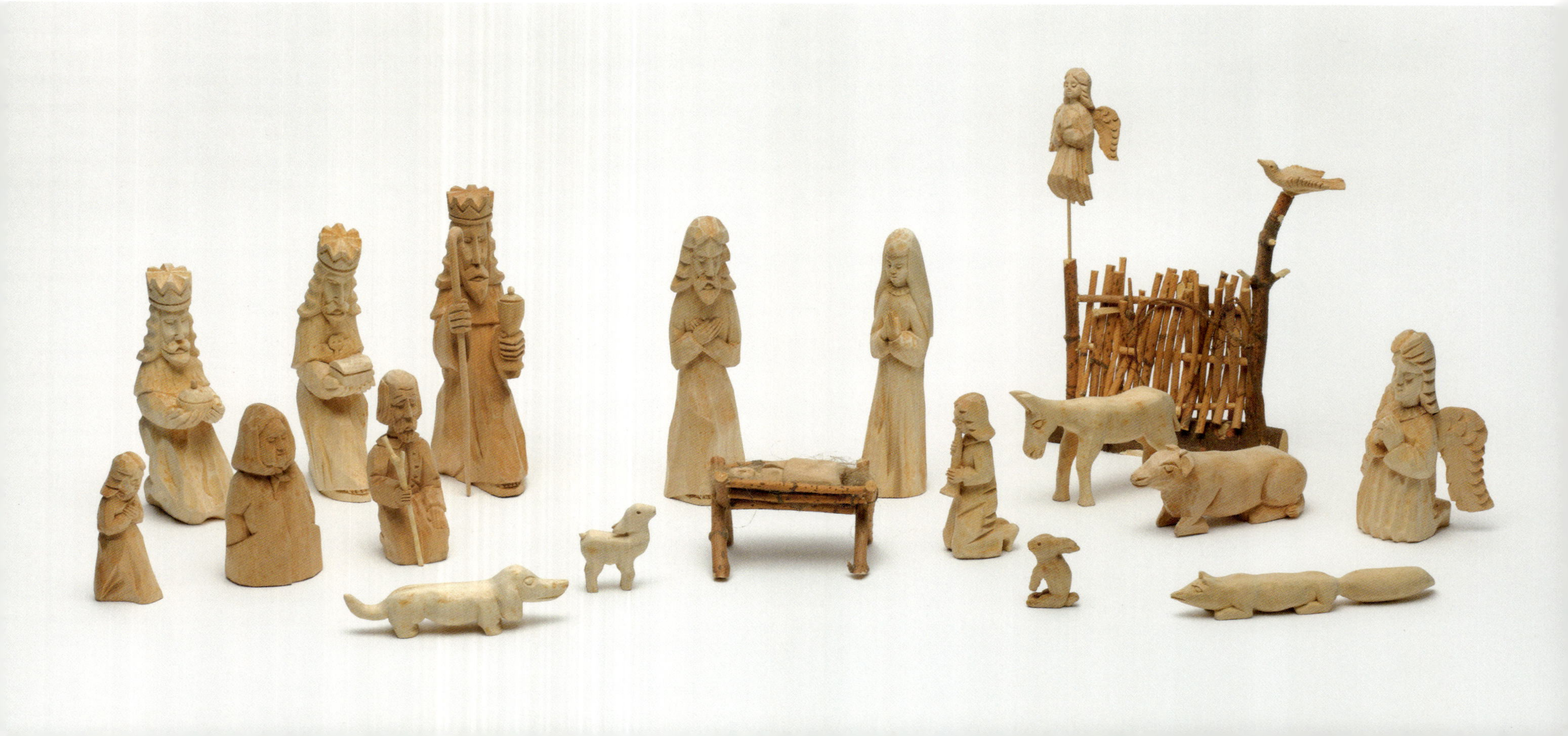

Mexiko
Dreiseitiger Blumenbaum
gebrannter Ton
34 × 25,5 × 25,5 cm
Sammlung Würth, Inv. K468
Erworben 2002

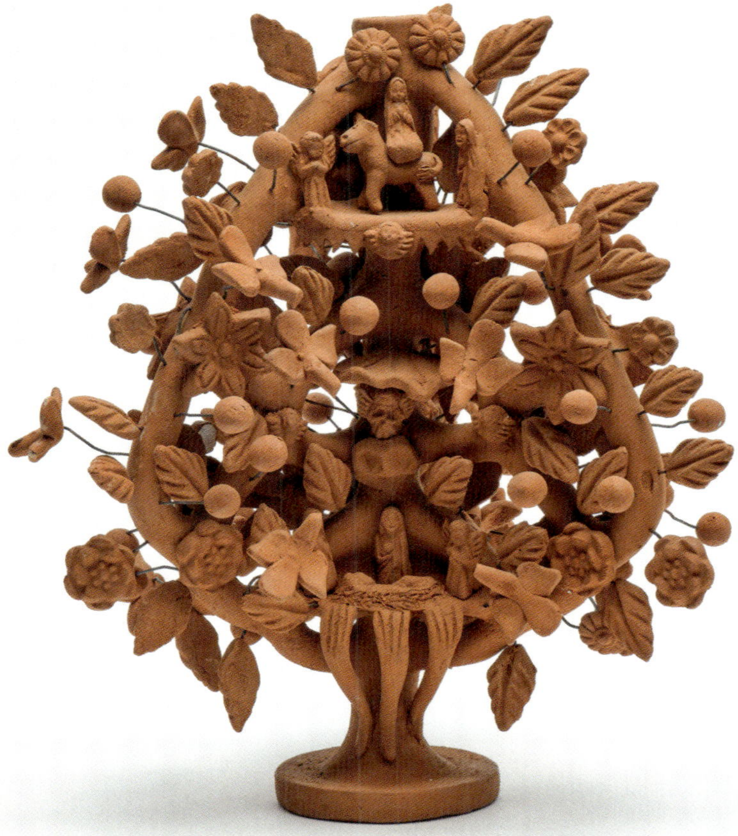

wenn zum Beispiel eine Katze oder ein Igel an der Krippe steht. In Krippen aus Ländern Mittel- und Südamerikas kommen häufig Hähne und Tauben vor. Dabei steht der Hahn als ein Symbol des werdenden Tages und aufgehenden Lichtes (= Christus), als Zeichen für die Fruchtbarkeit der kreatürlichen Welt, aber auch als Vorzeichen für die dem Kind bevorstehende Passion, während die Taube den Heiligen Geist und den göttlichen Frieden versinnbildlicht.

Geradezu ein Charakteristikum der Paradiesbaum-Krippen Mexikos sind die Vögel. Sie stehen für Jubel, Freude, Friede und Paradies. In europäischen Krippen findet sich gelegentlich auch der Hase als Symbol der Reinheit und der Auferstehung und der Hund als Wächter und Prediger. In den Krippen bis zum Beginn des 20. Jahrhunderts stand ein struppiger Hund für den Ungläubigen, der noch nicht zu Christus gefunden hatte. In manchen Krippen sind Tiere gemeinsam aufgestellt, die einander sonst nur als Jäger und Beute begegnen. Dieses Idyll paradiesischer Gemeinschaft der Tiere ist auf eine Weissagung des Propheten Jesaja (11,6) zurückzuführen und will das Friedenswunder in der Nacht der Christgeburt vor Augen führen, gleichzeitig auch die Menschen an ihre Friedenspflicht erinnern.

Die Funktionen der Krippe

Die Antwort auf die Frage nach dem Zweck und der Aufgabe der Krippe ist relativ einfach: Die Krippe ist ein Medium zur christlichen Unterweisung, Erziehung, Selbstbesinnung, Familieneintracht, Völkerverständigung und Friedensbotschaft. Von fast jeder Krippe gehen Botschaften aus. Zum Beispiel fragt sie Betrachterinnen und Betrachter, ob diese das, was sie darstellt, annehmen, und sie appelliert an jene, die sie betrachten, sich mit der von ihr erzählten Geschichte ernsthaft auseinanderzusetzen – bis hin zur inneren Andacht. Zusätzlich erfüllt die Krippe ästhetische Interessen und schenkt Freude. Nach positiven europäischen Erfahrungen mit Krippen im Religionsunterricht wurden sie seit dem Beginn des 19. Jahrhunderts in Mittel- und Südamerika, Afrika und Asien mit Erfolg als visuelles Mittel zur Missionierung, zur Taufe, zur Bekehrung und Belehrung eingesetzt. Ausgehend von Missionswerkstätten der jeweiligen Länder entwickelten sich besonders in Afrika nach und nach Ansätze zu einer eigenständigen Krippenkultur, die immer noch im Werden begriffen ist. Eine internationale Krippenausstellung wirbt unaufdringlich, aber wirksam für Verständnis, Toleranz, Hilfsbereitschaft und Frieden in und unter den Völkern.

>
Malawi
Hirten und Gabenbringer
bemaltes Eukalyptusholz
Höhe Rundhütte 30 cm
Sammlung Würth, Inv. K696
Erworben 2002

Die Krippe mit landestypischer Rundhütte wurde in der Werkstatt des kanadischen Missionars Pater Bloucher gefertigt und verbindet die biblische Geschichte mit Traditionen und Symbolen aus Malawi.

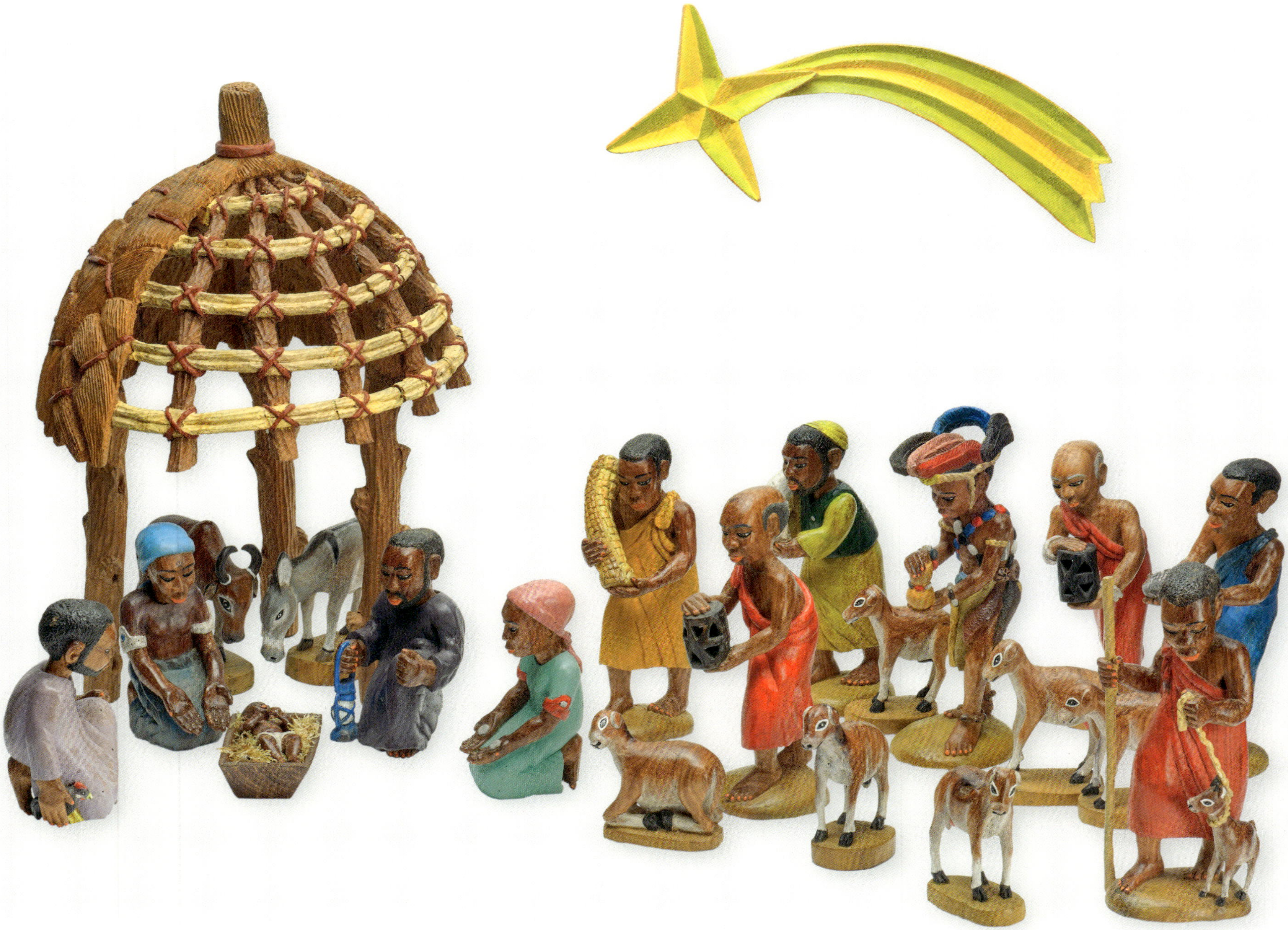

Edwin Buchholz

Materialien und Techniken einer Krippe

Hände und Handwerk dienen bereits seit dem Beginn der Krippentradition der Veranschaulichung und Vergegenwärtigung der Worte, Zeichen und Bilder: Die Weihnachtsgeschichte wurde gemalt, geritzt, geschnitzt, gewebt, genäht, gehäkelt und gestickt, in Stein gehauen oder aus heimatlicher Erde gebrannt – was an Material und Können gerade für das kunstvolle Schaffen zur Verfügung stand. So gewann das Wort Form und Gestalt in der jeweiligen Ausdrucksform der Völker. Nach der ersten Sammelphase waren dem Verfasser und seiner Ehefrau Anfang der 1960er-Jahre aufgefallen, dass Krippen aus manchen Ländern in bestimmten Materialien und Techniken angefertigt sind – so aus Bambus in Taiwan, aus rotem Ton in Peru, aus schwarzem Ebenholz in Tansania oder in Quilttechnik in Panama. Das spornte uns an, herauszufinden, aus welchen Materialien sinnvoll schöne Krippen

Taiwan
Bambuskrippe mit Stall
Bambus, Bambushanf
35 x 35 x 22 cm
Sammlung Würth, Inv. K603
Erworben 2002

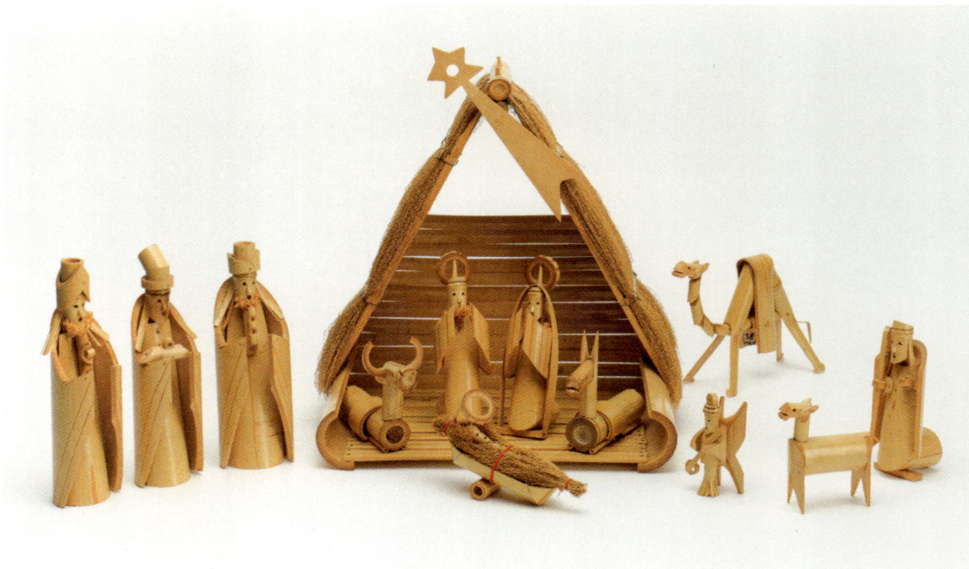

Panama
Bestickte Mola mit Krippenszene
Stoff, Garn
35 × 40 cm
Sammlung Würth, Inv. K979
Erworben 2002

Die stets rechteckigen Molas sind Teil der Tracht der Kuna-Indios, einer indigenen Ethnie in Panama. Sie werden von den Frauen über die Vorder- und Rückseiten ihrer Blusen gelegt.

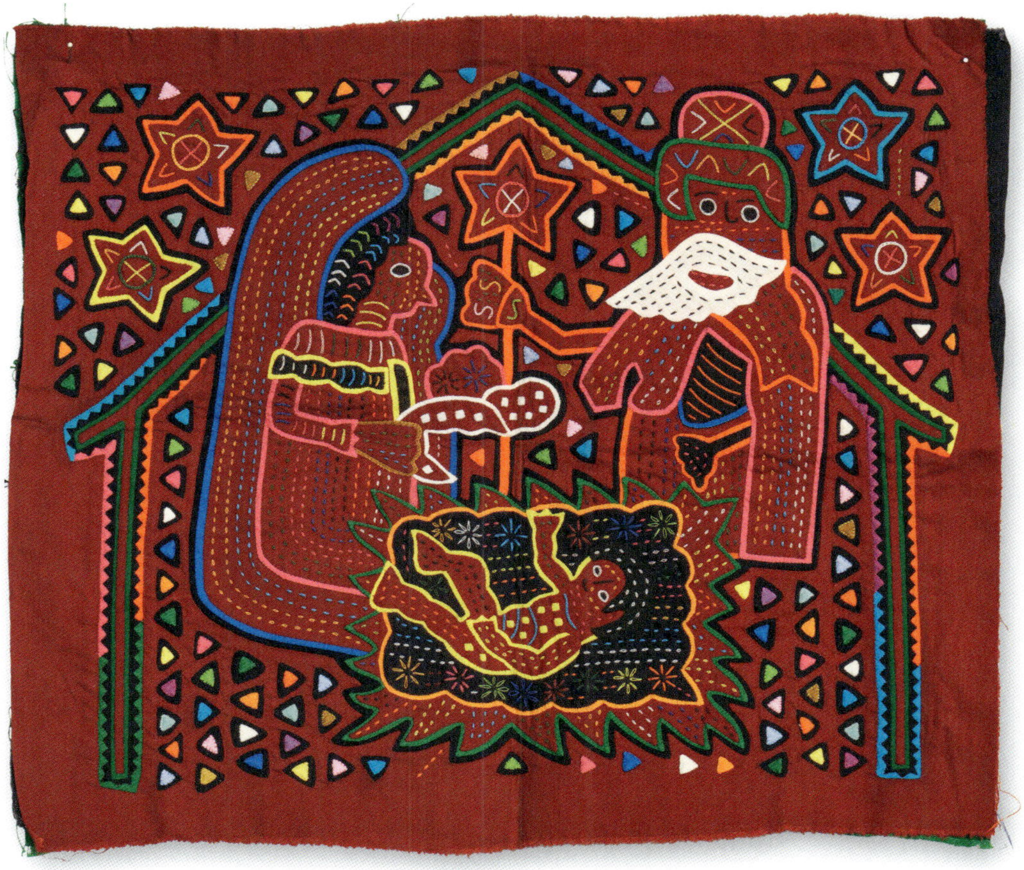

hergestellt werden können. Diese selbst auferlegte Herausforderung hatte zwei nicht vorhergesehene Konsequenzen: 1. Es stellte sich bald heraus, dass die Anzahl potenzieller Materialien und Techniken schier unerschöpflich ist. 2. Schon bald erwies es sich, dass wir Krippen in den unterschiedlichsten Materialien und Techniken nur durch die Vergabe von Einzelaufträgen gewinnen konnten, nachdem wir die dazu bereiten Hersteller gefunden hatten; und das war ein meist mühseliger und langwieriger Prozess. Der Lohn dieser Mühe war, dass jede so hergestellte Krippe ein Unikat bildete. Daher sind zirka 300 Krippen der Sammlung Unikate. Diese einmalige Häufung verleiht ihr eine besondere Qualität, denn andere Krippen sind entweder Massenprodukte, wenngleich in oft vorbildlicher Qualität, oder sie stammen von Herstellern, die ihre Krippen zwar handwerklich, aber ebenfalls in vielen Exemplaren des gleichen Modells fertigen.

Edwin Buchholz

Hinweise zum Gang durch eine Krippenausstellung

Das Wandeln der Besucherinnen und Besucher durch eine Krippenausstellung ist für sie umso fruchtbarer, je bewusster sie vorgehen. Dazu gehört bei handgefertigten Krippen zunächst das Bewusstsein, dass die meisten Krippenbauer sich auch heute noch mit ihrer Arbeit identifizieren. Sie erzählen eine der bekannten Geschichten zur Geburt Christi auf ihre ganz persönliche Weise. Oft stellen sie sich in einer der Figuren sogar selbst dar – zum Beispiel in einem Hirten oder Gabenbringer.

Die Betrachtung einer Krippe erfolgt gewöhnlich nach zwei verschiedenen Aspekten: Bei der zunächst etwas oberflächlichen Betrachtung interessieren zum Beispiel das Material, das dargestellte Thema, die landestypischen Elemente und die Kunstfertigkeit der Arbeit. Das ist gleichsam der zügige Durchgang, bei dem Besucherinnen und Besucher die meisten der ausgestellten Exponate zur Kenntnis nehmen. Nur vor wenigen Krippen – und das ist der zweite Aspekt – werden sie länger verharren. Welche das sind, ist individuell meist verschieden. Plötzlich steht ein Mensch vor einer Krippe, die seine Aufmerksamkeit erregt, die ihn auf eine bestimmte Art anspricht. Er beginnt zu schauen, zunächst das ganze Werk auf sich wirken zu lassen, sich darin zu vertiefen, die Botschaften in sich aufzunehmen. Solche Botschaften können sein: Toleranz, tätige Nächstenliebe, Verständnis, Frieden. Danach konzentriert er sich auf eine bestimmte Szene oder Gruppe, reiht sich gewissermaßen selbst in sie ein und hält schließlich liebevolle Zwiesprache mit einzelnen Figuren. Solches Krippenschauen kann für Besucherinnen und Besucher zu einem nachhaltigen persönlichen Erlebnis werden: Sie haben, wenn sie sich wieder abwenden, im besten Sinne „etwas mitgenommen“. Manchmal kann das sogar nachwirken, weil Werte wie schweigendes, geduldiges Schauen und besinnliche Meditation wieder wichtig geworden sind, weil in dem Schöpferischen und Schönen ein neuer Sinn entdeckt wurde.

EUROPA

Krippen kommen ursprünglich aus Italien. In einer Kirche in Neapel wurde 1478 nachweislich die erste Figurenkrippe aufgestellt. Bis heute ist die Stadt neben Sizilien, Genua, Rom und Südtirol eines der großen Zentren italienischer Krippenkunst. Traditionell zeichnen sich italienische Krippen durch aufwendig präsentierte Szenen aus, nach deren Vorbild auch Marie-Luise und Joachim Czizek aus Deutschland etliche Krippen für die Sammlung gestaltet haben.

Im deutschsprachigen Raum sind Krippen vor allem in den katholisch geprägten Regionen des Südens und Westens sowie im Erzgebirge verbreitet. Im protestantisch geprägten Norddeutschland hat sich keine Krippentradition entwickelt. Typisch für das Erzgebirge sind vor allem Stockwerkkrippen, Schwibbögen, Adventshäuser und Weihnachtspyramiden. In der Alpenregion – Österreich, Bayern, Schweiz, Südtirol und Fürstentum Liechtenstein – entstand bereits seit dem 16. Jahrhundert eine hochstehende Krippenkultur. Herausragend sind hier besonders handgeschnitzte Figuren und Reliefs. Krippenvereine pflegen die Tradition und Kunst des Krippenbaus, organisieren Ausstellungen und geben Kurse zum Herstellen einer eigenen Familienkrippe.

In Frankreich hat sich in der Provence die Tradition der „Santons" erhalten. Sie bevölkern, oft als Gabenbringende, die Krippen und spiegeln die Menschen im Alltagsleben der südfranzösischen Region wider. Solche Gabenbringer sind auch in Italien weit verbreitet.

In Portugal und Spanien werden die engen historischen Verbindungen nach Zentral- und Südamerika auch im Krippenbau sichtbar. Es wird vermutet, dass von den portugiesischen Retablos eine direkte Linie zu den Krippendörfern Lateinamerikas führt.

Ebenso wie in England und Irland hat sich in den skandinavischen Ländern keine eigenständige Krippentradition herausgebildet. Erst durch Importe aus Deutschland im 19. Jahrhundert wurden solche Darstellungen dort bekannt. Sie zeichnen sich bis heute durch glatte, stilisierte, „nordisch" geprägte Formen aus.

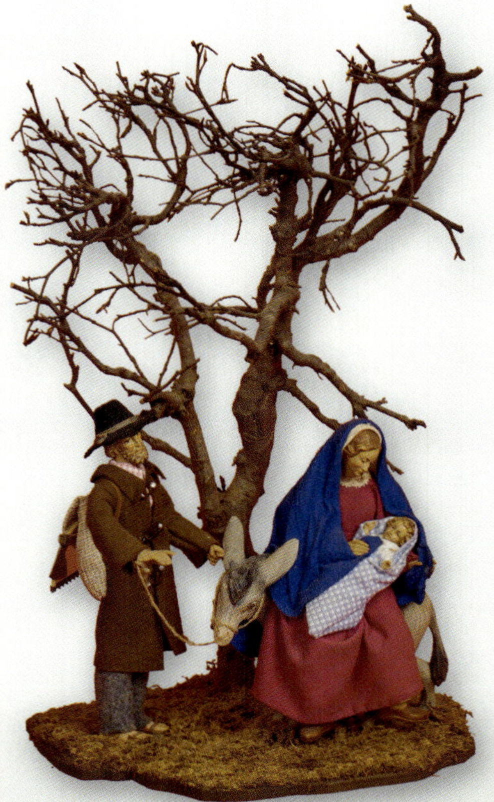

Deutschland
Georg Lang sel. Erben
Bayerische Fluchtszene
Holz, Keramik, Textilien, Naturmaterialien
45 x 27 x 23 cm
Sammlung Würth, Inv. K144
Erworben 2002

In Mitteleuropa existiert eine reichhaltige, volkskünstlerisch geprägte Krippentradition: Arbeiten aus Ton, Holz, Draht oder Maisstroh sowie Klöppelarbeiten aus Tschechien, der Slowakei und Ungarn haben Eingang in die Sammlung gefunden.

Polen gilt als das führende Krippenland Europas. Neben der Holzschnitzerei ist hier vor allem die hohe Kunst der kirchenförmigen Szopka aus dem Raum Krakau herauszustellen. Dieser Krippentyp besteht aus Hunderten von Plättchen gefärbten Stanniolpapiers über einem Holzgestell. Seit 1937 gibt es in der südpolnischen Stadt offizielle Krippenwettbewerbe, deren Geschichte aber schon ins 19. Jahrhundert zurückreicht. Dabei sind strenge Kriterien einzuhalten: Szopkas müssen der Krakauer Architektur nachempfunden und bunt sein, neben der Heiligen Familie dürfen Personen aus der Krakauer Geschichte nicht fehlen. Gern gesehen sind auch Personen der Zeitgeschichte, ebenso eine Beleuchtung und mechanisch bewegliche Teile. Der Wettbewerb und die dabei entstehenden Krippen sind seit 2018 Immaterielles UNESCO-Kulturerbe.

In den orthodoxen Kirchen Südost- und Osteuropas hat die römisch-katholische Krippenkultur kaum Eingang gefunden. Hier stehen Ikonen und ihre Verehrung im Zentrum. Sie zeigen Heilige oder Madonnen mit Kind, gelegentlich auch Szenen aus der Weihnachtsgeschichte. Dennoch ist es dem Sammlerehepaar gelungen, einige außergewöhnliche Darstellungen, die beide Traditionen zusammenführen, zusammenzutragen, etwa mit Krippenszenen bemalte Matrjoschkas aus der Ukraine.

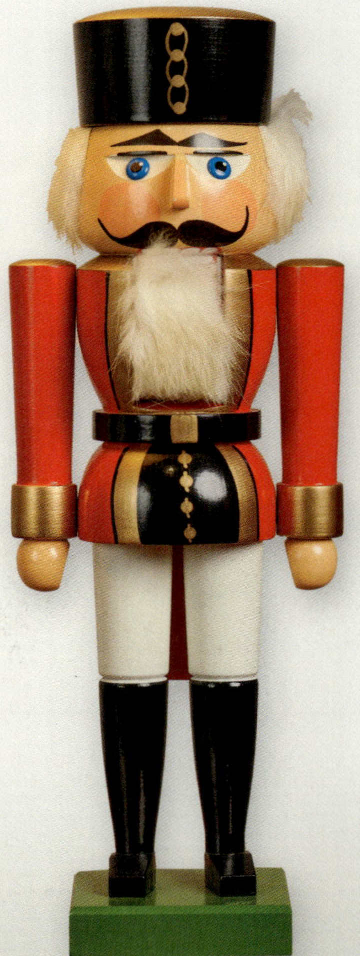

Deutschland
Nussknacker
Kirschbaumholz
Höhe: 35 cm
Sammlung Würth, Inv. K132
Erworben 2002

Deutschland
Bamberger Kastenkrippe
Holz, Textilien
41,3 x 60,2 x 42 cm
Sammlung Würth, Inv. K250
Erworben 2002

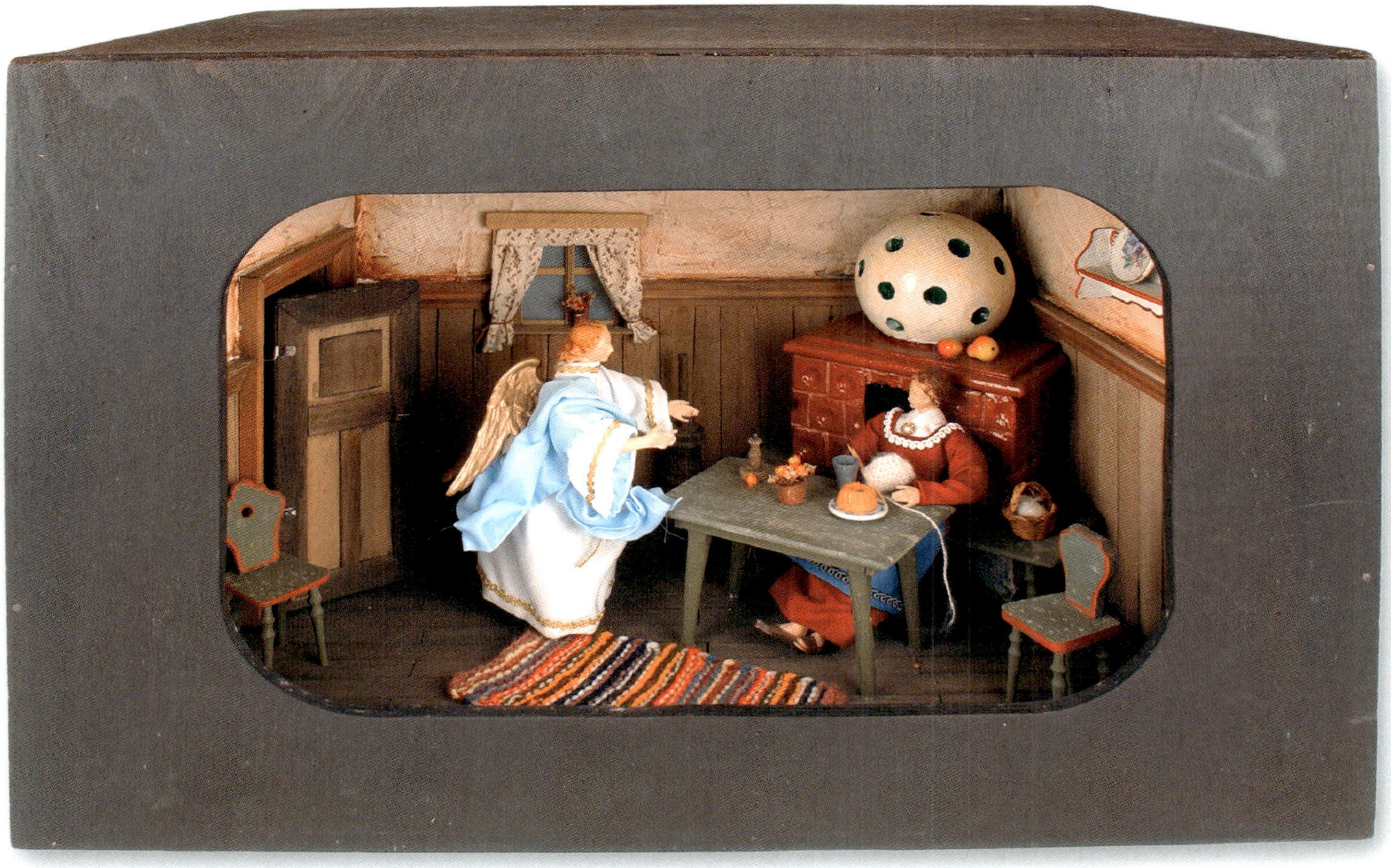

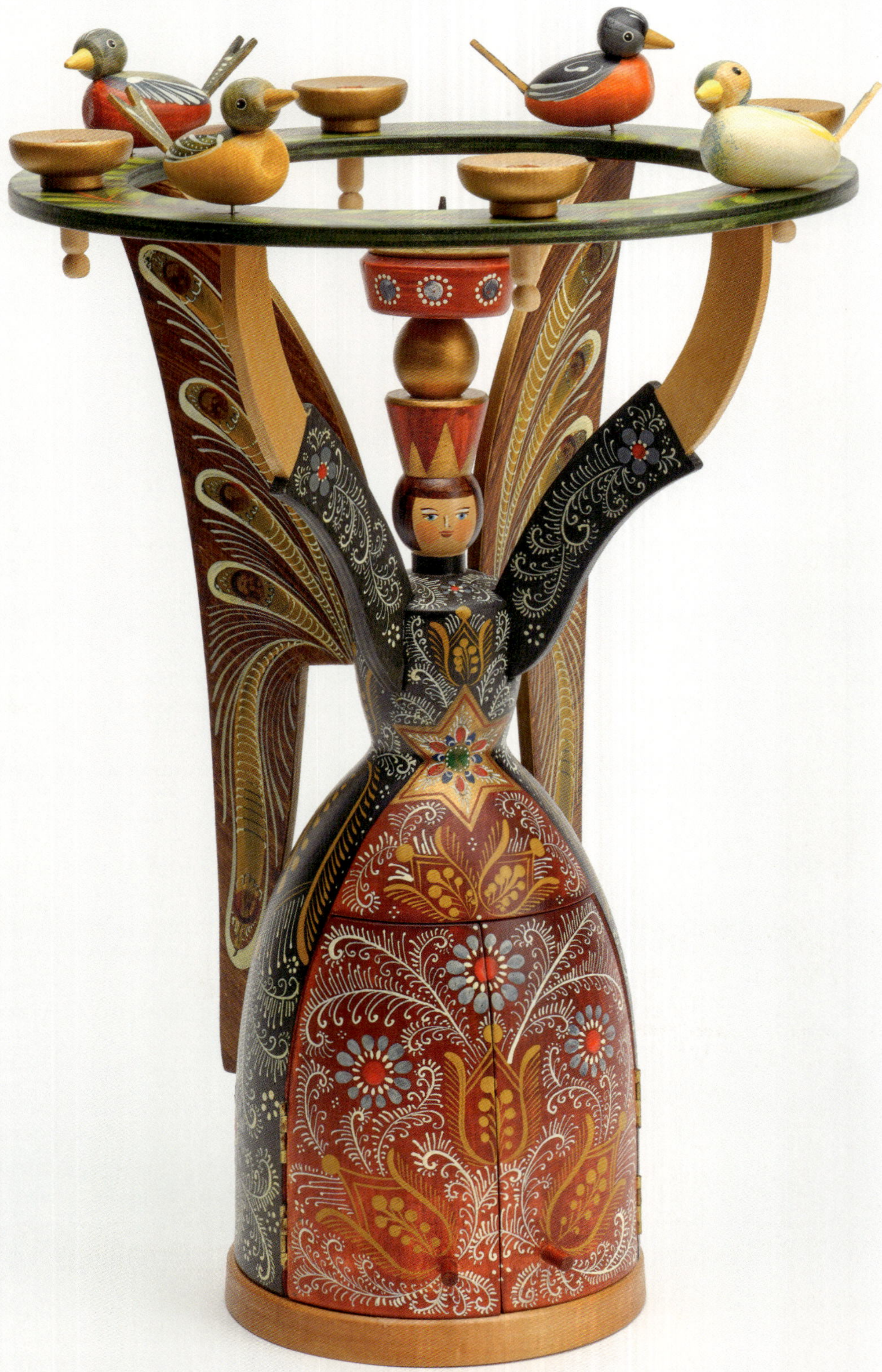

Deutschland
Adventsengel
lackiertes Holz
47,5 × 29,3 cm
Sammlung Würth,
Inv. K665
Erworben 2002

Deutschland
Musikwerk-Krippe
Spanholz
Höhe: 20,5 cm, Durchmesser: 17 cm
Sammlung Würth, Inv. K127
Erworben 2002

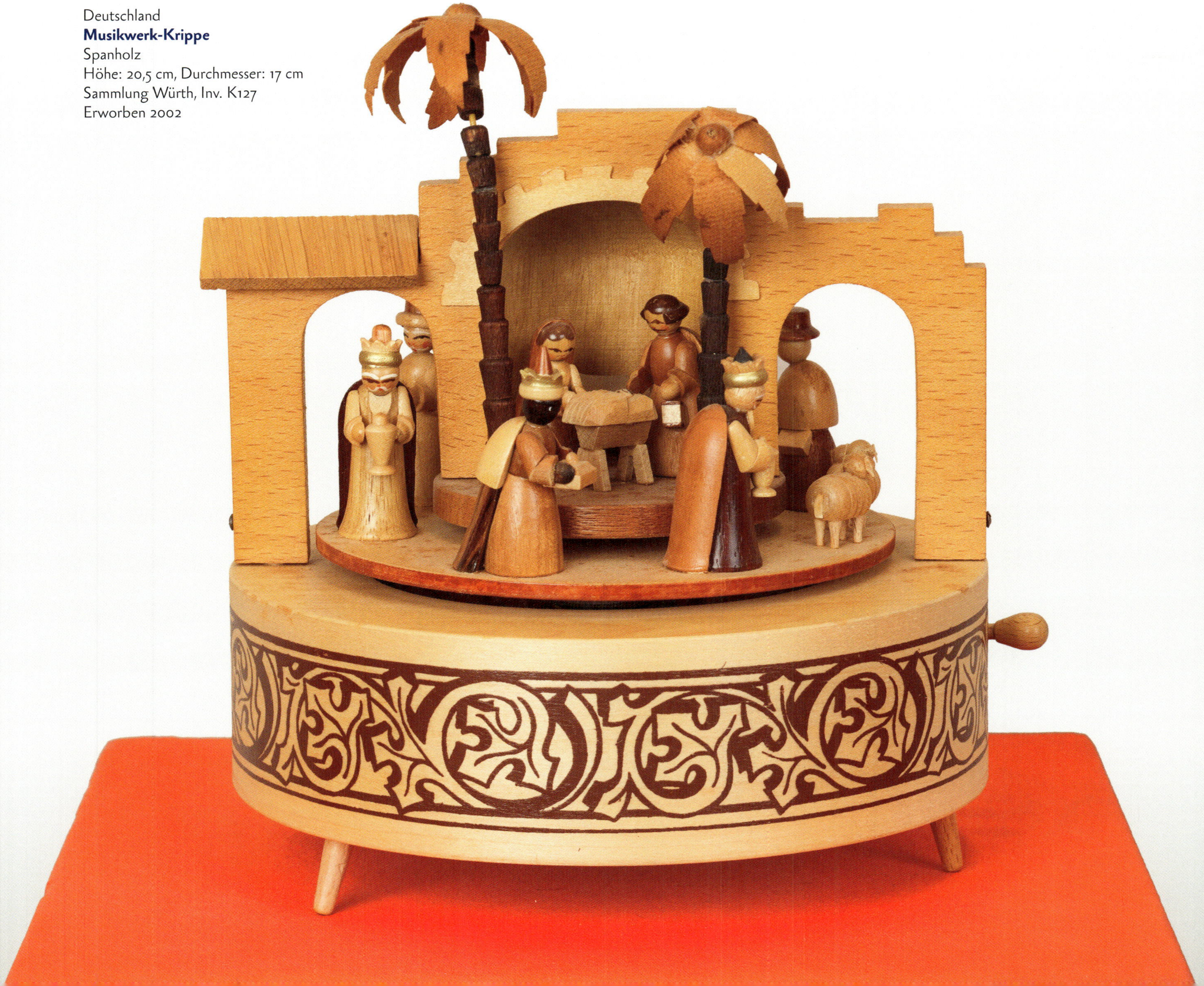

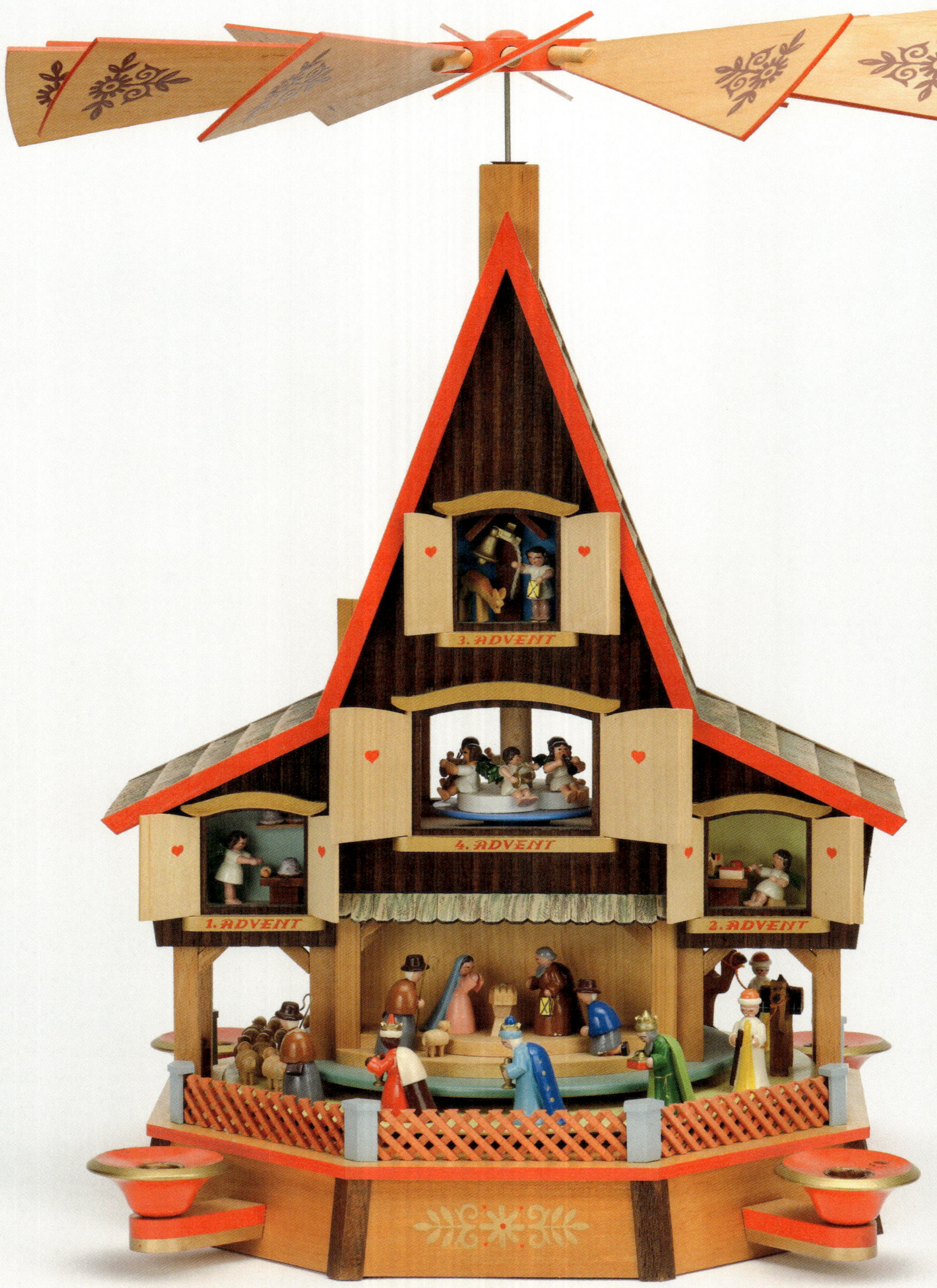

Deutschland
Adventshaus
bemaltes Sperrholz
57,5 × 48 cm
Sammlung Würth, Inv. K134
Erworben 2002

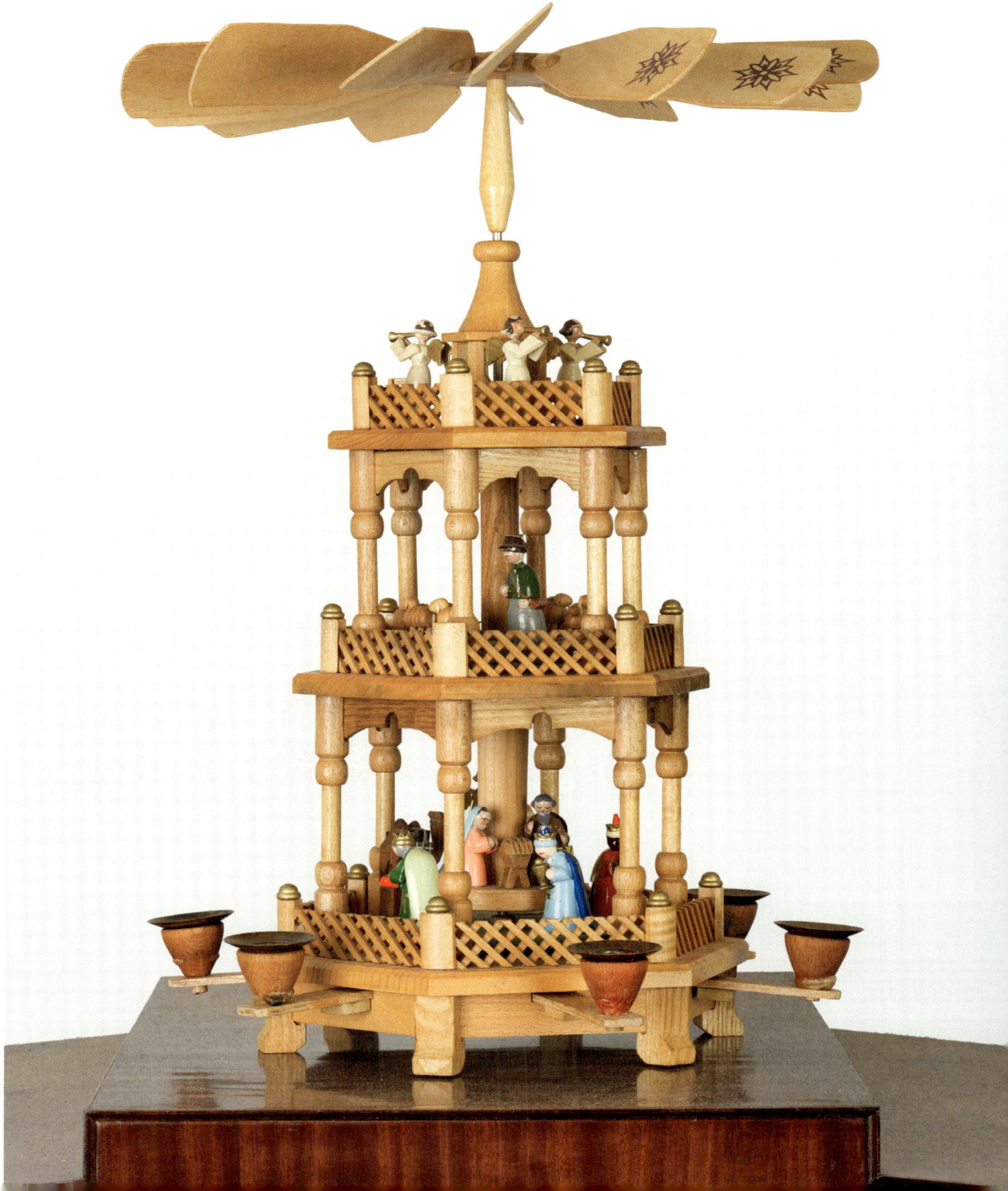

Deutschland
Kleine Weihnachtspyramide
Holz
46 x 34 cm
Sammlung Würth, Inv. K130
Erworben 2002

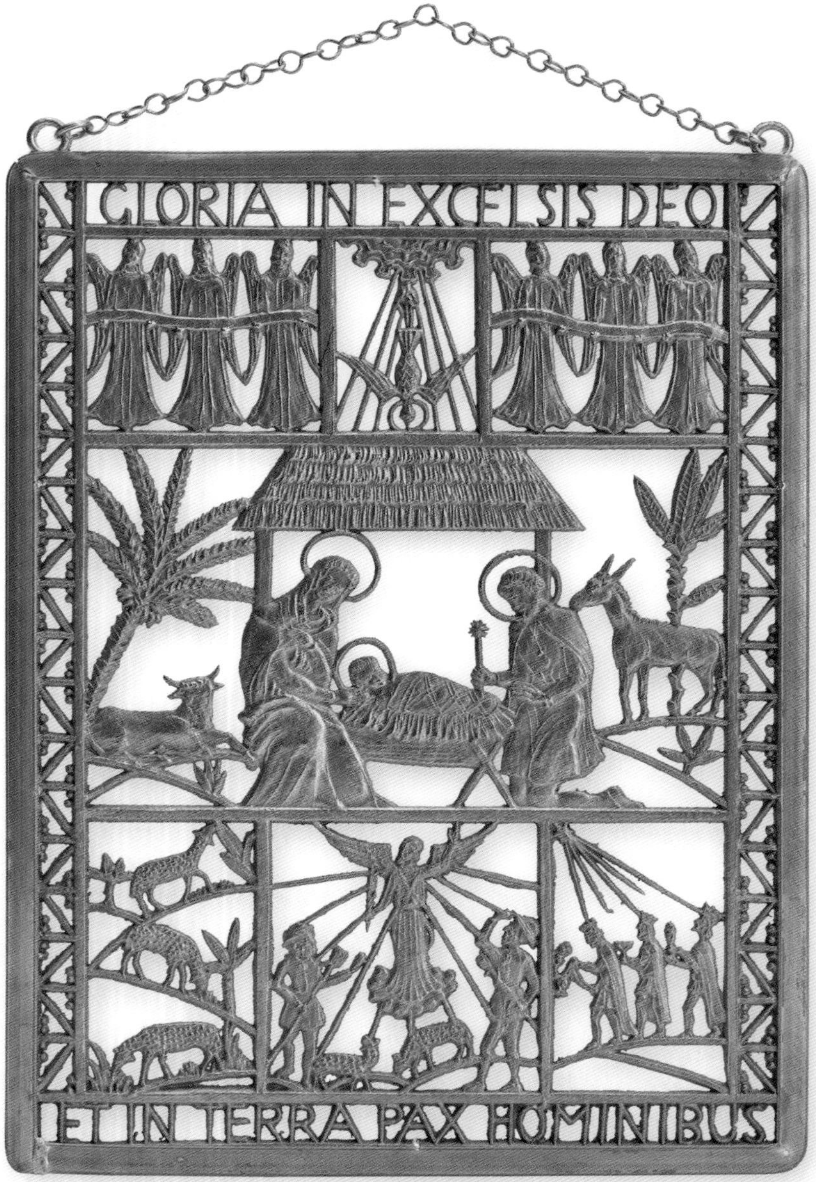

Deutschland
Gloria in excelsis Deo
Zinn, Glas
21,5 x 15,5 cm
Sammlung Würth, Inv. K150
Erworben 2002

Deutschland
Verkündigung an die Hirten
gebrannter und glasierter Ton
28 x 28 x 2 cm
Sammlung Würth, Inv. K181
Erworben 2002

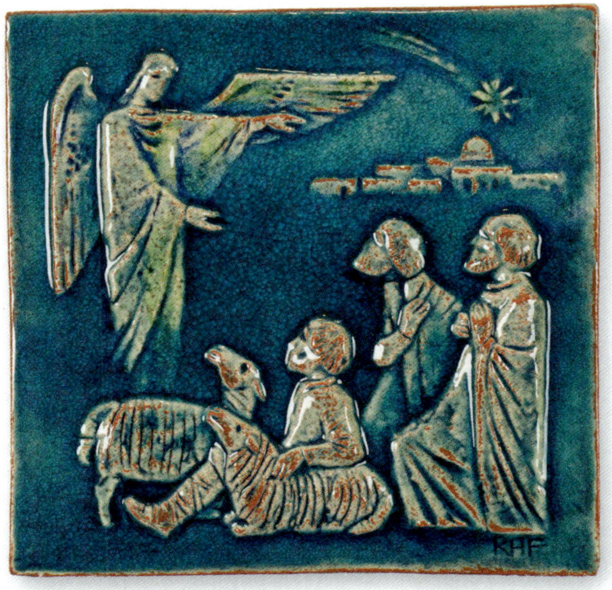

Deutschland
Biedermeierliche Zinnkrippe
bemaltes Zinn
Höhe bis 7,5 cm
Sammlung Würth, Inv. K148
Erworben 2002

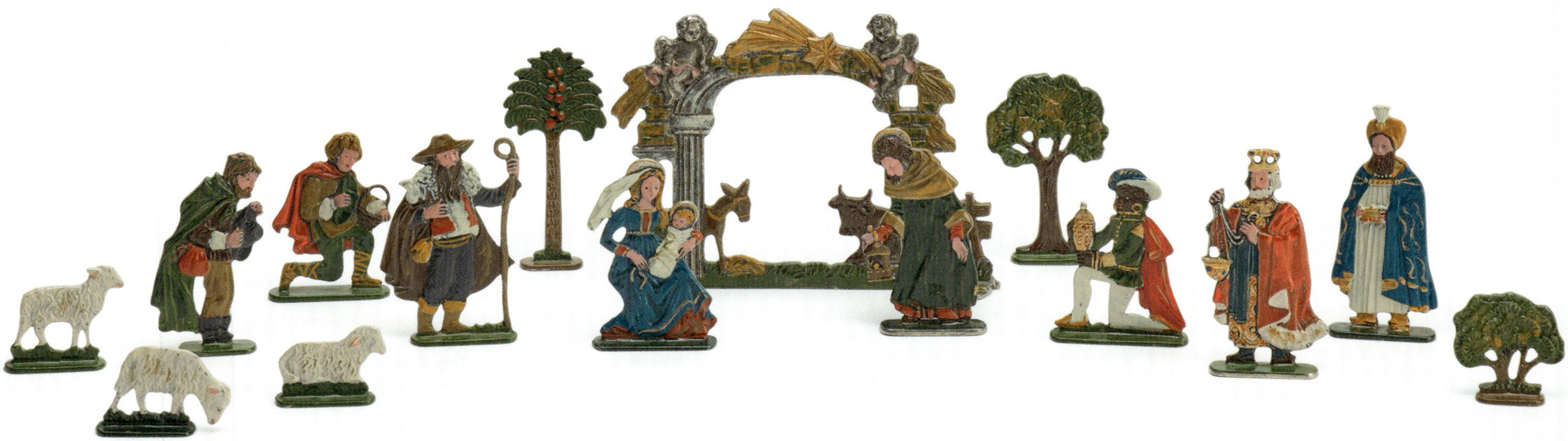

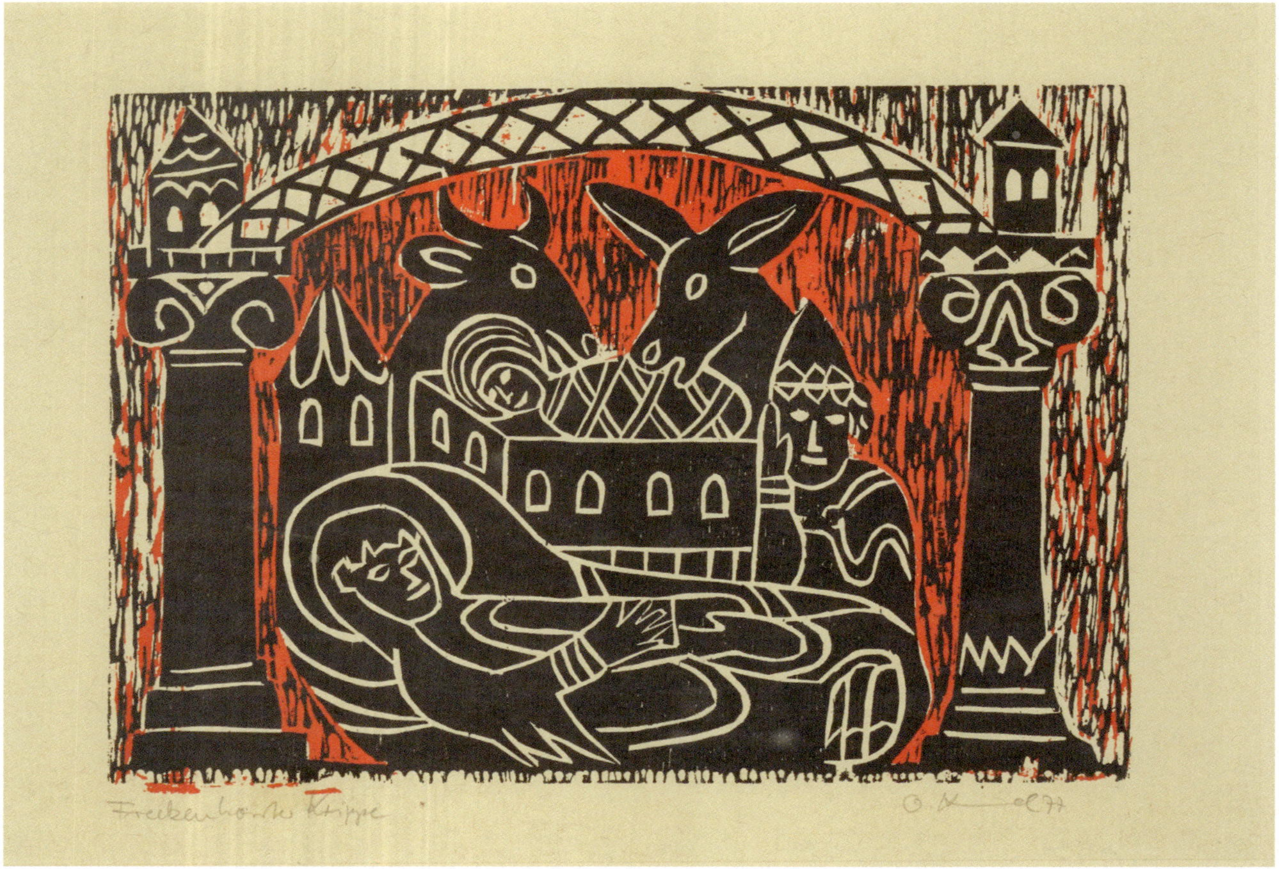

Deutschland
Otto Krummel
Krippenszene nach
Freckenhorster Taufstein
Holzschnitt
22,5 x 31,5 cm, gerahmt
Sammlung Würth, Inv. K208
Erworben 2002

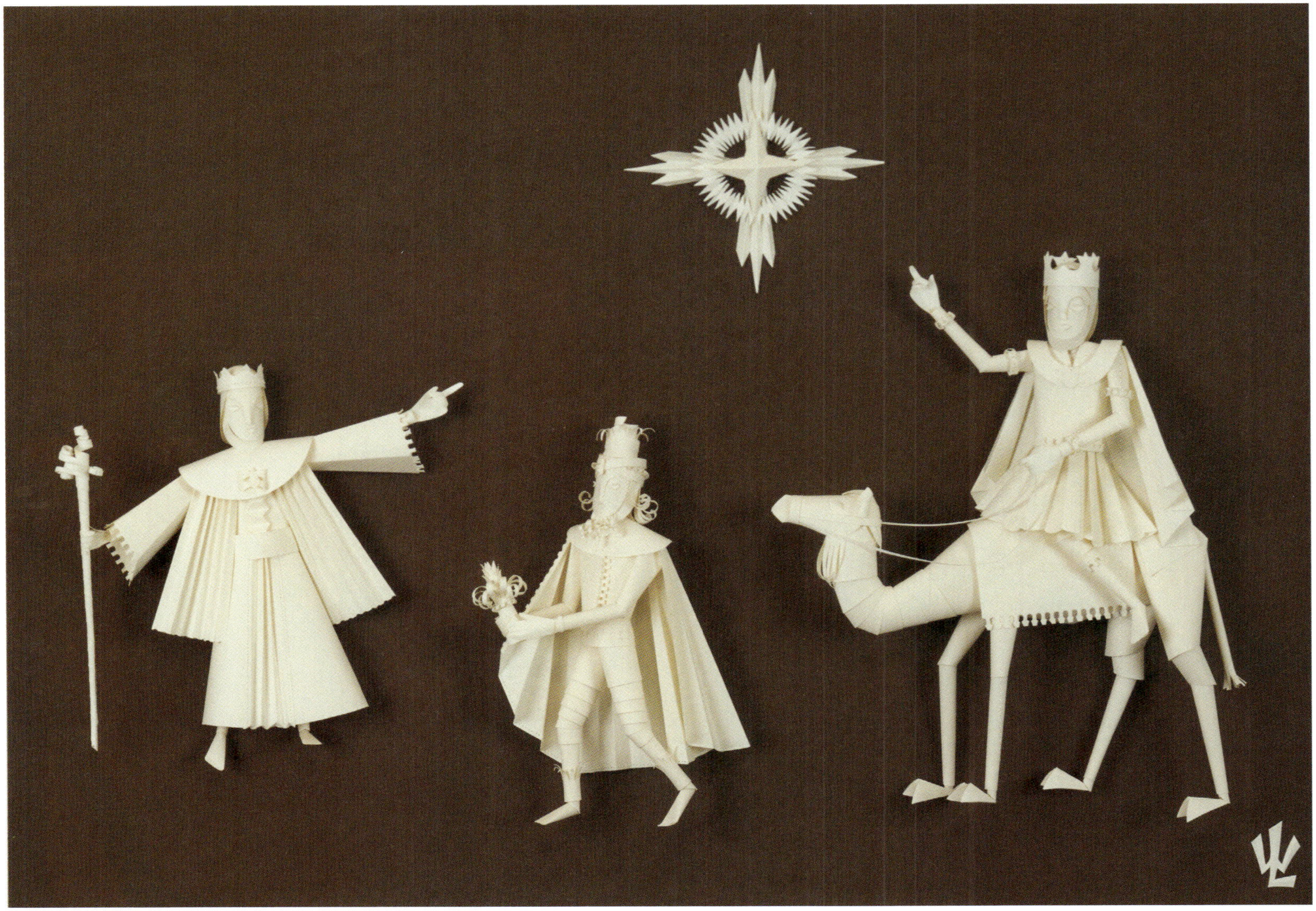

Deutschland
Sterndeuter
Papier
64,5 x 94,5 cm, gerahmt
Sammlung Würth, Inv. K262
Erworben 2002

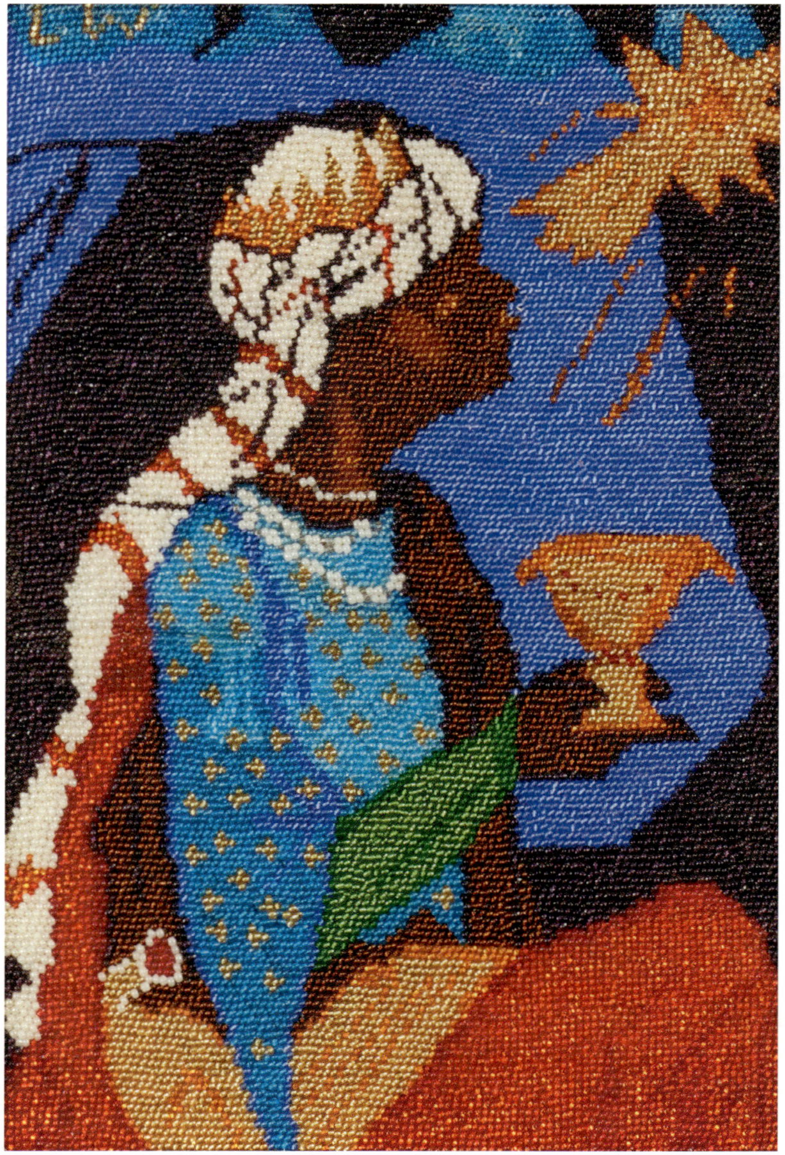

Deutschland
Perlenstickerei mit König
Glasperlen
59 x 46,5 cm, gerahmt
Sammlung Würth, Inv. K312
Erworben 2002

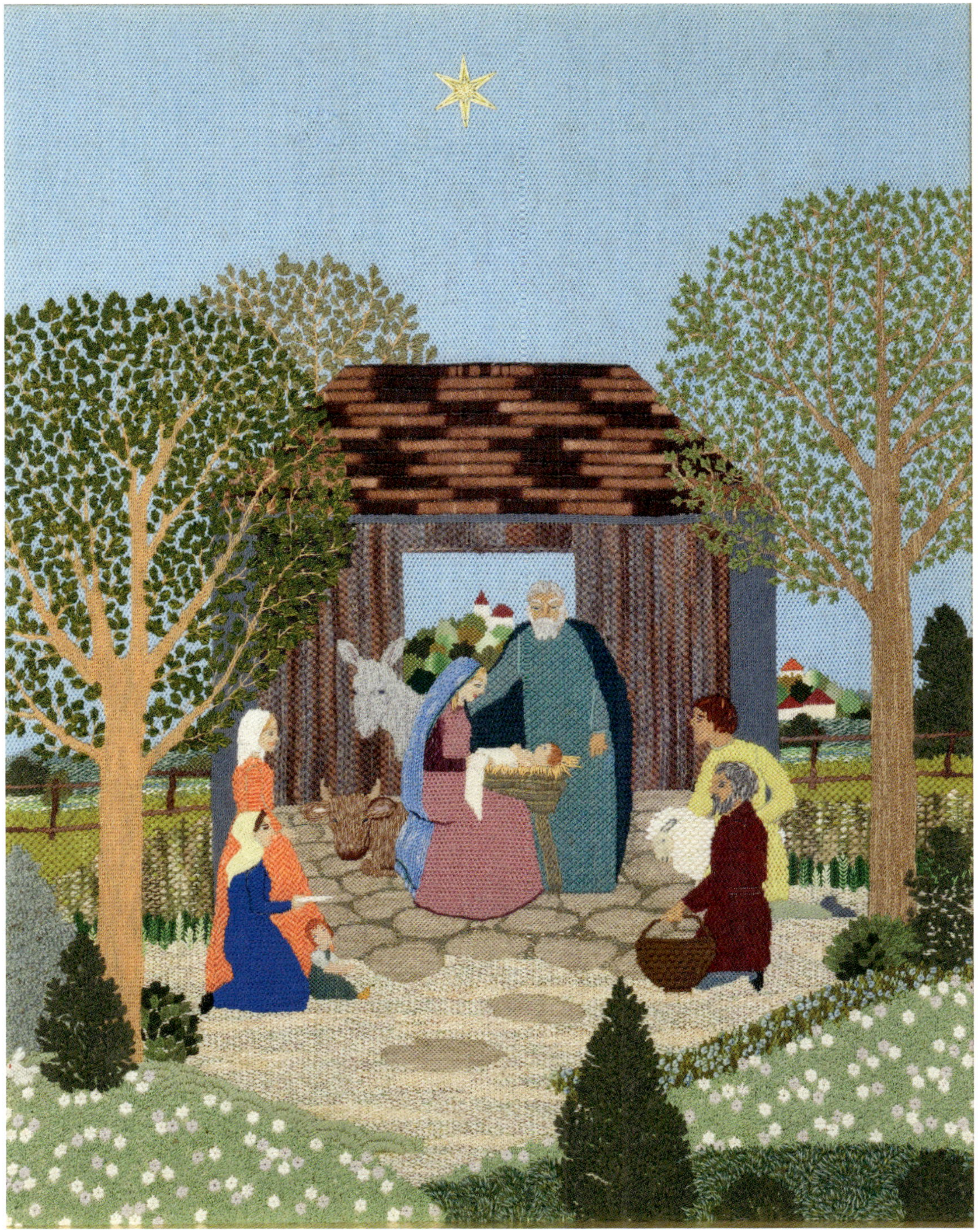

Deutschland
Anbetung
Stickgarn
92 x 72 cm
Sammlung Würth, Inv. K288
Erworben 2002

Deutschland
Karl Bürker
Schwarzwaldkrippe
Holz, Textilien, Naturmaterialien
Stall: 75 x 88 x 42 cm
Sammlung Würth, Inv. K876
Erworben 2002

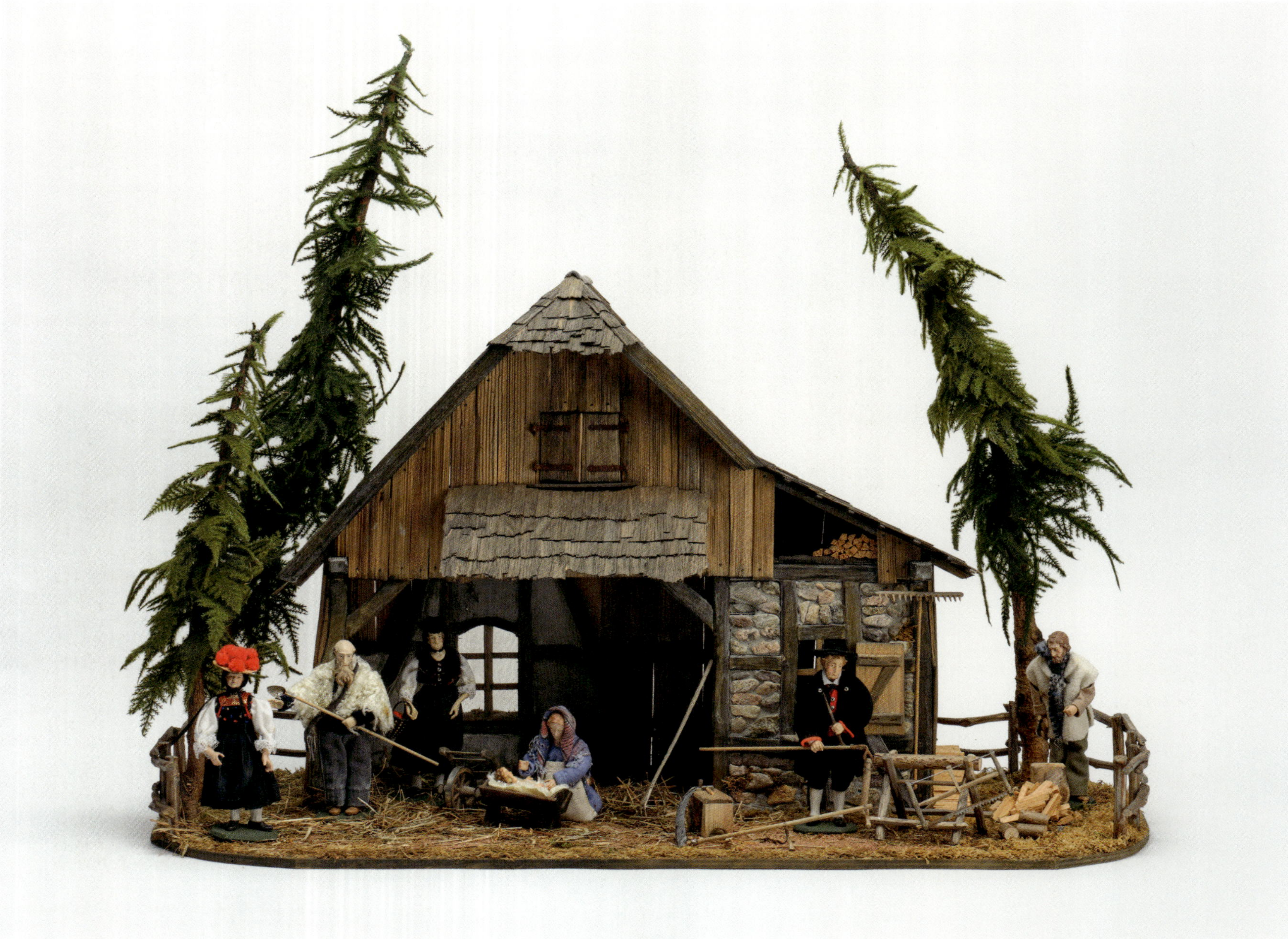

Deutschland
Georg Lang sel. Erben
Oberammergauer Kinderkrippe
Holz, Textilien
Stall: 43 x 60 x 35,5 cm,
Höhe Figuren bis 21 cm
Sammlung Würth, Inv. K142
Erworben 2002

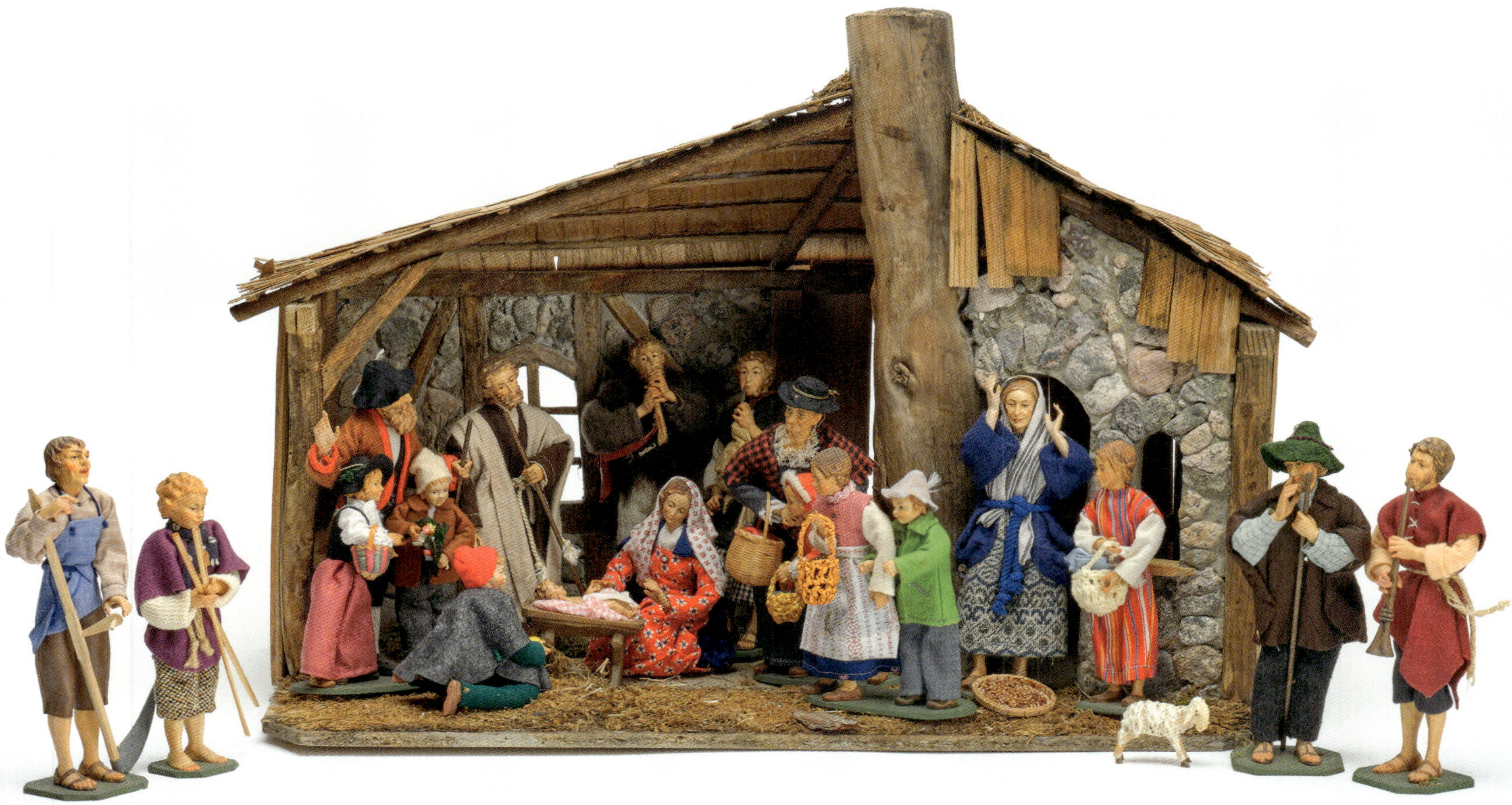

Deutschland
Stempelkrippe
Metall, Holz, Kunststoff
Bild: 5,5 x 4 cm
Sammlung Würth, Inv. K655
Erworben 2002

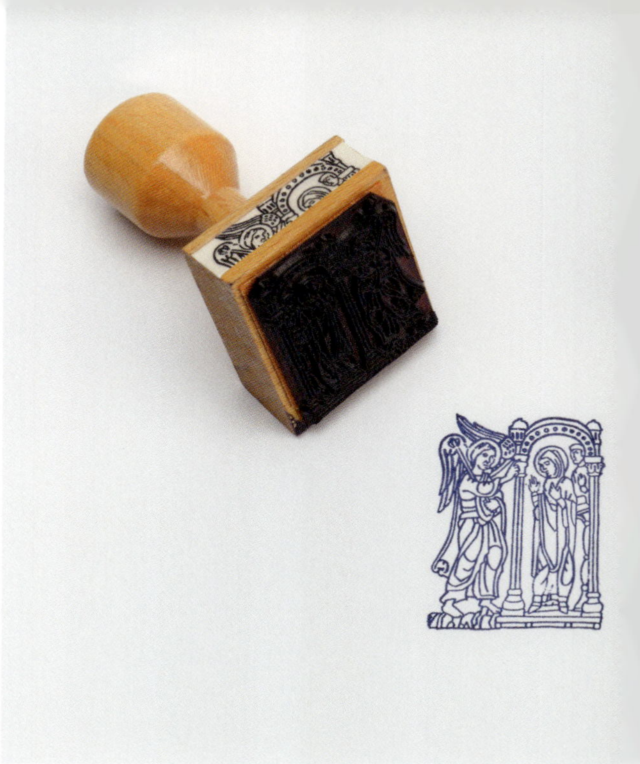

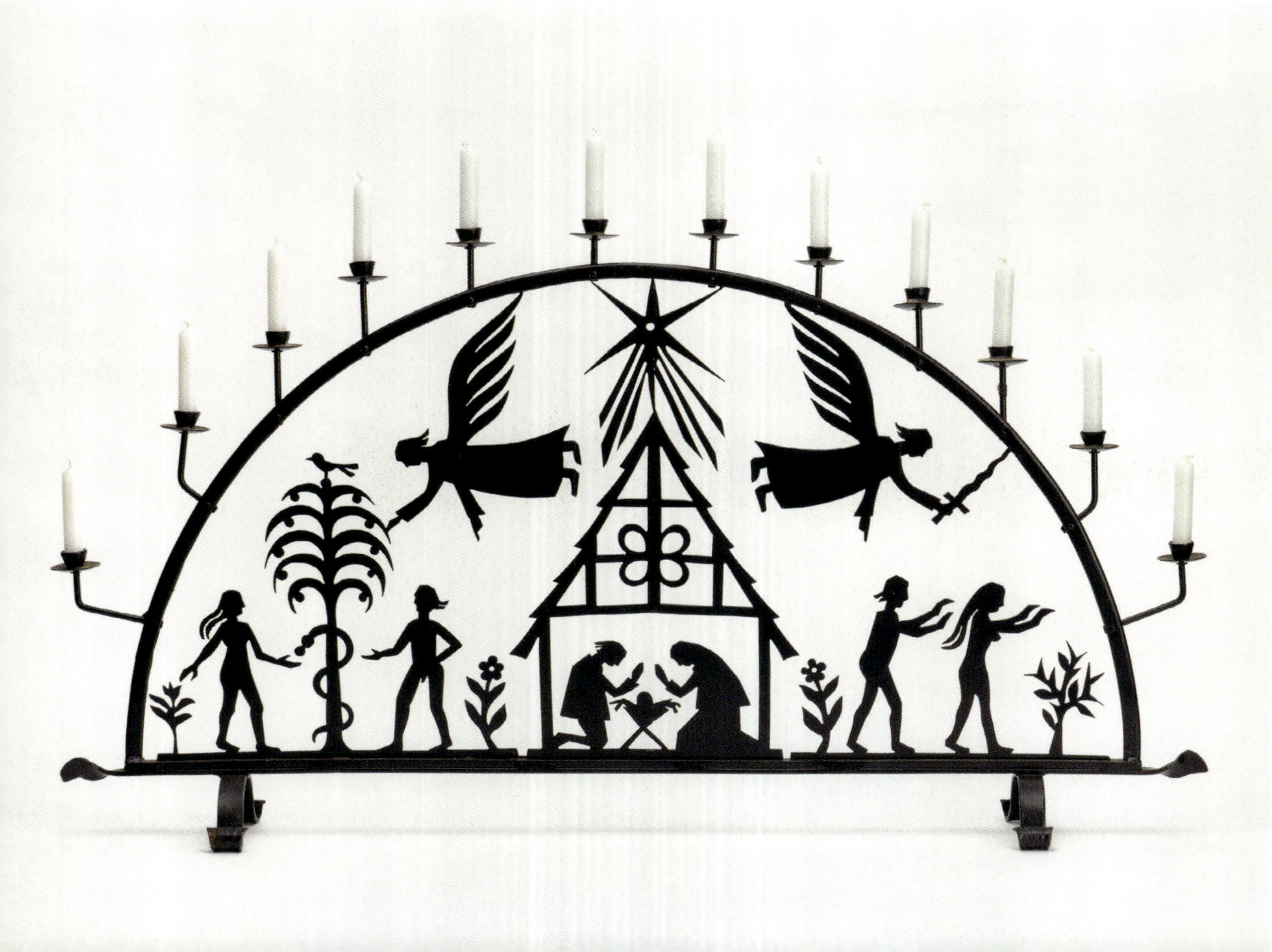

Deutschland
Sündenfall und Erlösung
Eisenblech
49 x 88 x 14,5 cm
Sammlung Würth, Inv. K158
Erworben 2002

Deutschland
Marie-Luise und Joachim Czizek
Handwerker-Krippe
Pappe, Papier
25 x 38,5 cm
Sammlung Würth, Inv. K259
Erworben 2002

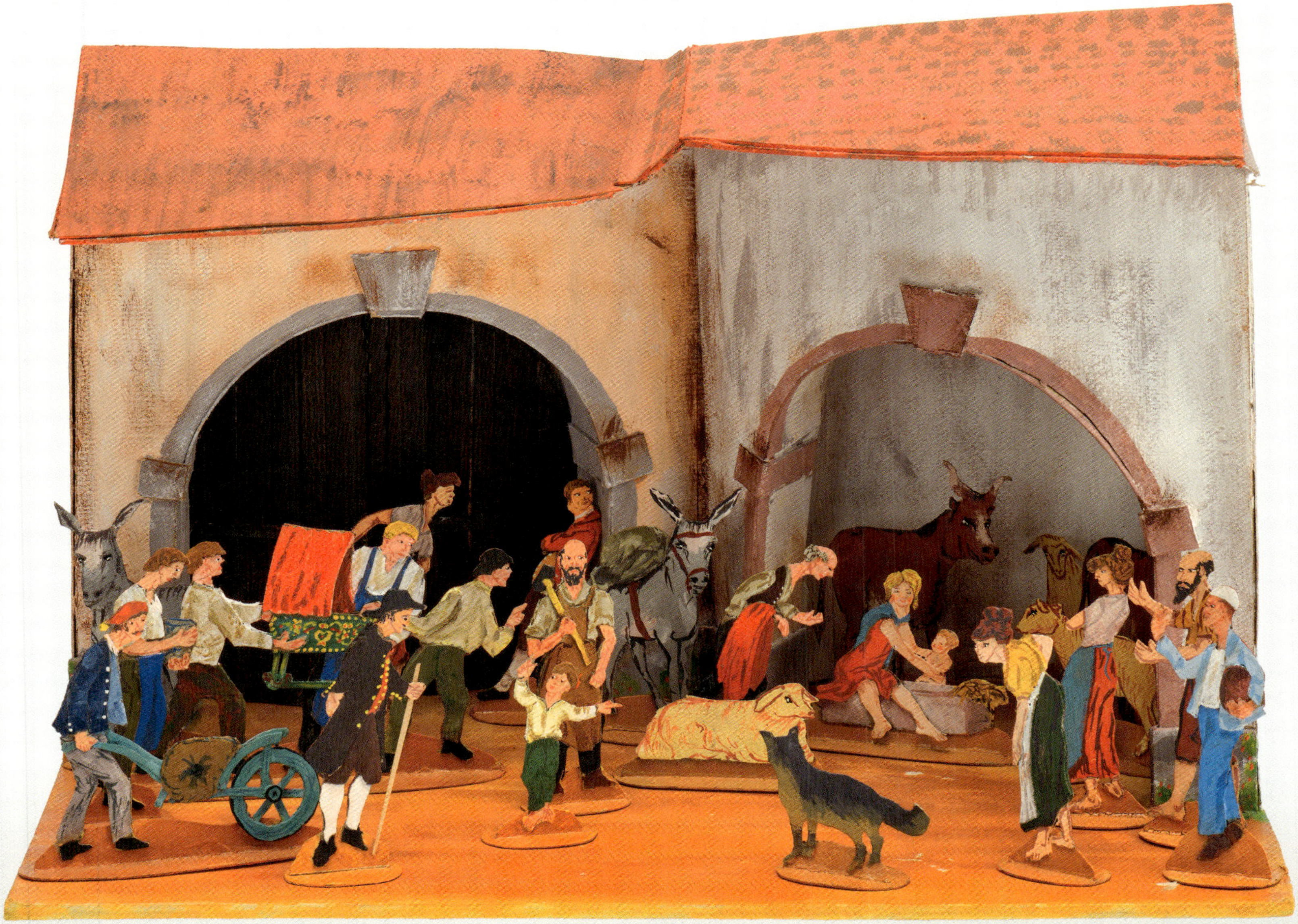

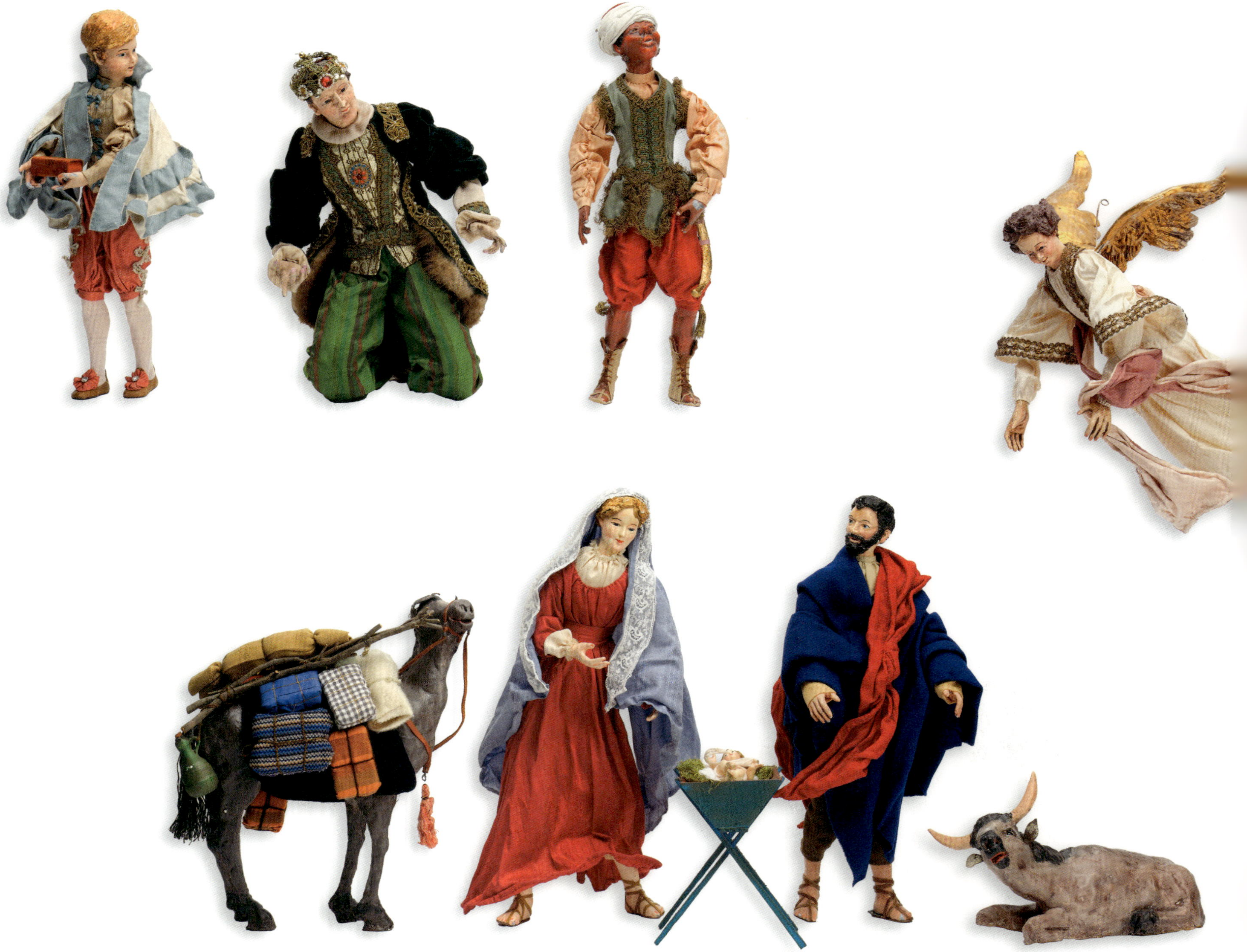

Deutschland
Marie-Luise und Joachim Czizek
Anbetung an der Krippe
Holz, Textilien
Höhe bis 56 cm
Sammlung Würth, Inv. K765
Erworben 2002

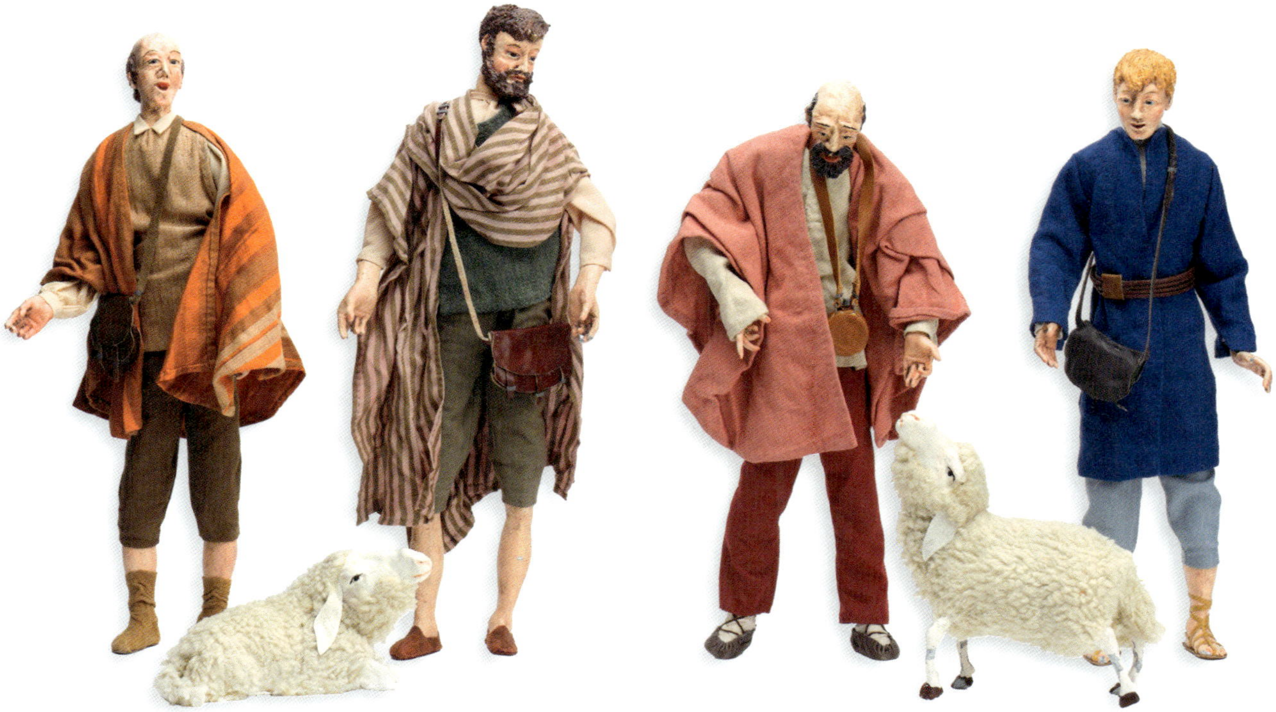

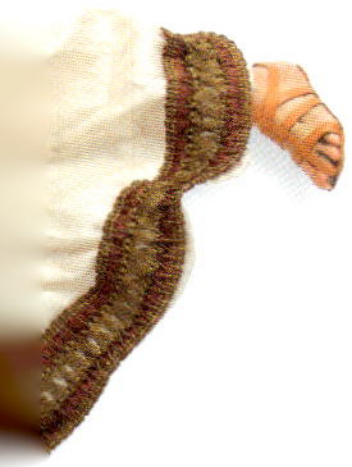

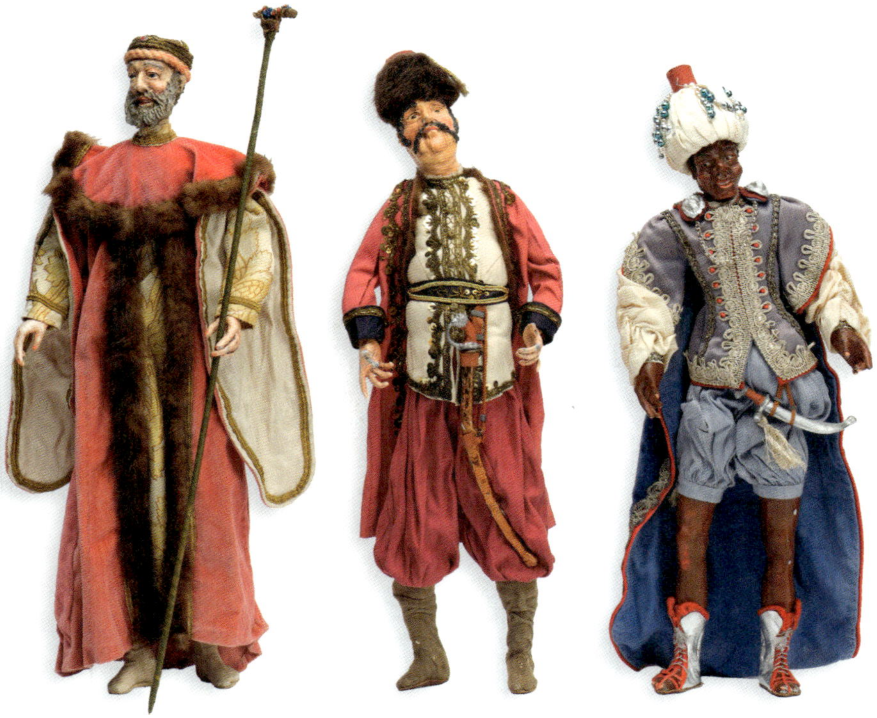

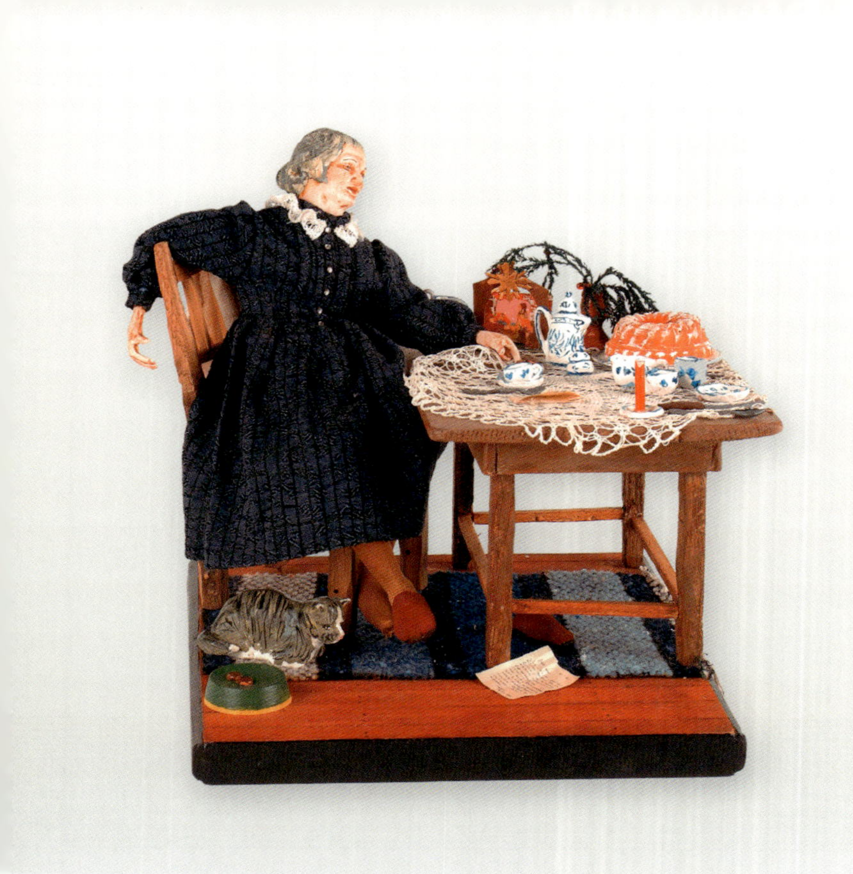

Deutschland
Marie-Luise und Joachim Czizek
Senioren-Krippe
Holz, Textilien
25,5 x 27 x 25 cm
Sammlung Würth, Inv. K257
Erworben 2002

Deutschland
Marie-Luise und Joachim Czizek
Säulenkrippe
Holz, Textilien
87 x 45 x 47 cm
Sammlung Würth, Inv. K843
Erworben 2002

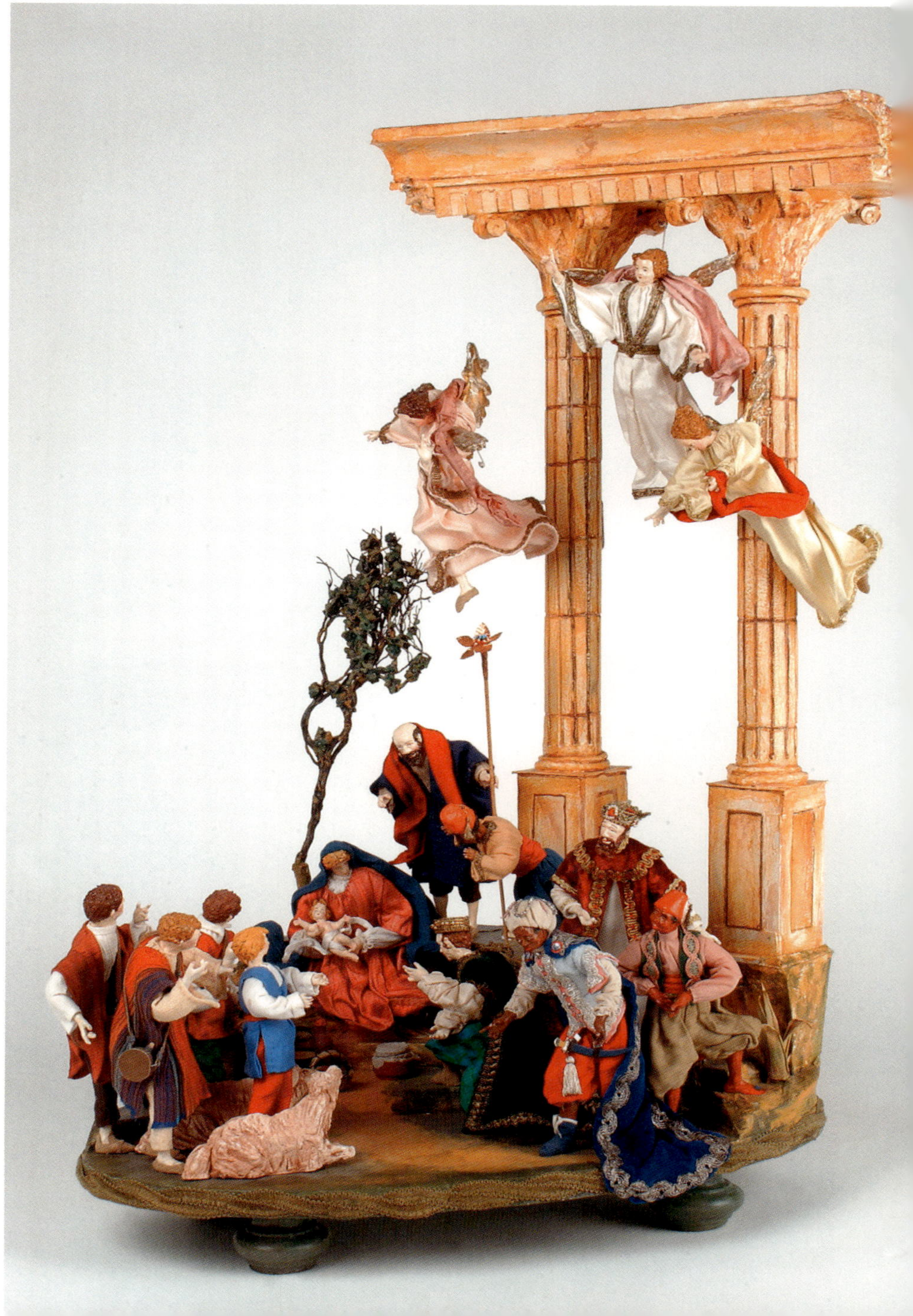

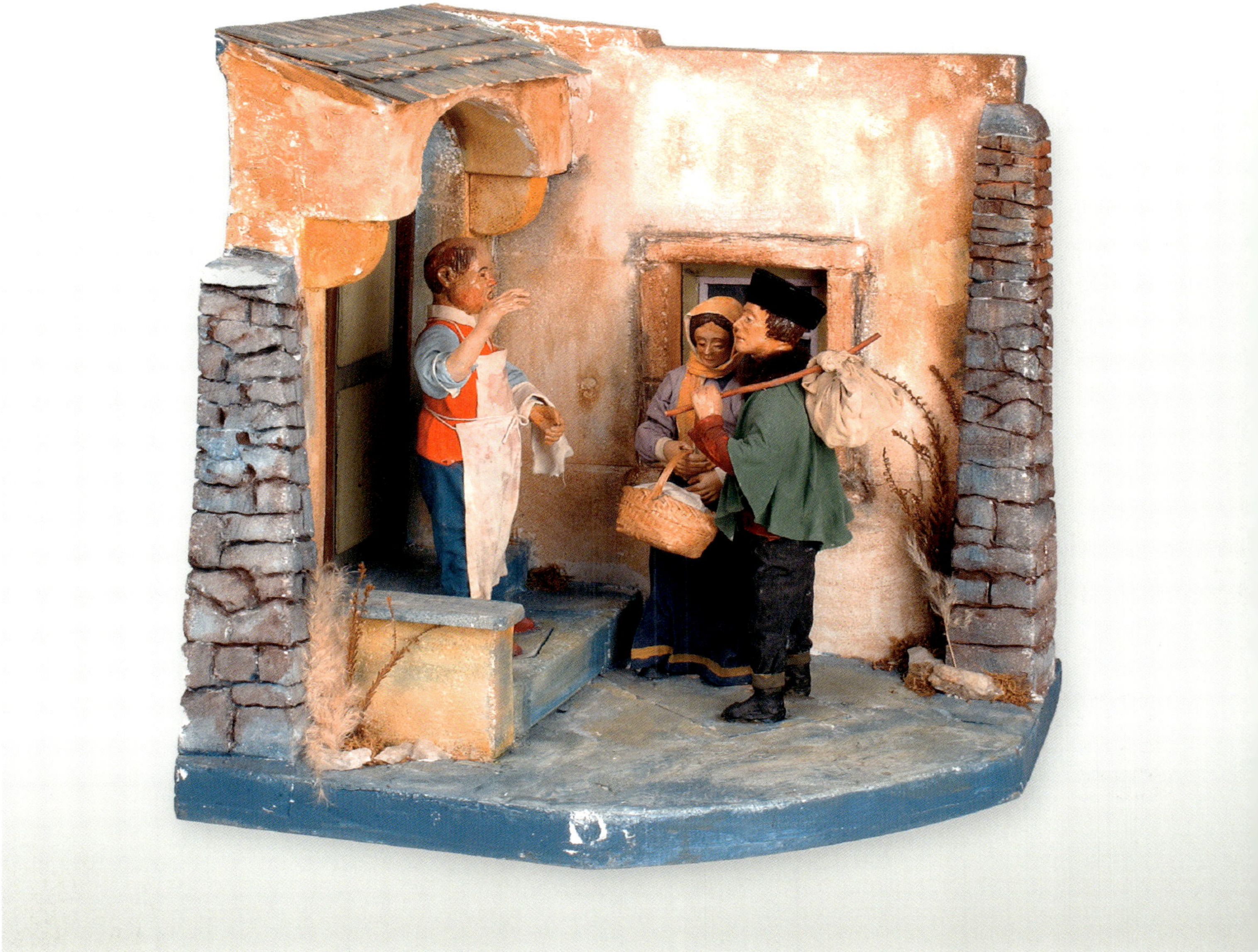

Deutschland
Alban Hastreiter
Herbergssuche (Adventskrippe)
Pappmaché, Holz, Styropor, Textilien
Höhe: 25 cm
Sammlung Würth, Inv. K287
Erworben 2002

Deutschland
Alban Hastreiter
Kahnkrippe
Holz, Glas, Textilien, Naturmaterialien
42,5 x 50 x 26 cm
Sammlung Würth, Inv. K270
Erworben 2002

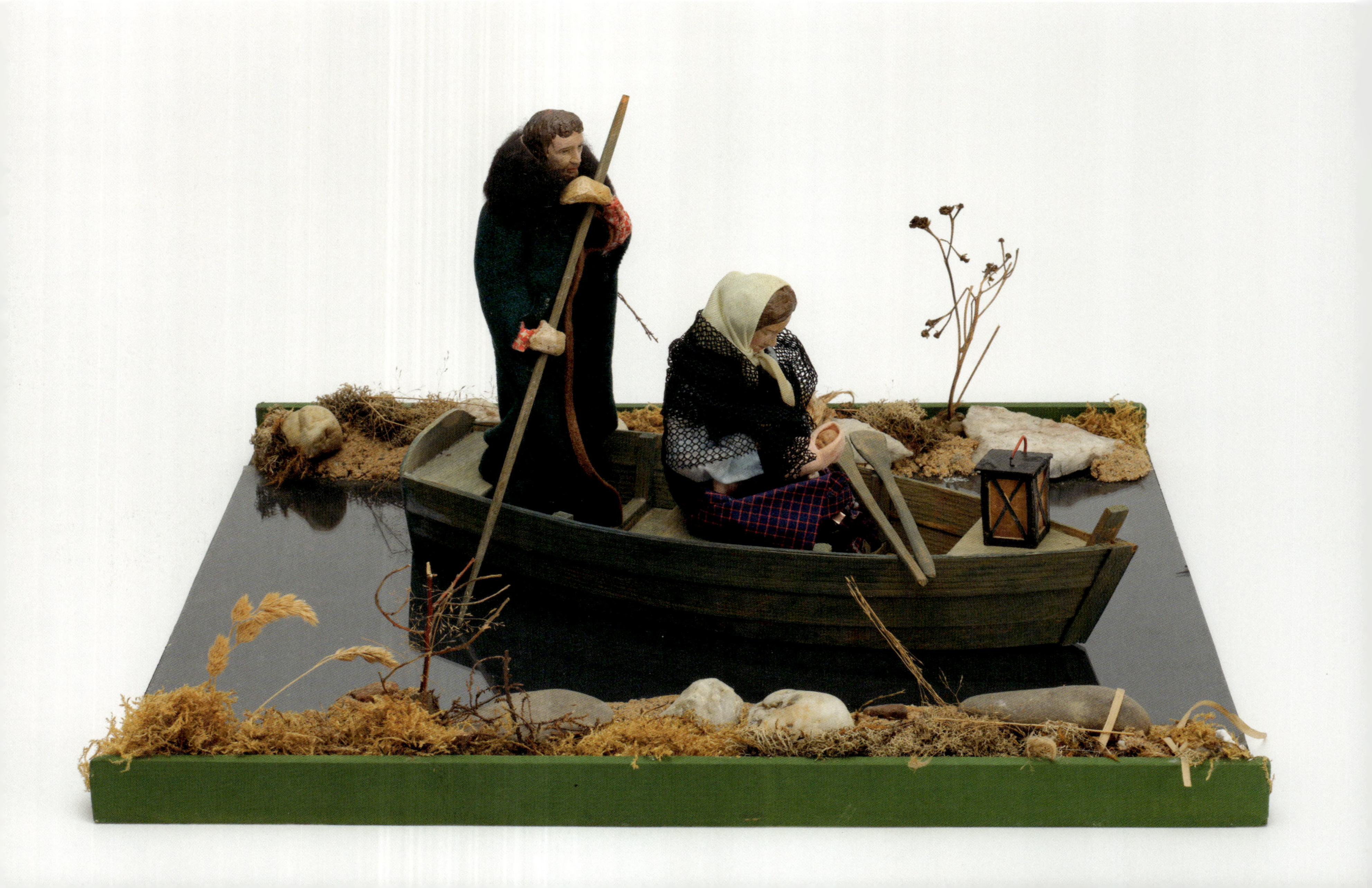

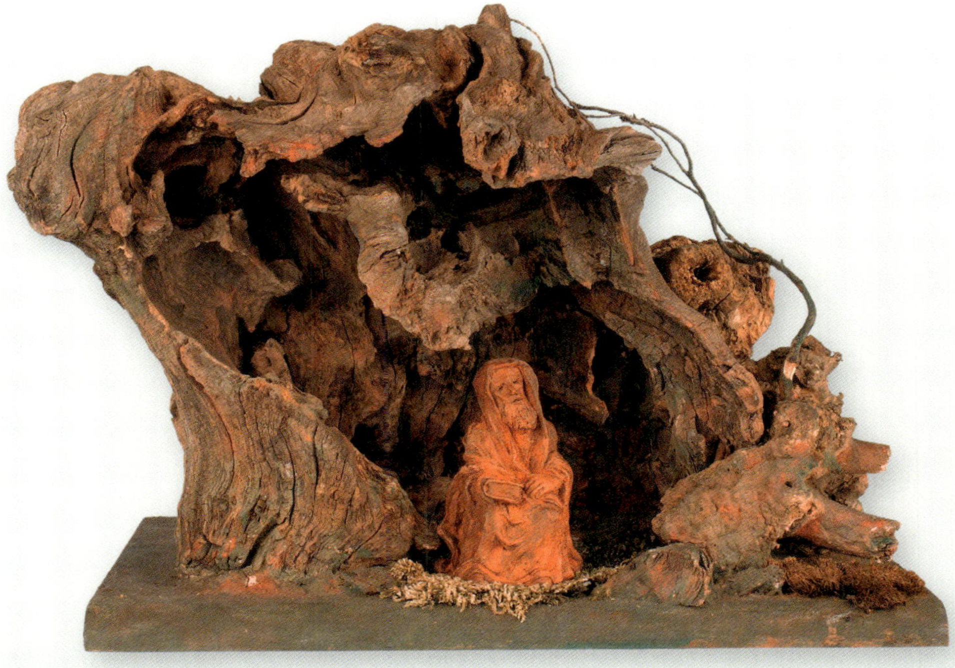

Deutschland
Friedrich Kolletzky
Miniaturkrippe aus Bernstein
Bernstein, Holz
13,3 x 14 x 7,3 cm
Sammlung Würth, Inv. K199
Erworben 2002

Deutschland
Alban Hastreiter
Prophet (Krippe zum ersten Advent)
gebrannter Ton, Holz
35 x 48 x 32 cm
Sammlung Würth, Inv. K264
Erworben 2002

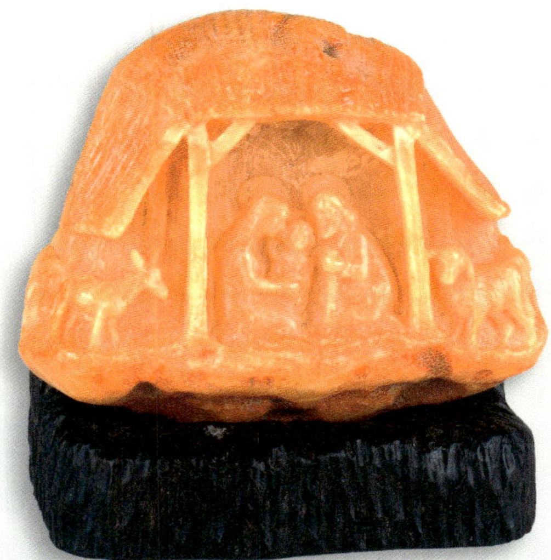

Deutschland
Sigrid Murhard
Hessische Prunkkrippe
Papiermaché, Leinen, Baumwolle, Holz
Höhe bis 25 cm
Sammlung Würth, Inv. K675
Erworben 2002

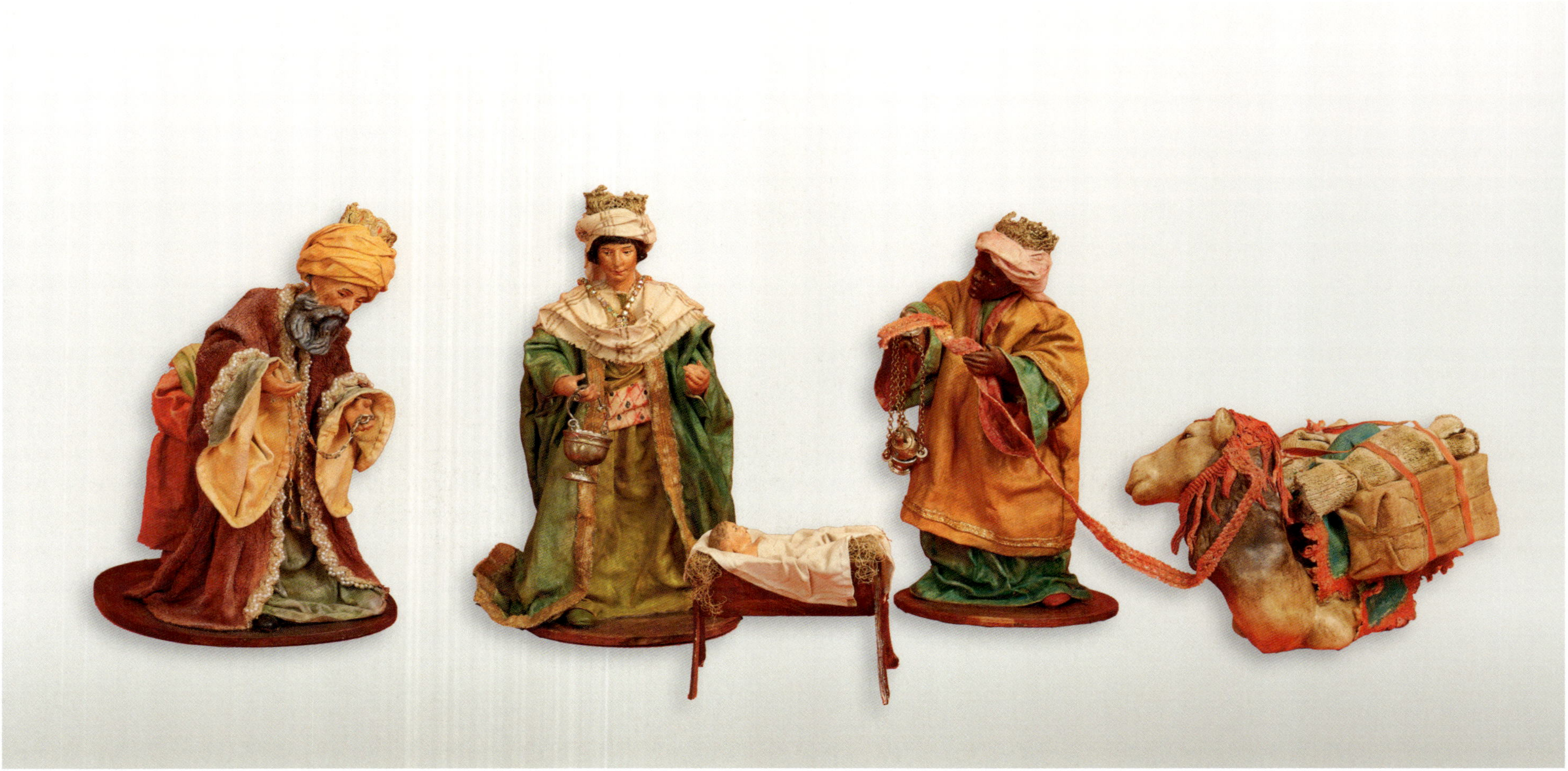

Deutschland
Innigkeit
gebrannter Ton
19 x 18 x 13 cm
Sammlung Würth, Inv. K156
Erworben 2002

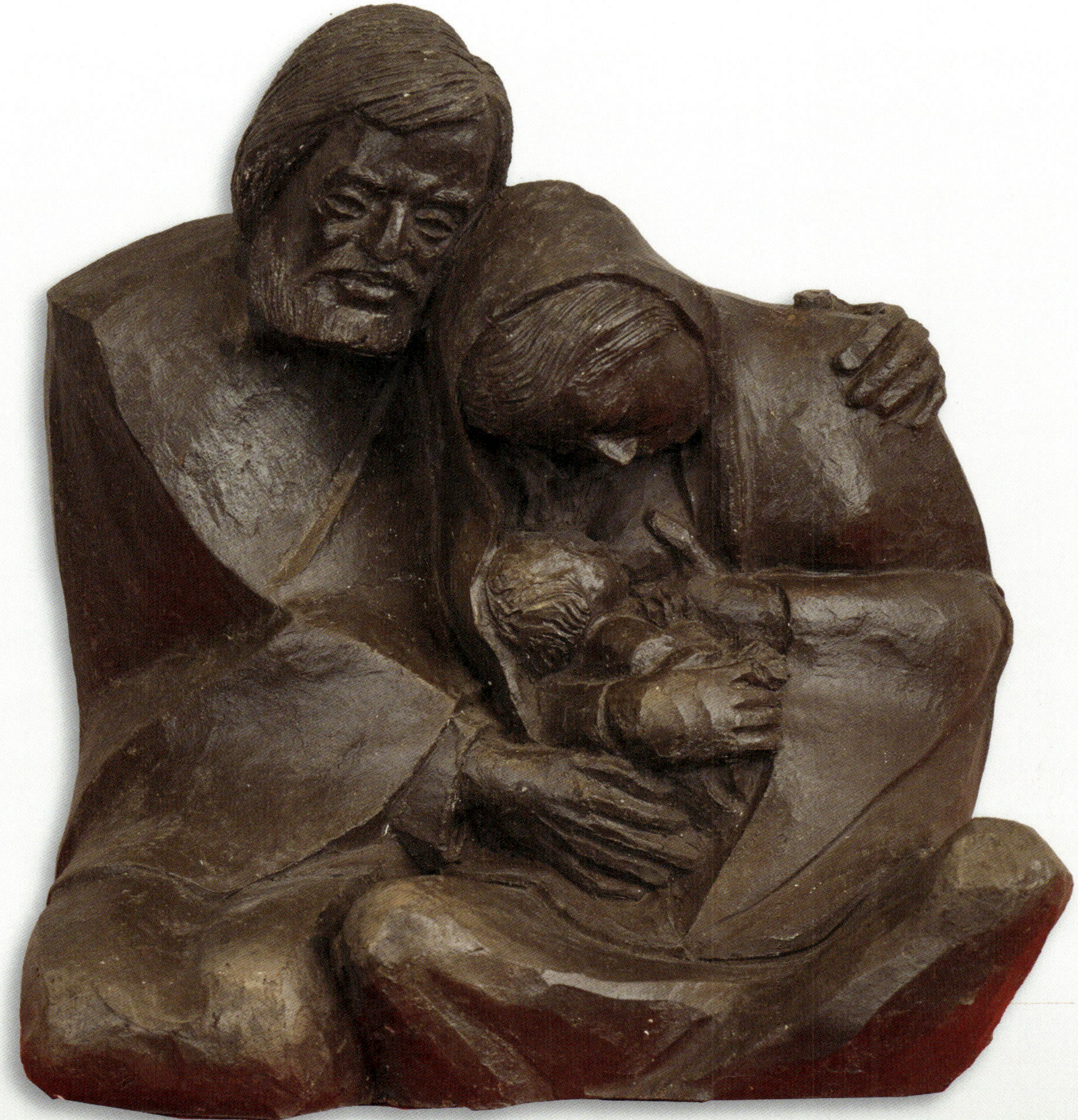

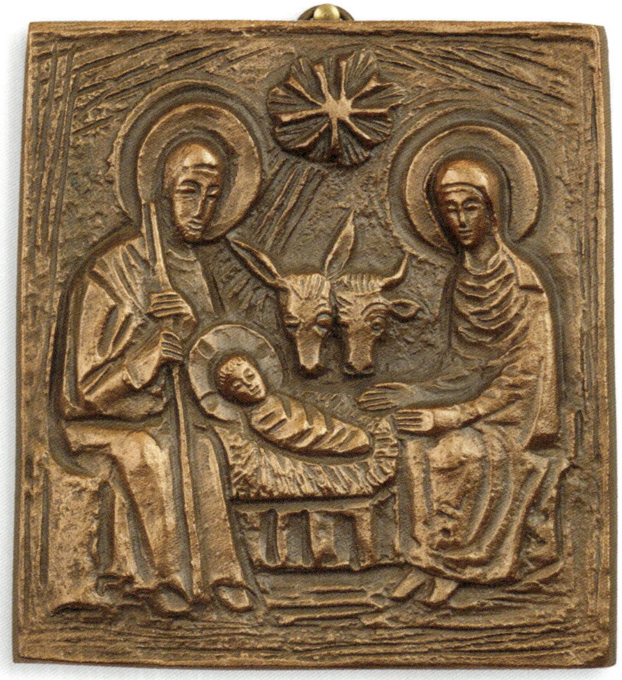

Deutschland
Stern von Bethlehem
Messing
15 x 13,5 cm
Sammlung Würth, Inv. K242
Erworben 2002

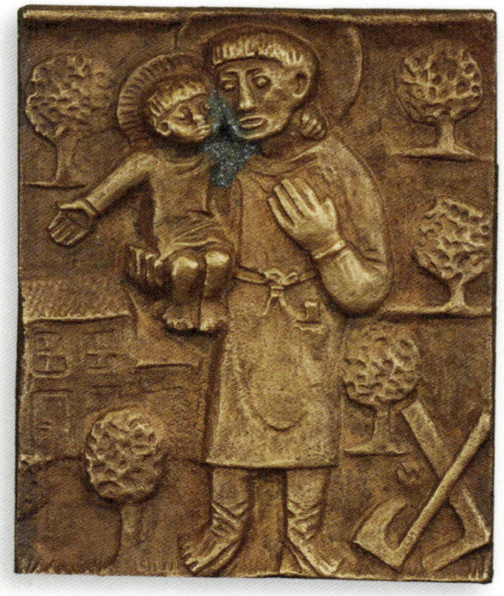

Deutschland
Vater Josef
Messing
5,5 x 4,2 cm
Sammlung Würth, Inv. K285
Erworben 2002

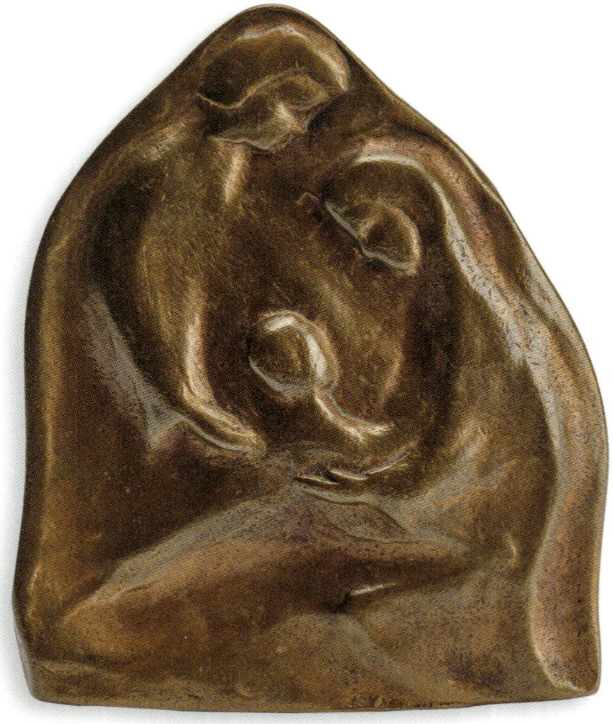

Deutschland
Heilige Familie
Messing
10 x 8 x 1 cm
Sammlung Würth, Inv. K273
Erworben 2002

Deutschland
Golddruse
Achat, Golddraht
3,7 × 5,4 × 3 cm
Sammlung Würth, Inv. K159
Erworben 2002

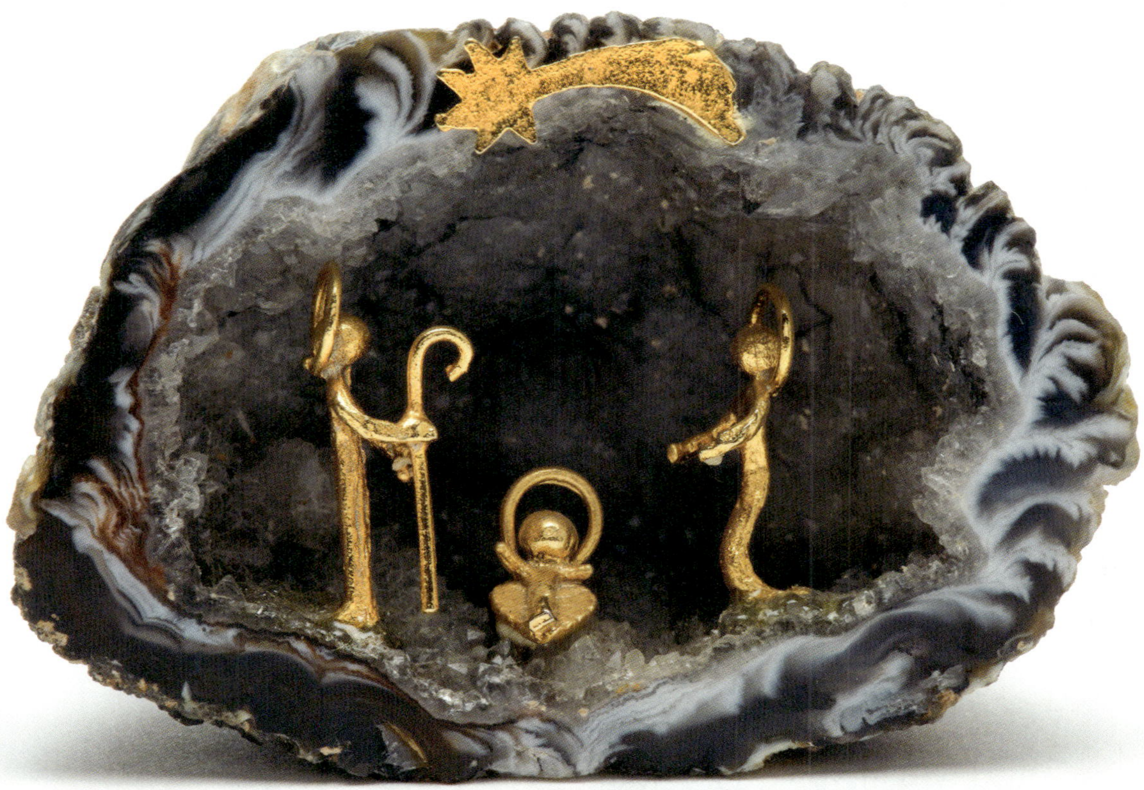

Deutschland
Krippe zum Anfassen für blinde und sehbehinderte Menschen
Holz
36,5 x 50,5 x 23,8 cm
Sammlung Würth, Inv. K837
Erworben 2002

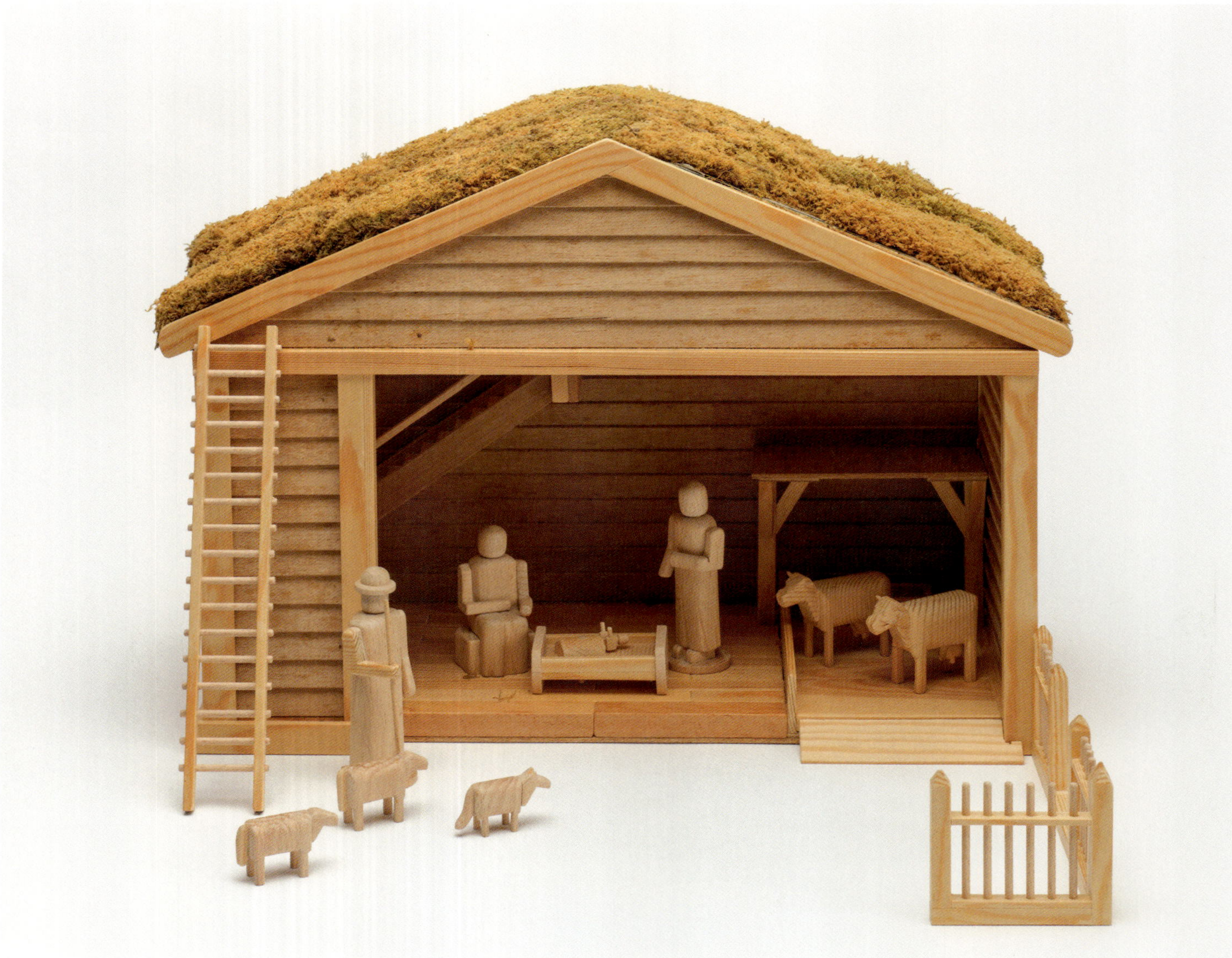

Deutschland
Streichholzschachtel
bemaltes Holz, Papier
1 x 3 x 2 cm
Sammlung Würth, Inv. K135
Erworben 2002

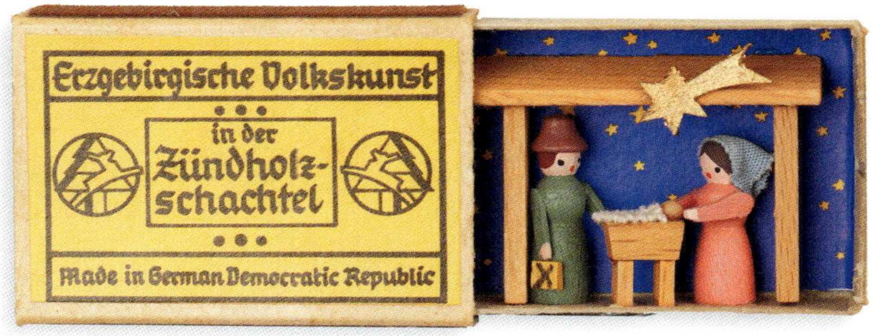

Deutschland
Playmobil-Krippe
Kunststoff
Stall: 12 x 19,5 x 17 cm
Sammlung Würth, Inv. K294
Erworben 2002

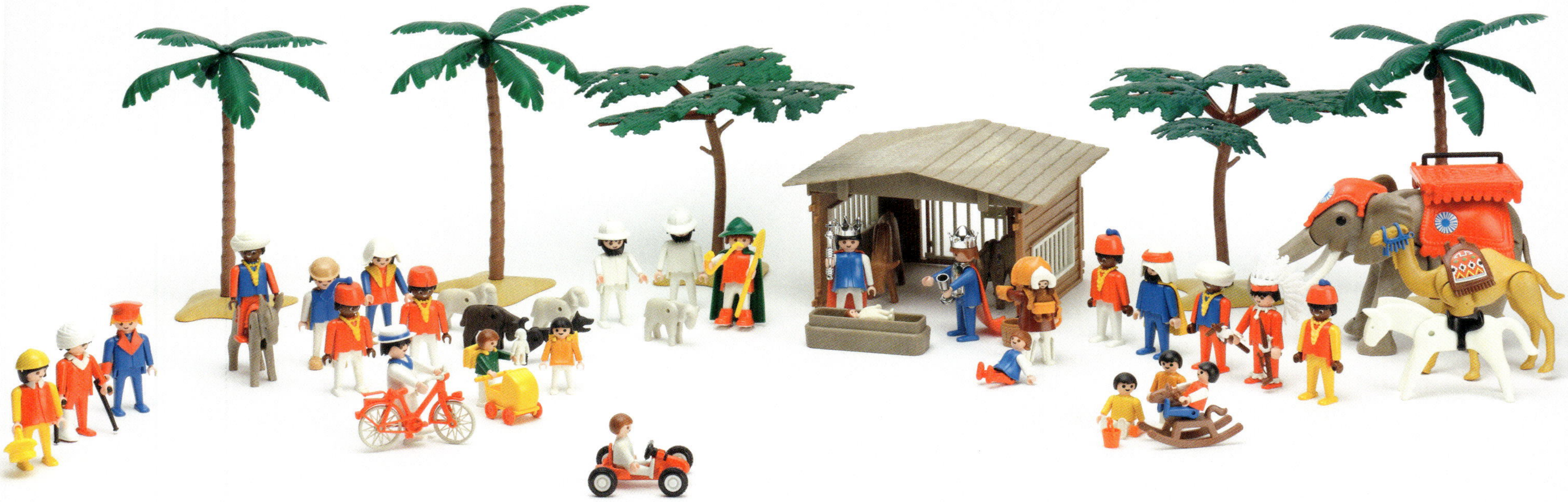

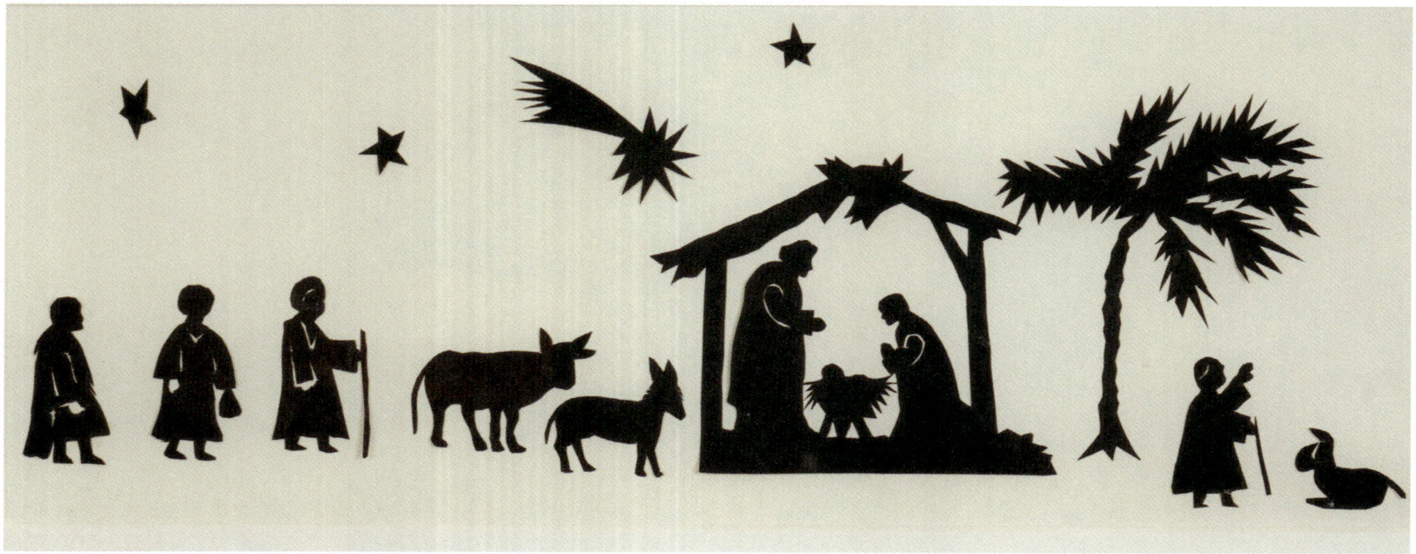

Deutschland
Anbetung der Hirten
Scherenschnitt
26 x 45 cm, gerahmt
Sammlung Würth, Inv. K872
Erworben 2002

Deutschland
Richard Rother
Herbergssuche in Franken
Holzschnitt
31,5 x 22,5 cm, gerahmt
Sammlung Würth, Inv. K806
Erworben 2002

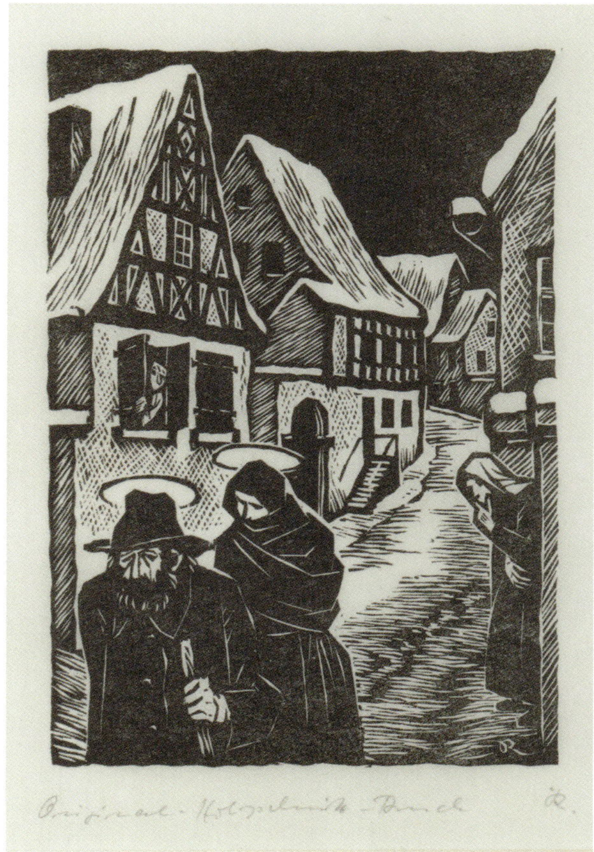

Schweiz
Hans Huggler-Wyss
Wasser des Lebens
gefasstes Lindenholz
36,5 x 68 x 23,5cm
Sammlung Würth, Inv. K583
Erworben 2002

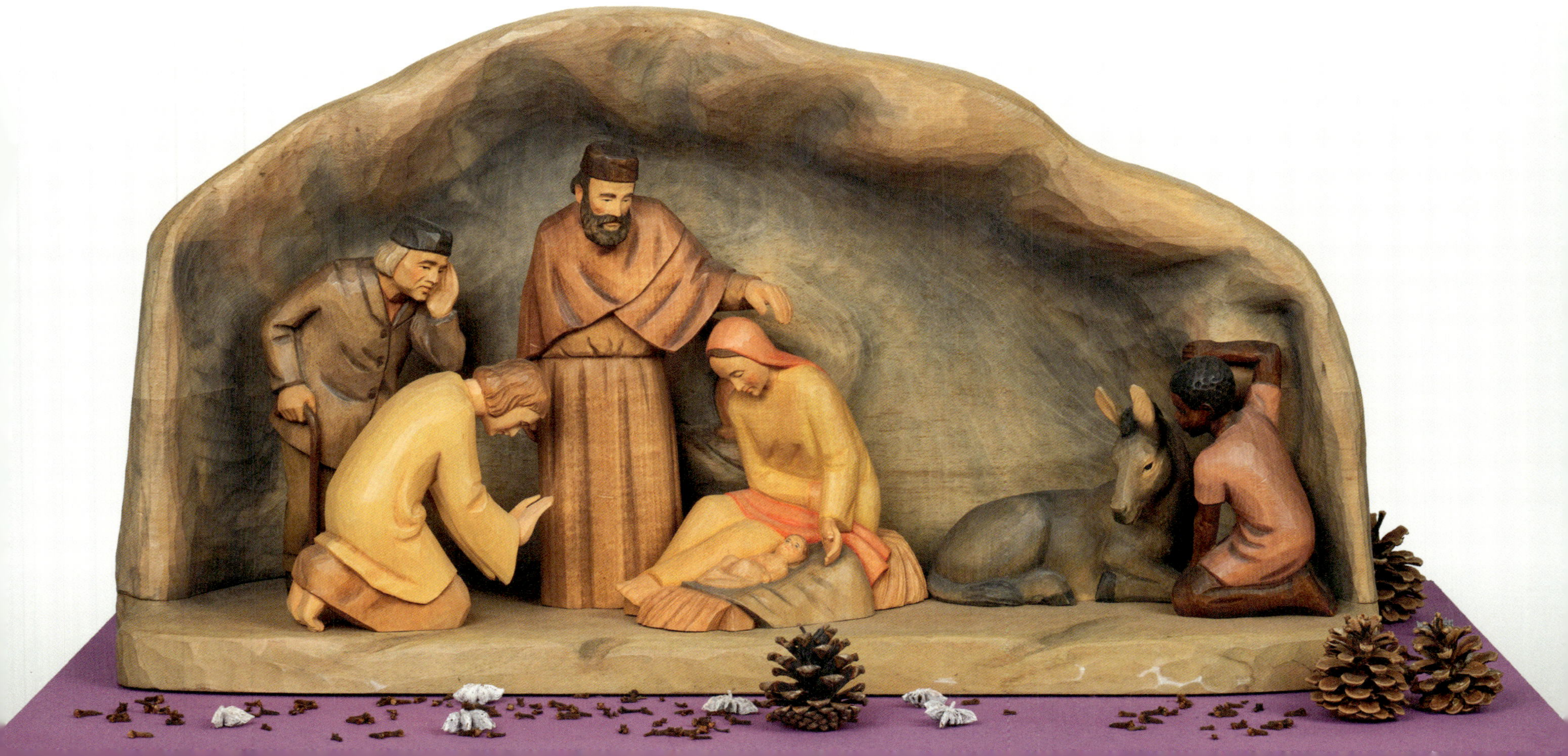

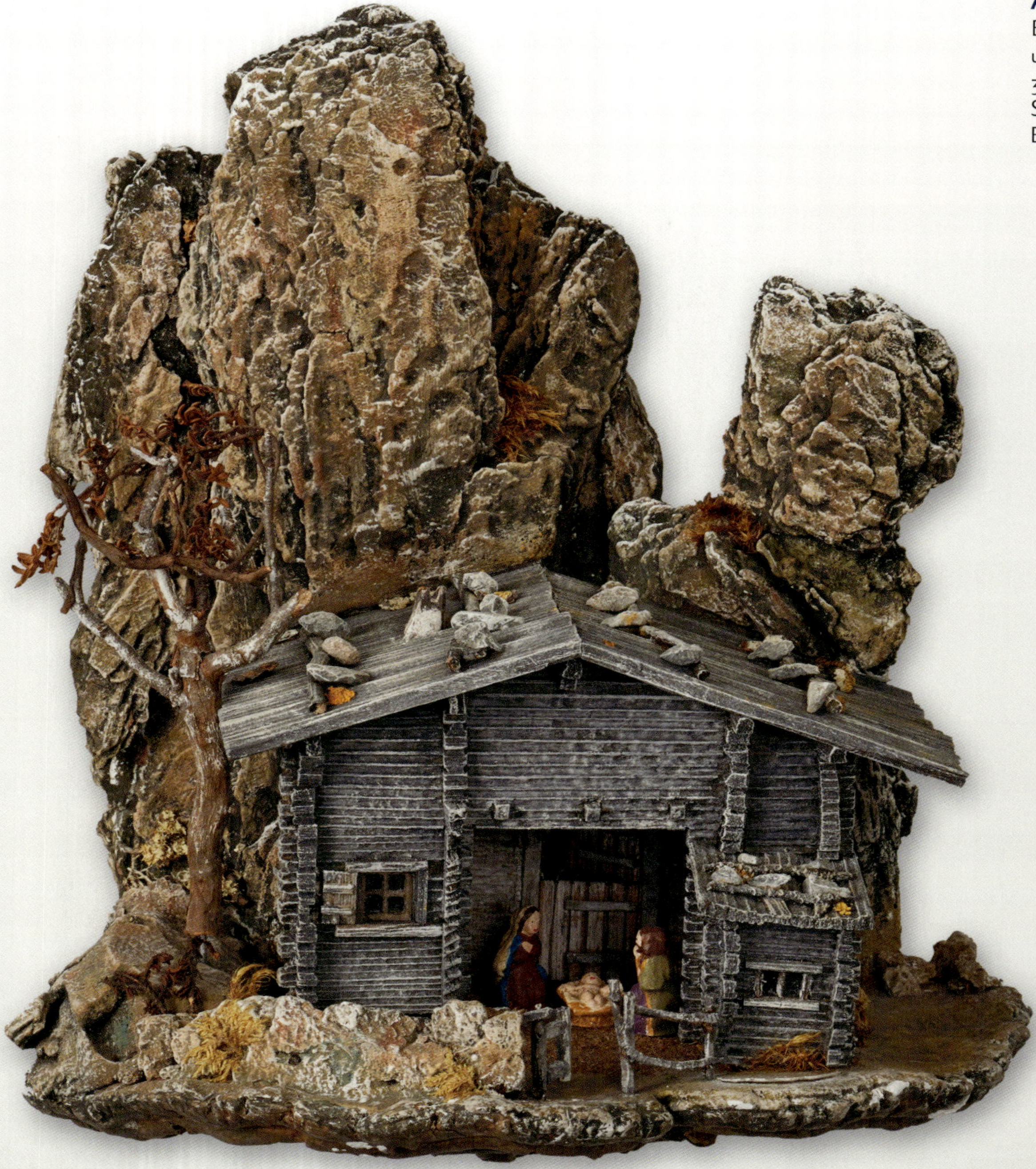

Liechtenstein
Alpenhaus-Hängekrippe
Bisalith, gebrannter
und bemalter Ton
30,5 x 26 x 23 cm
Sammlung Würth, Inv. K783
Erworben 2002

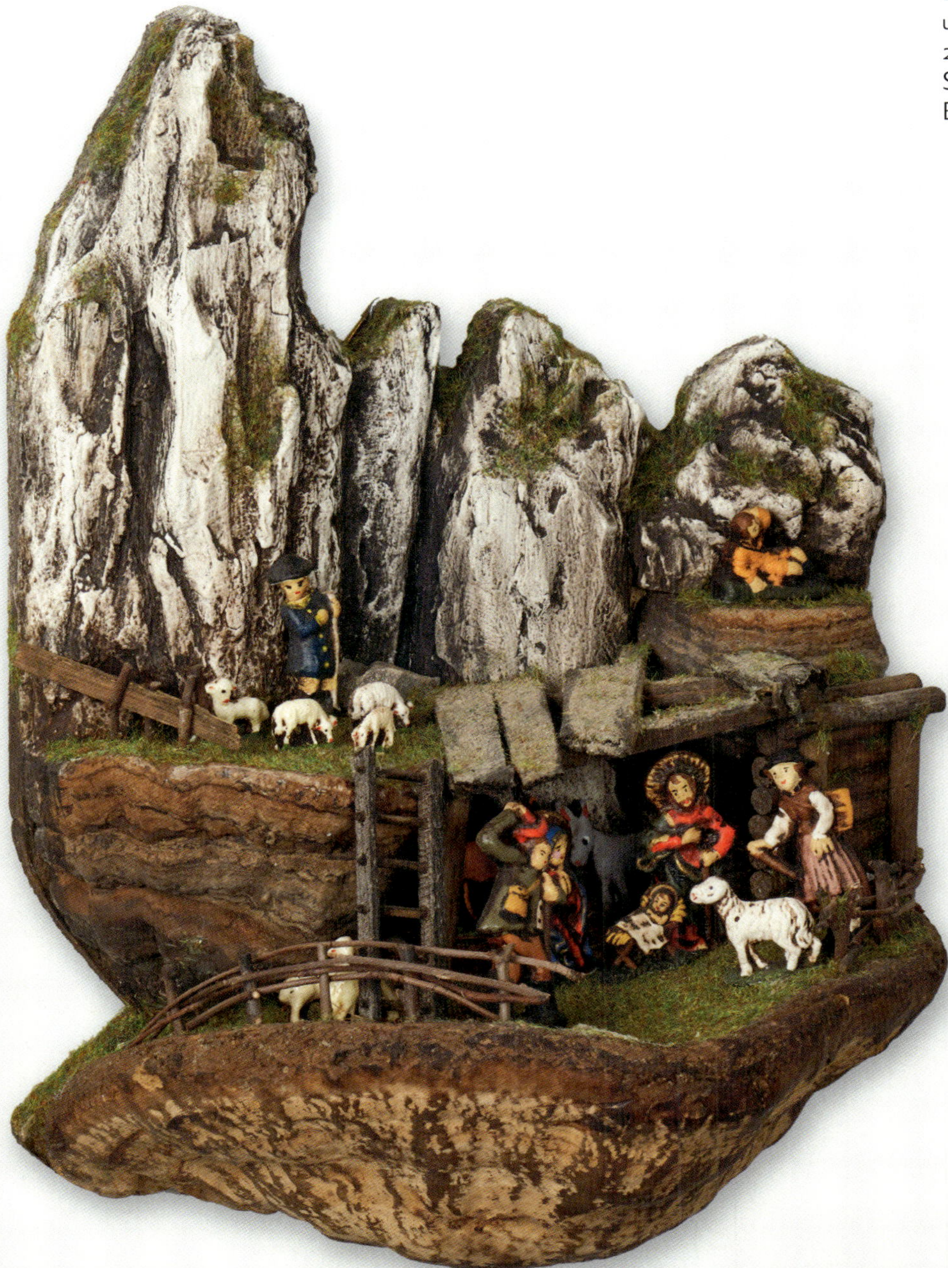

Österreich
Krippe aus Schwammholz
Schwammholz, gebrannter
und bemalter Ton
28 x 19,5 x 15,5 cm
Sammlung Würth, Inv. K811
Erworben 2002

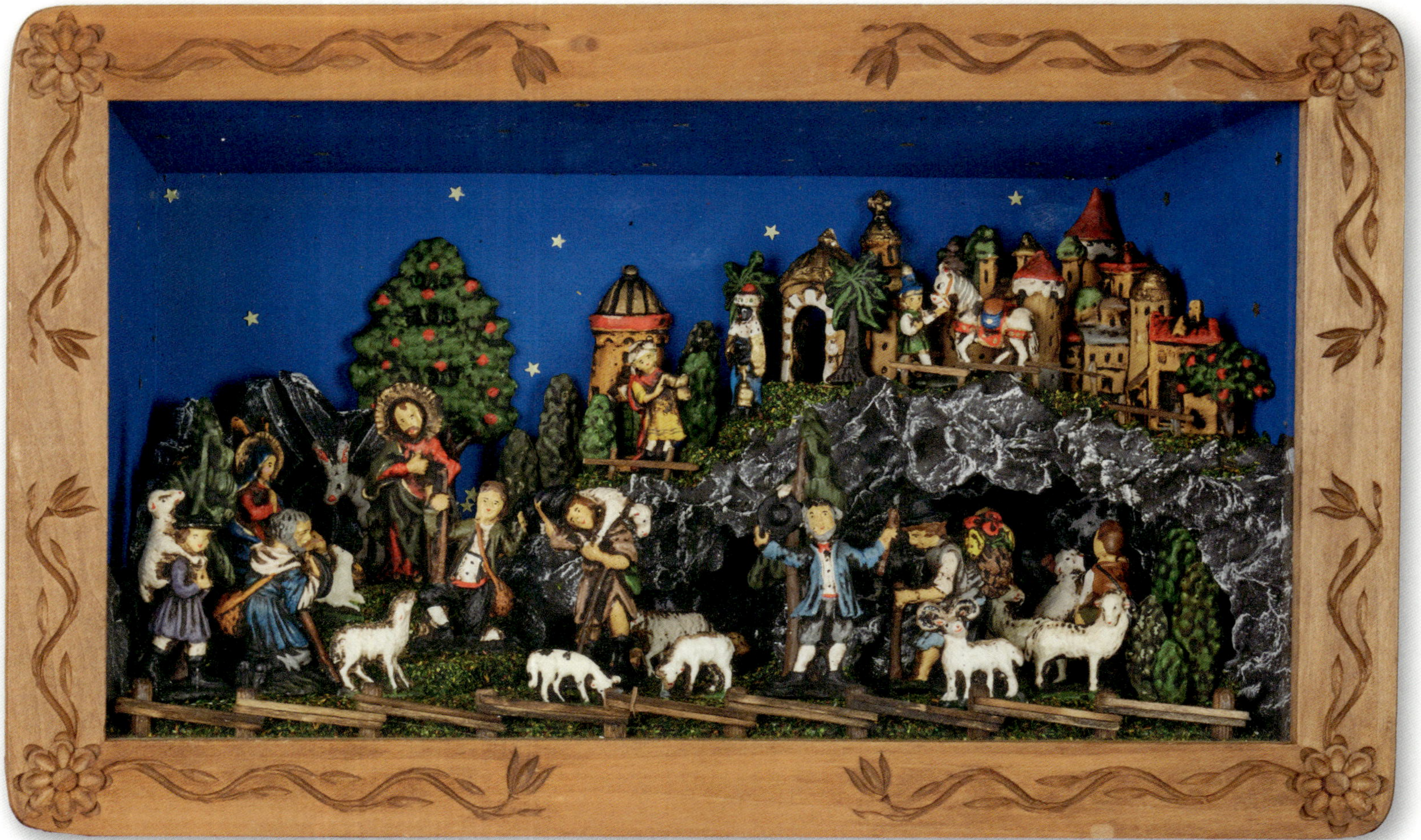

Österreich
Alpenländische Krippenszene
verschiedene Materialien
24 x 39 x 16 cm
Sammlung Würth, Inv. K812
Erworben 2002

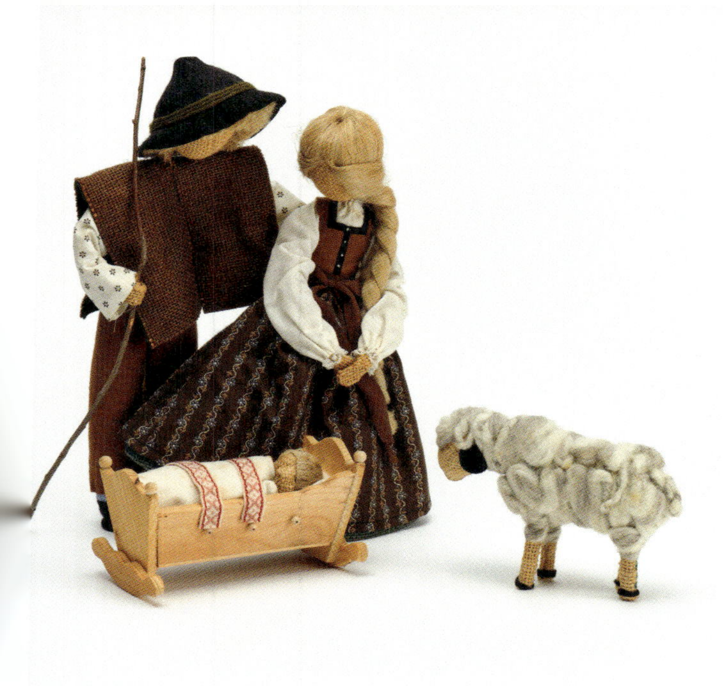

Italien
Bozener Gruppe
Holz, Leinen, Jute, Wolle
Höhe: 32 cm
Sammlung Würth, Inv. K415
Erworben 2002

Italien
Giulietta Cavallo
Sizilianische Gimagi-Krippe
Ton, Pappmaché, Textilien
21,5 x 31 x 24 cm
Sammlung Würth, Inv. K412
Erworben 2002

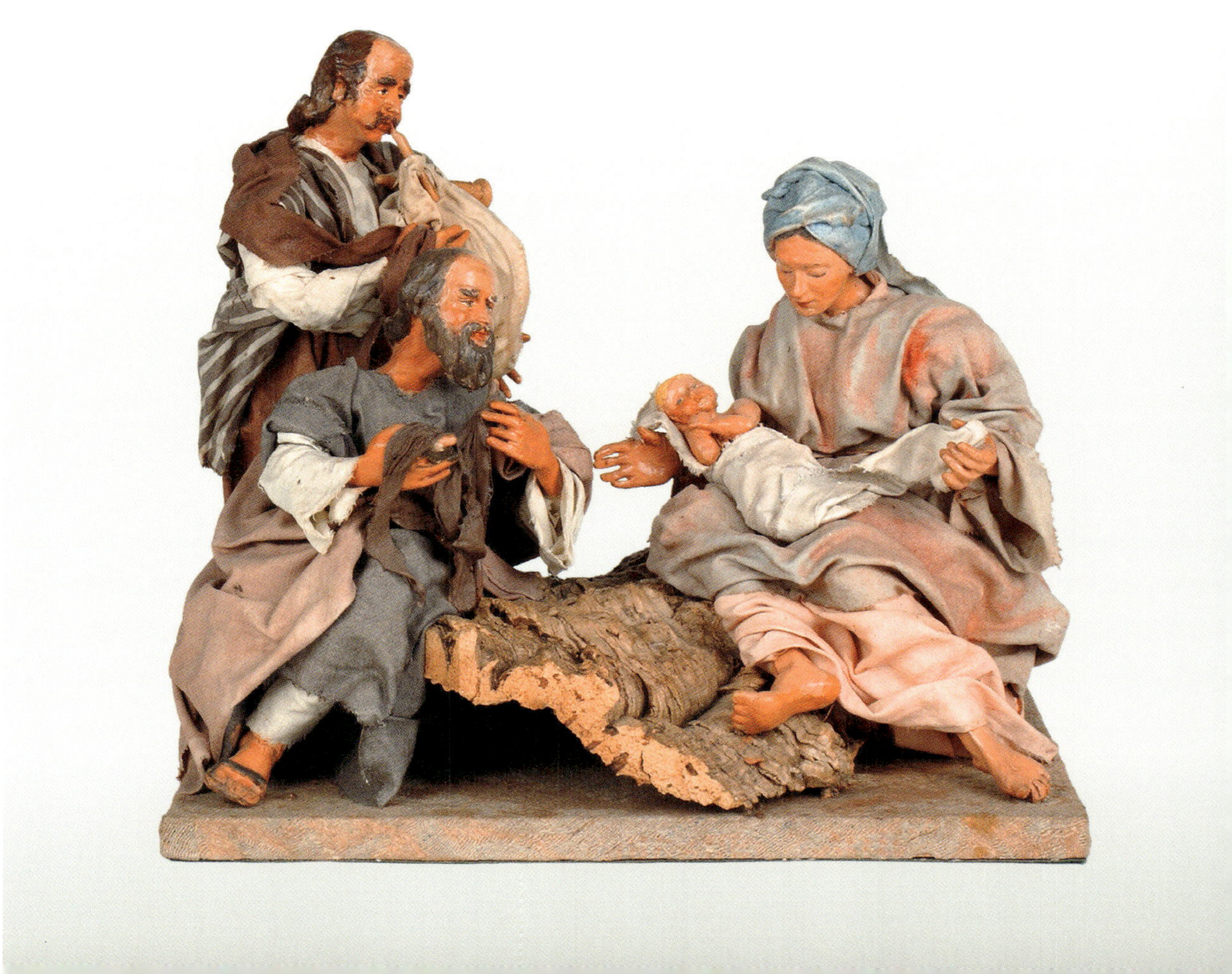

Italien
Krippenrelief aus Alabaster
Alabaster
21,5 x 31 x 24 cm
Sammlung Würth, Inv. K424
Erworben 2002

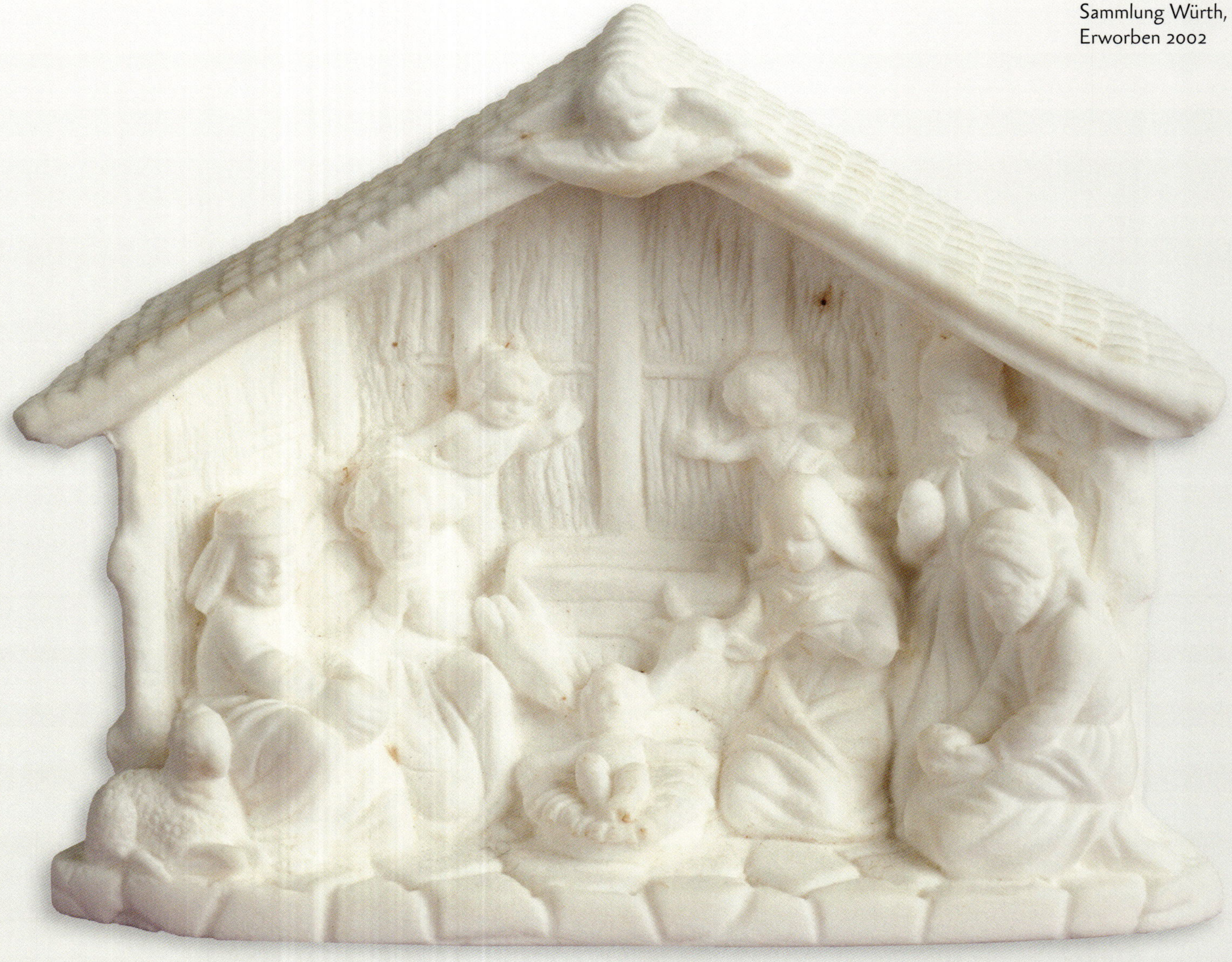

Italien
Ceramiche Iudici
Sizilianische Krippenfiguren
gebrannter und bemalter Ton
Höhe bis 17 cm
Sammlung Würth, Inv. K417
Erworben 2002

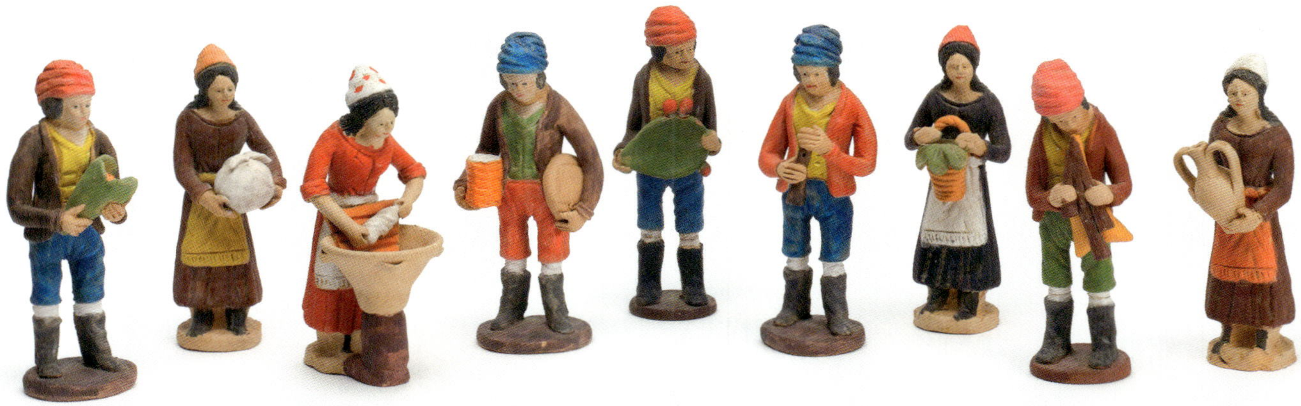

Italien
Ligurische Gabenbringer
gebrannter und bemalter Ton
Höhe bis 13 cm
Sammlung Würth, Inv. K426
Erworben 2002

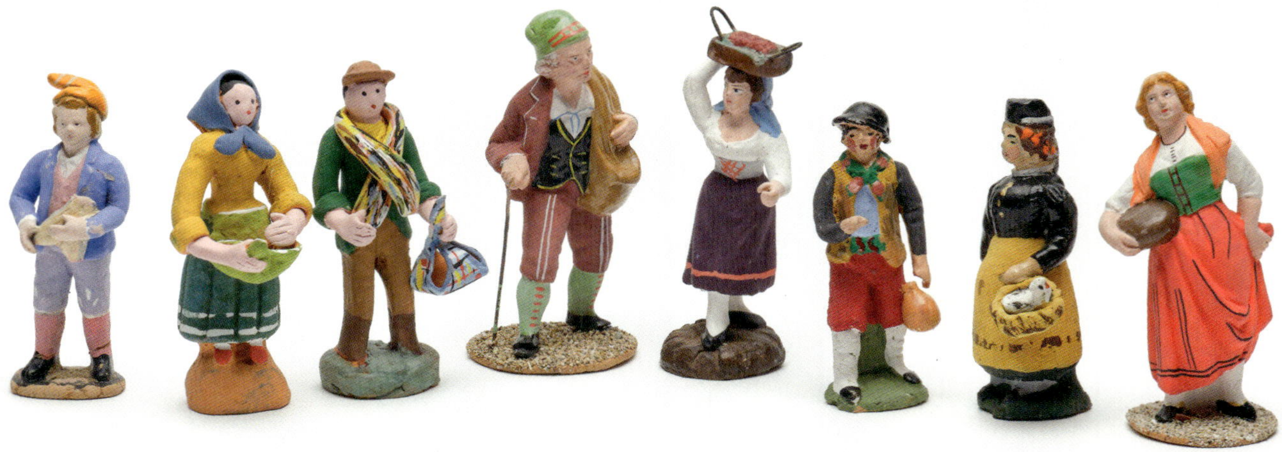

Italien
Marco und Guiseppe Ferrigno
Neapolitanische Krippe
gebrannter und bemalter Ton
Ruine: 33 x 45 x 45 cm
Sammlung Würth, Inv. K420
Erworben 2002

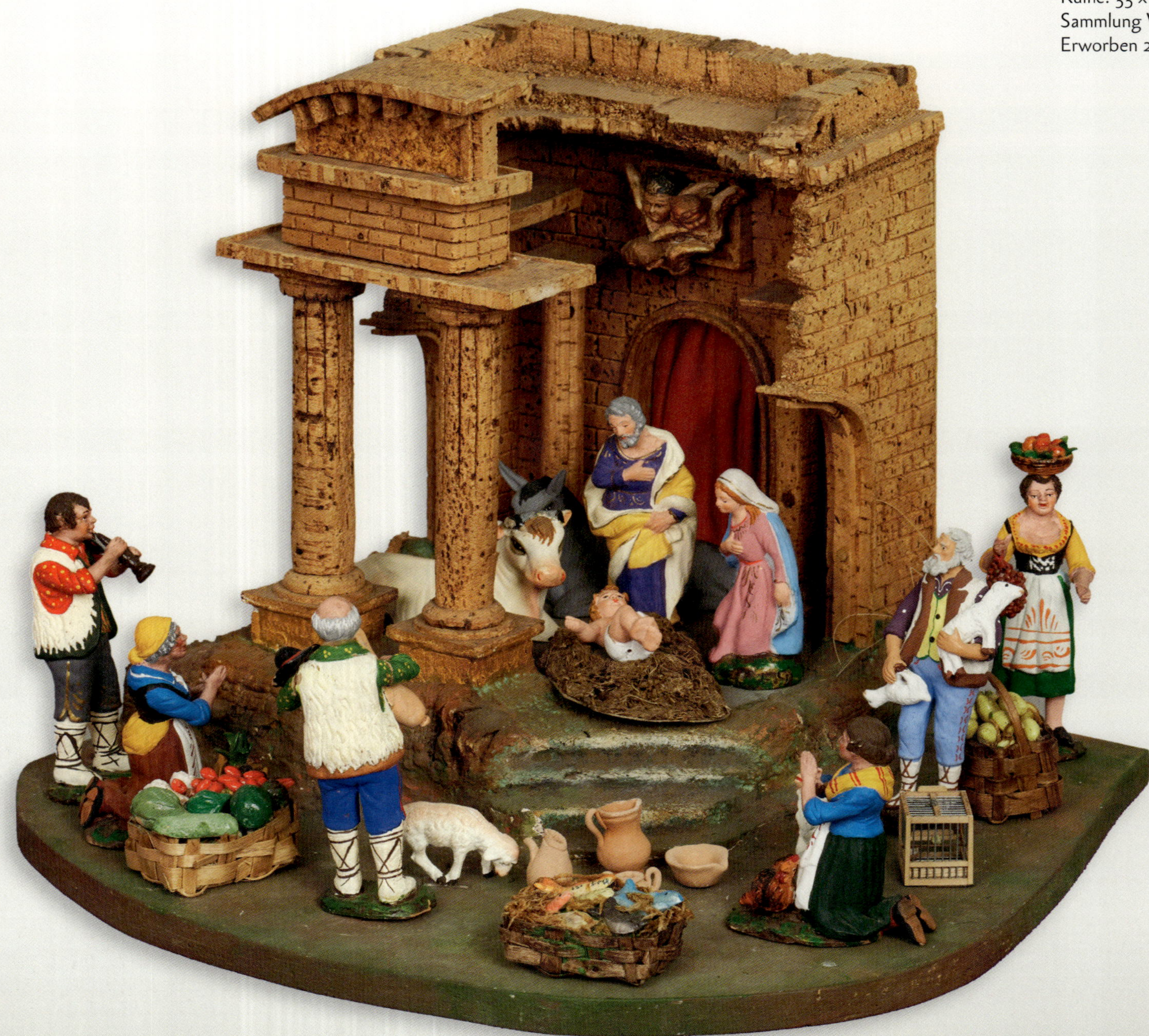

Frankreich
Krippe aus den Cevennen
Jute
Höhe bis 24 cm
Sammlung Würth, Inv. K347
Erworben 2002

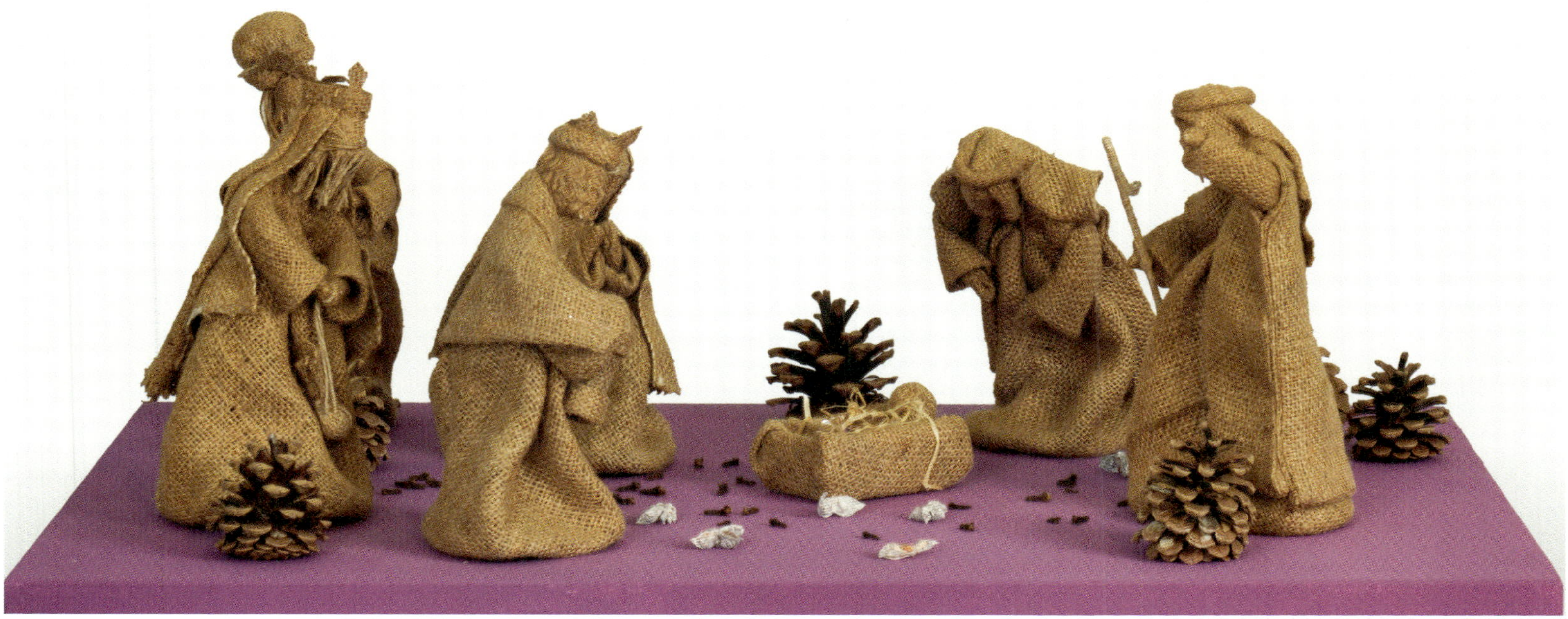

Portugal
Florale Tonkrippe
gebrannter und glasierter Ton
48 x 38 x 28 cm
Sammlung Würth, Inv. K847
Erworben 2002

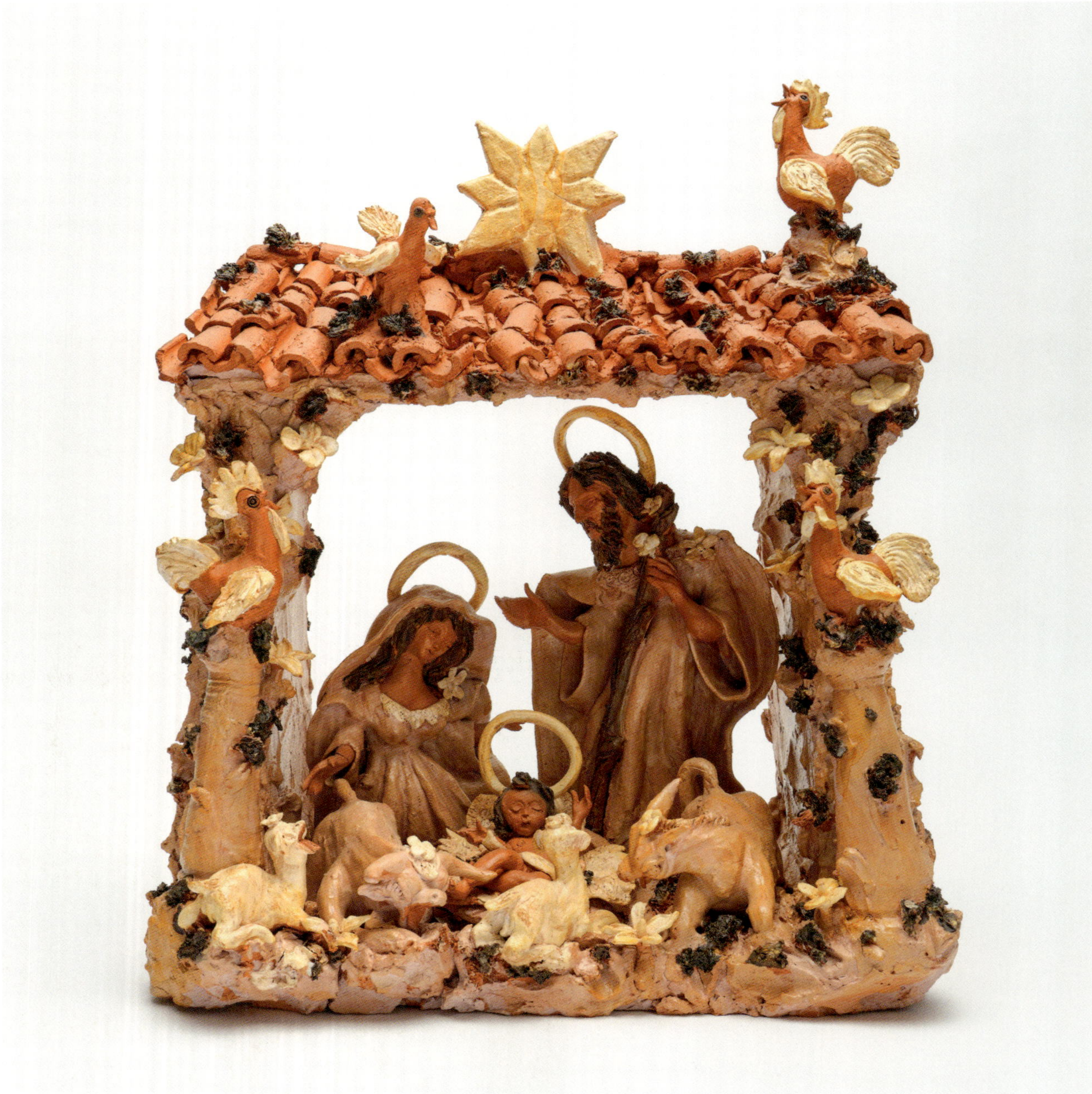

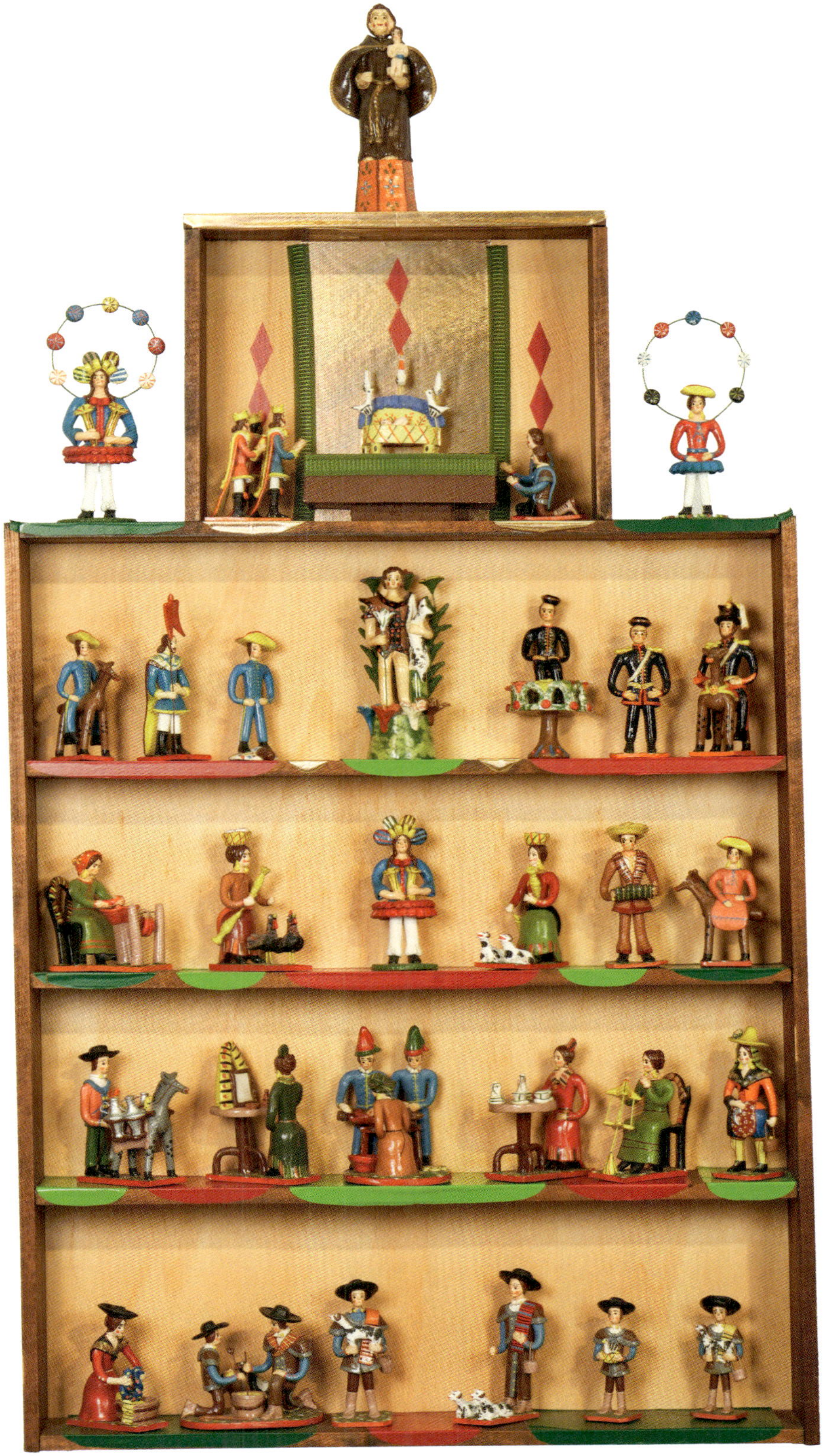

Portugal
Krippenschrein
Holz, bemalte Keramik
147 × 92 × 15
Sammlung Würth, Inv. K567
Erworben 2002

Portugal
Krippe mit Hahn und Hühnern
gebrannter und bemalter Ton
Höhe bis 15,5 cm
Sammlung Würth, Inv. K566
Erworben 2002

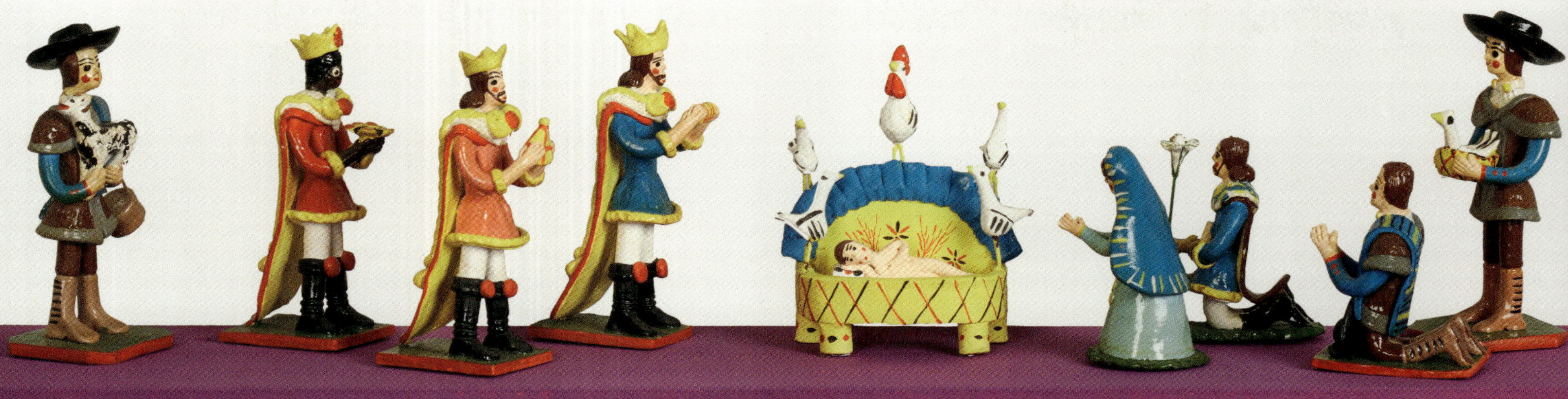

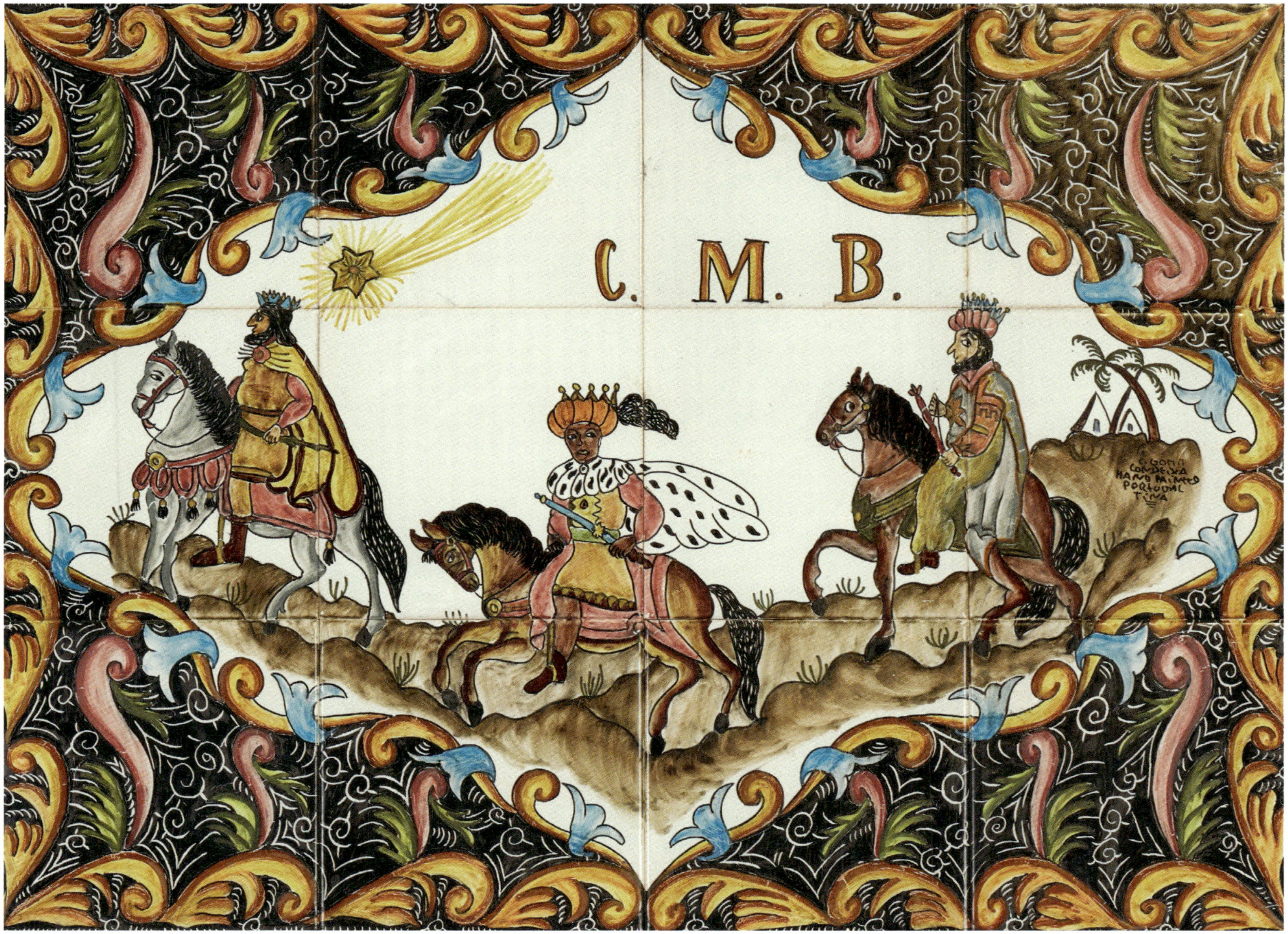

Portugal
Azelejo-Kachelmosaik
gebrannter und glasierter Ton
52 x 67 cm, gerahmt
Sammlung Würth, Inv. K569
Erworben 2002

Spanien
Mallorquinische Krippe
gebrannter und bemalter Ton, Gips
Höhe bis 22 cm
Sammlung Würth, Inv. K593
Erworben 2002

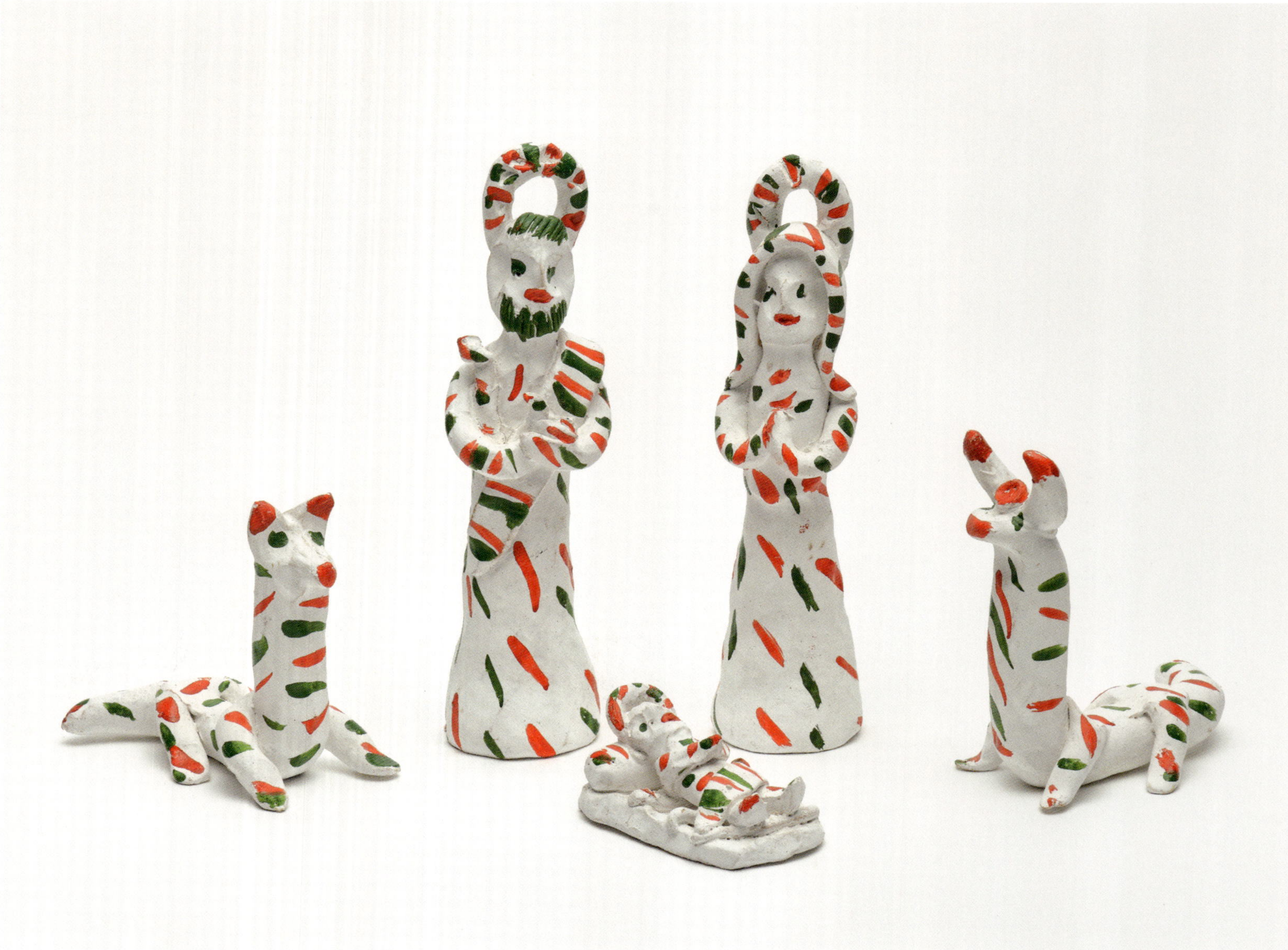

Dänemark
Rote Krippe
lackiertes Holz
Stall: 15 × 24 × 7 cm,
Höhe Figuren 7 cm
Sammlung Würth, Inv. K123
Erworben 2002

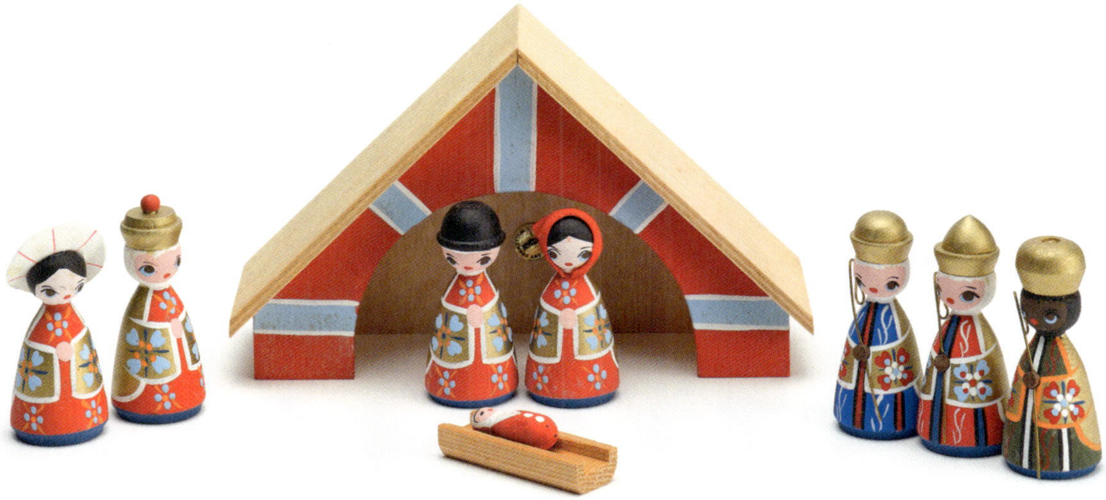

Dänemark
Mogens Eigenbrod
Besuch der Heiligen Drei Könige
lackiertes Holz
Stall: 14,4 × 24 × 7,8 cm,
Höhe Figuren bis 11,7 cm
Sammlung Würth, Inv. K122
Erworben 2002

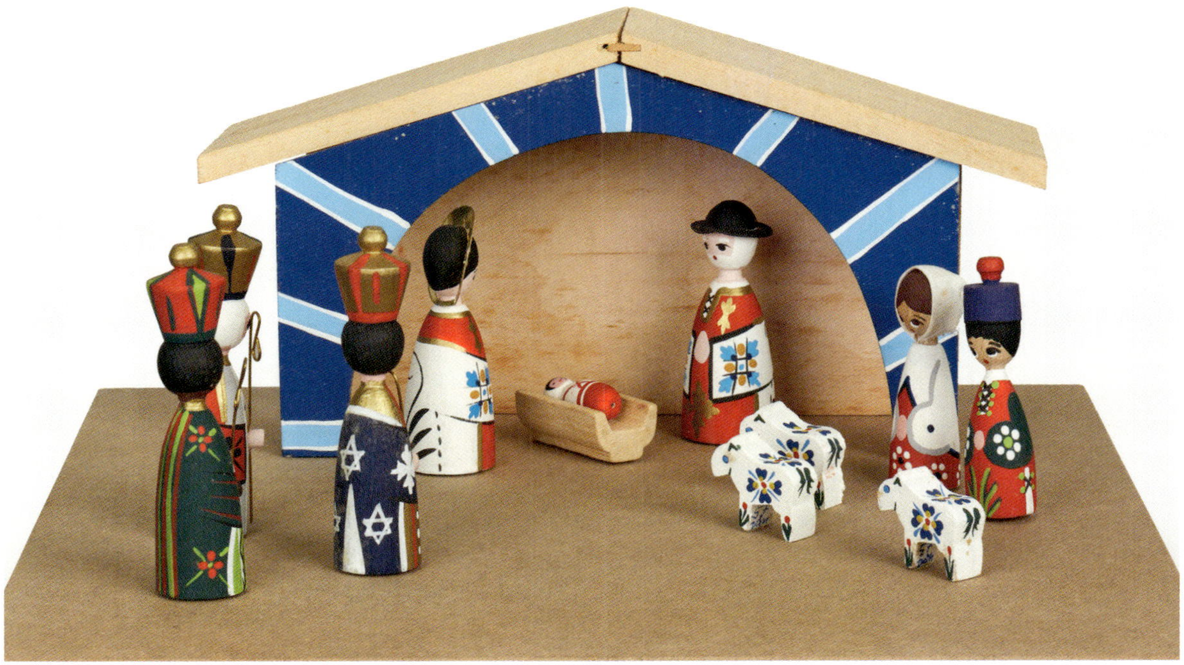

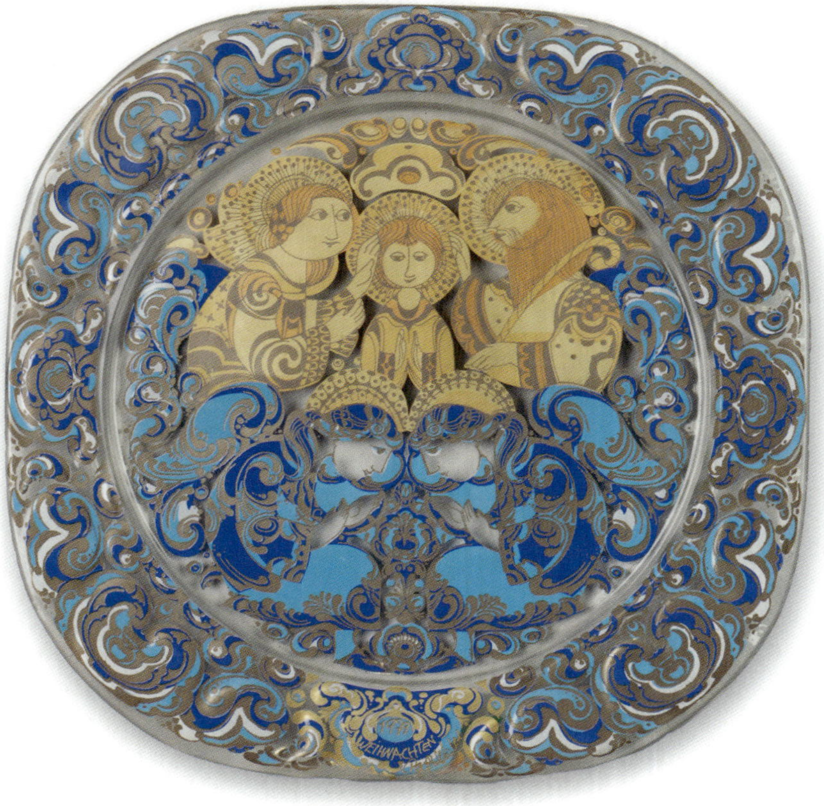

Dänemark
Bjørn Wiinblad
Rosenthal-Weihnachtsteller 1979:
Heilige Familie mit Engeln
handbemaltes Glas
Durchmesser: 28,6 cm
Sammlung Würth, Inv. K120
Erworben 2002

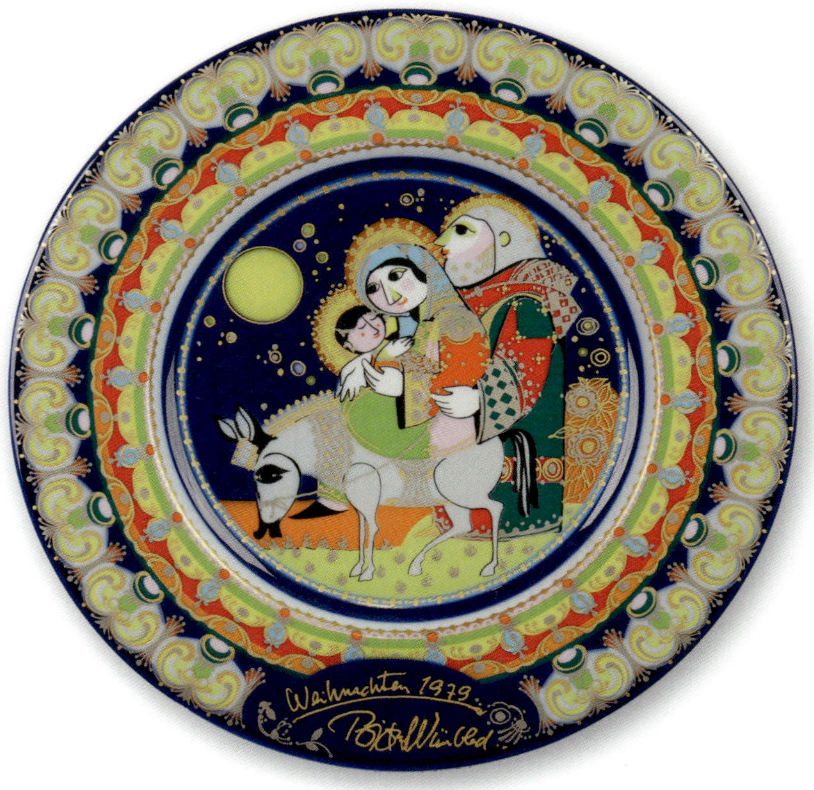

Dänemark
Bjørn Wiinblad
Rosenthal-Weihnachtsteller 1979:
Flucht nach Ägypten
Porzellan
Durchmesser: 28,5 cm
Sammlung Würth, Inv. K121
Erworben 2002

Dänemark
Sterndeuter auf dem Weg zur Krippe
Stickgarn
25,5 × 24 cm, gerahmt
Sammlung Würth, Inv. K125
Erworben 2002

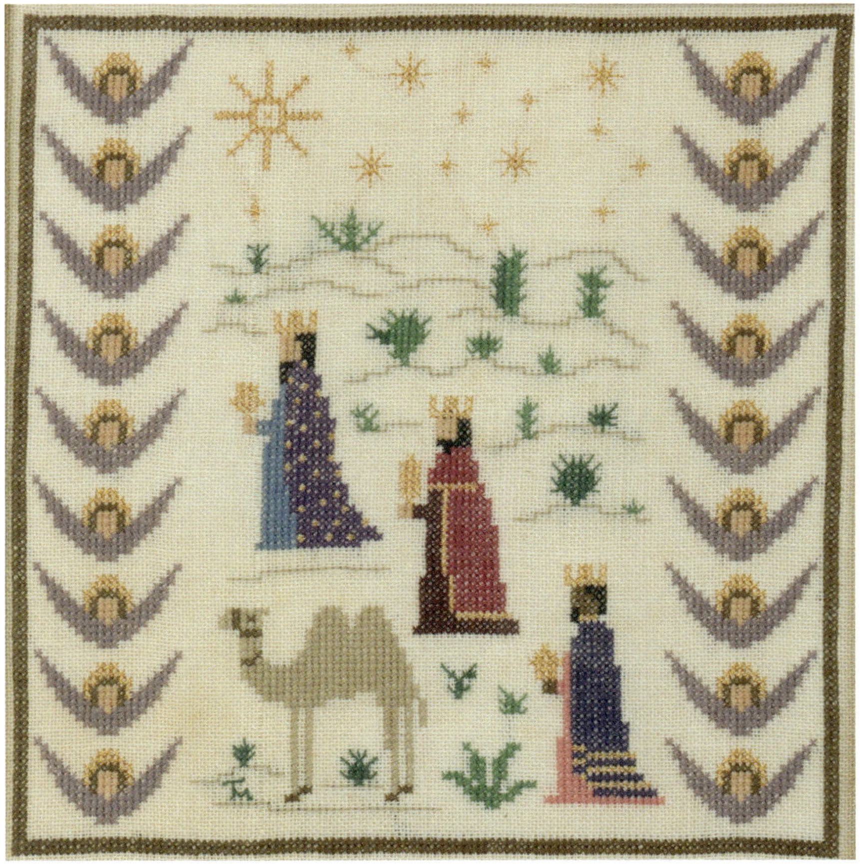

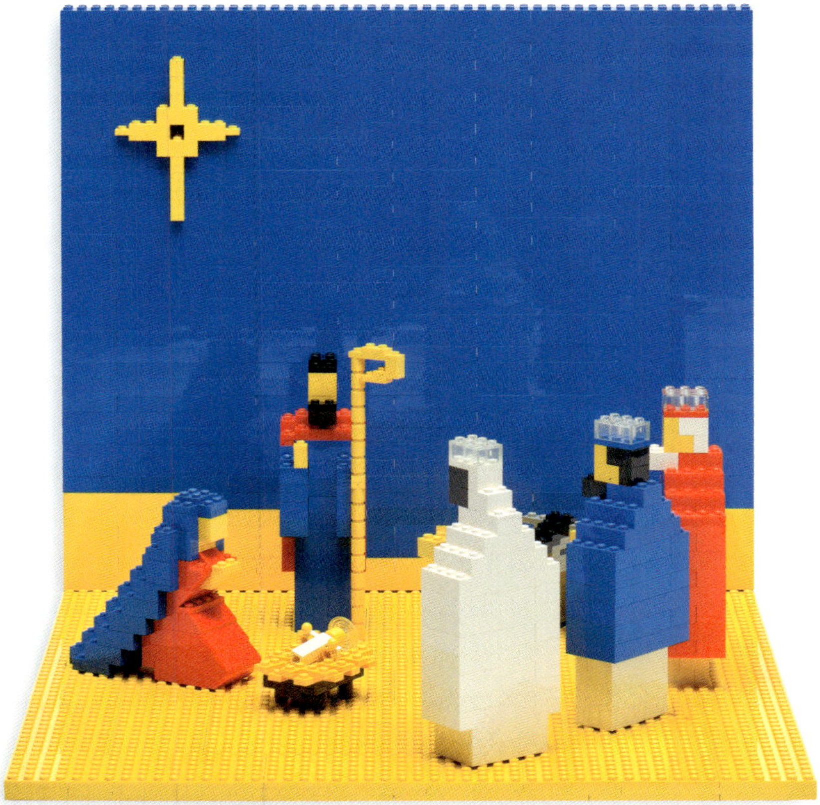

Dänemark
Legokrippe
Kunststoff
16,5 × 40 × 40 cm
Sammlung Würth, Inv. K688
Erworben 2002

EUROPA

Grönland
Heilige Familie
bossierter Speckstein
Höhe bis 16,8 cm
Sammlung Würth, Inv. K355
Erworben 2002

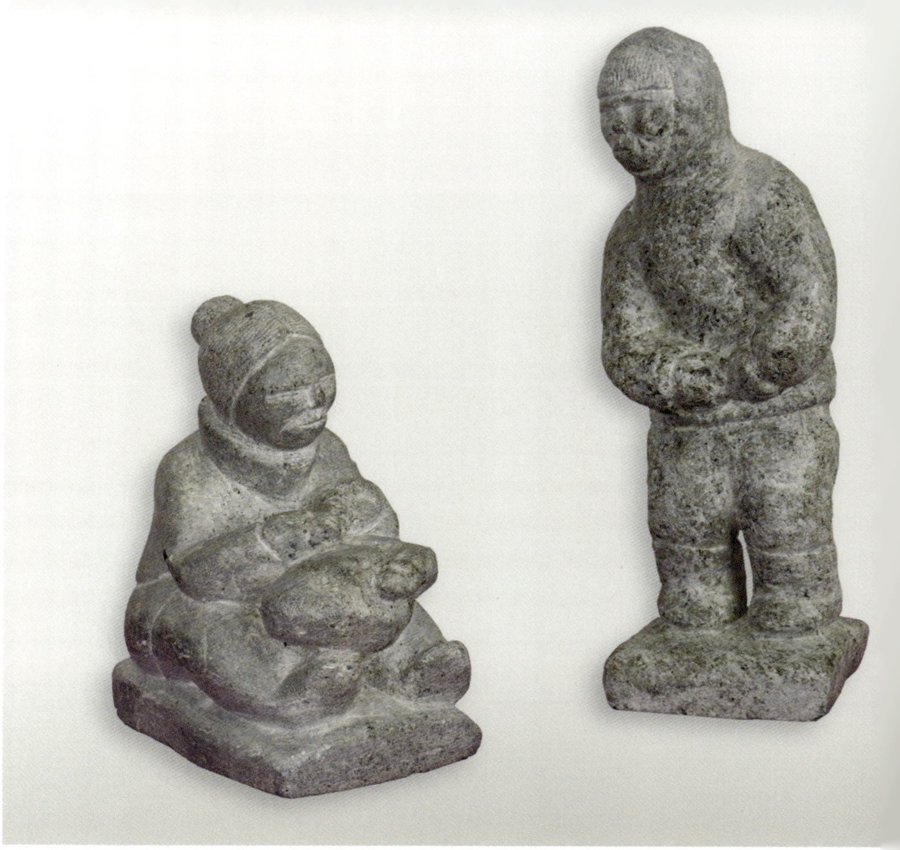

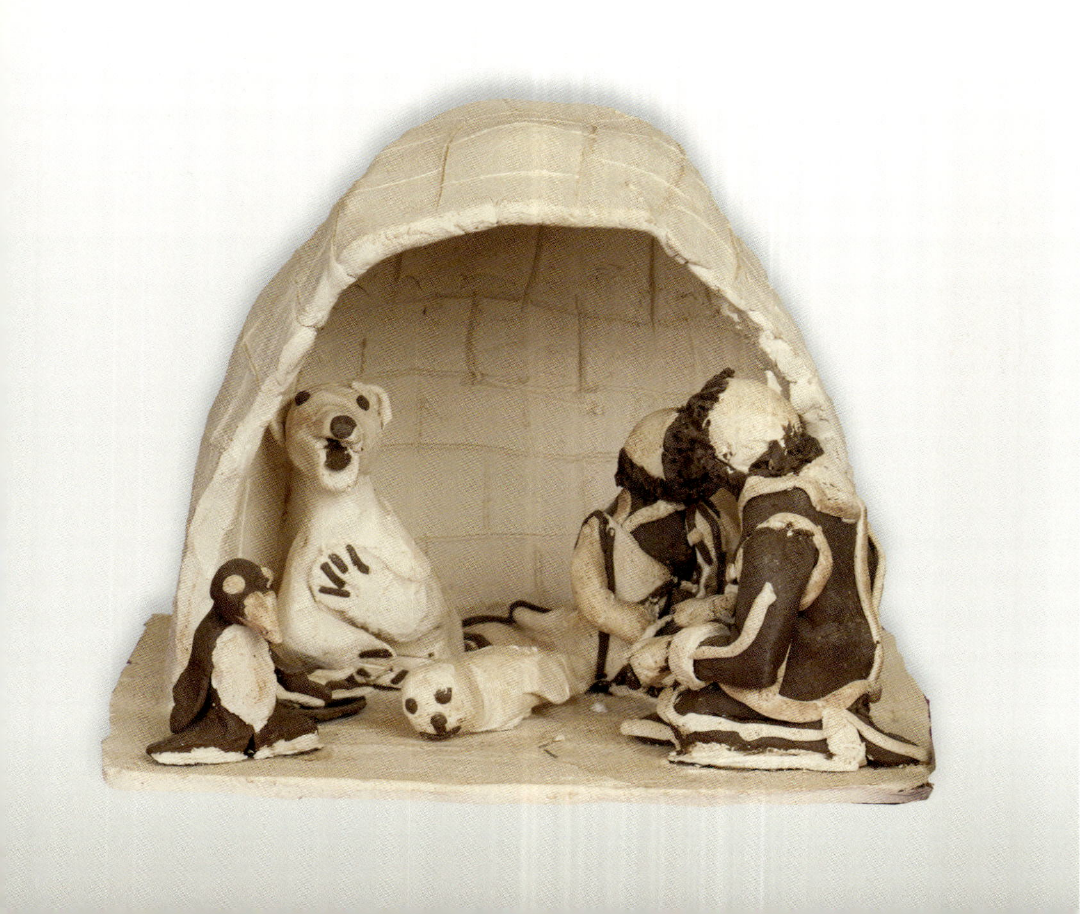

Grönland
Iglukrippe
gebrannter Ton
15,5 x 19 x 19,8 cm
Sammlung Würth, Inv. K253
Erworben 2002

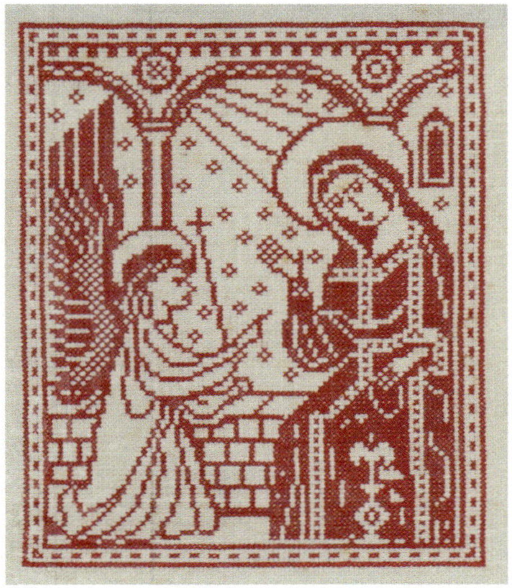

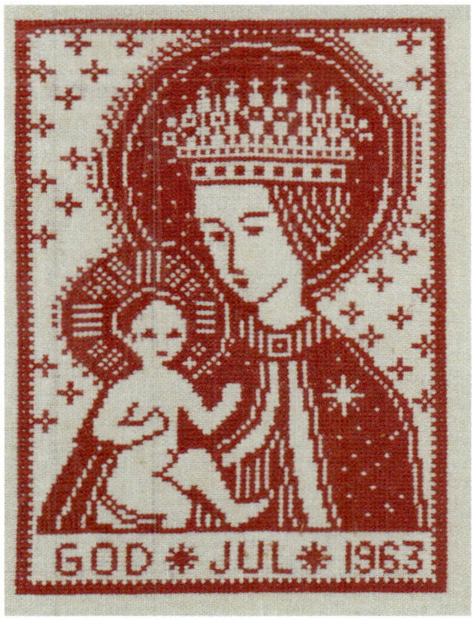

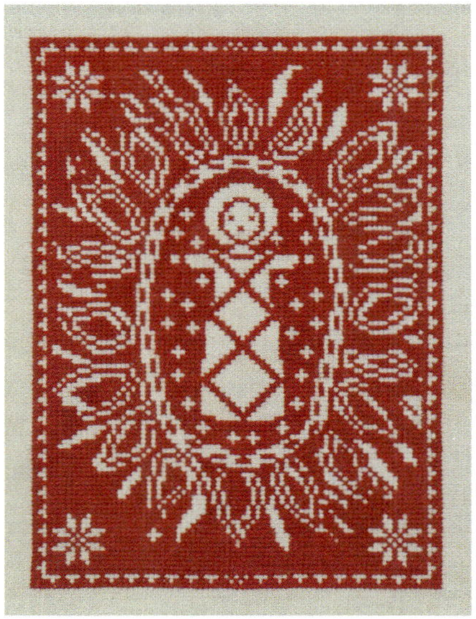

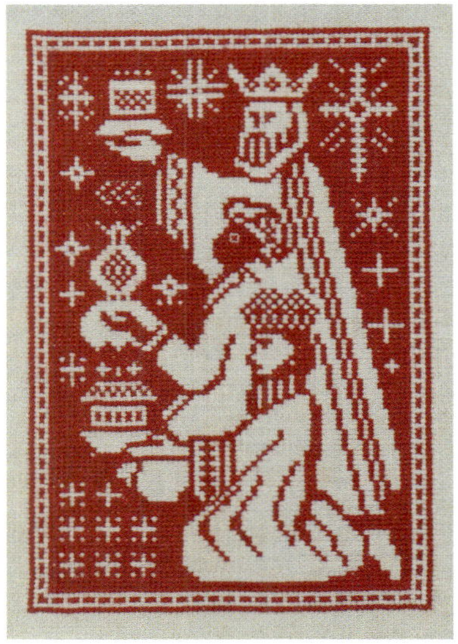

Schweden
Malmöer Kreuzstichbilder
Stickgarn, Leinen
35 x 26 cm, 37 x 29 cm,
36 x 28 cm, 36,2 x 31 cm,
33 x 26 cm, 33 x 29 cm
Sammlung Würth, Inv. K507
Erworben 2002

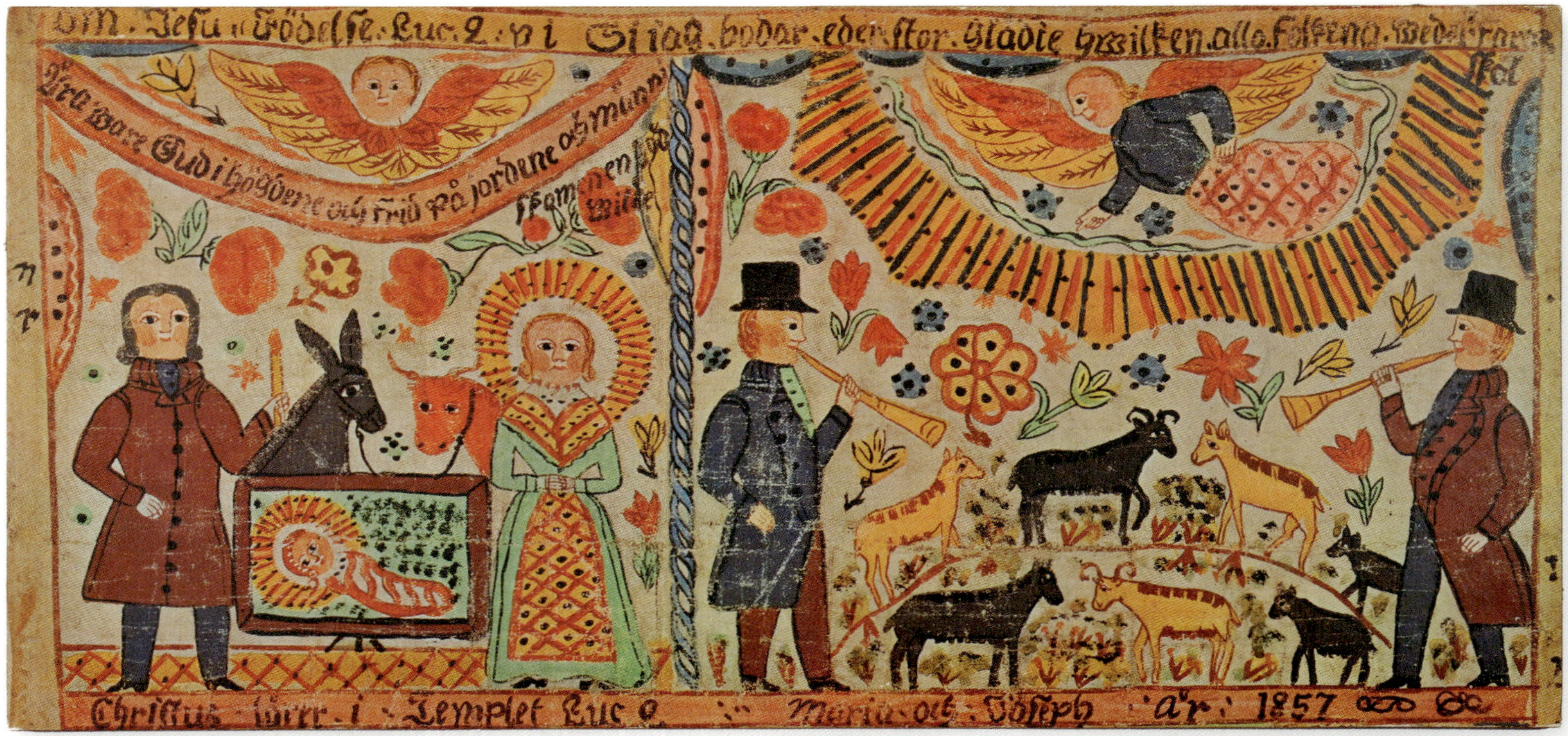

Schweden
Dalekarlisches Bildertuch
Druck auf Papier auf Holz aufgezogen
40,5 x 85 cm
Sammlung Würth, Inv. K580
Erworben 2002

Schweden
Moderne Strohkrippe
Stroh, Holz
18 x 21 x 8 cm
Sammlung Würth, Inv. K579
Erworben 2002

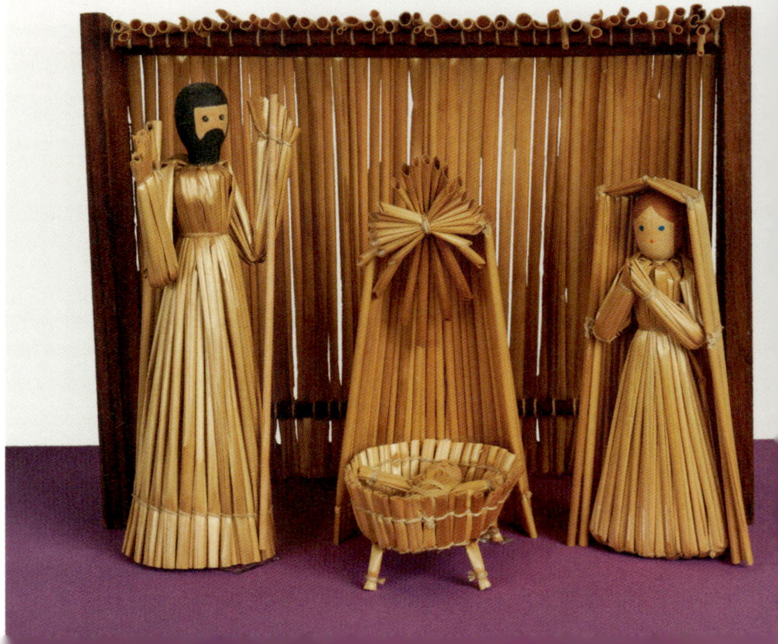

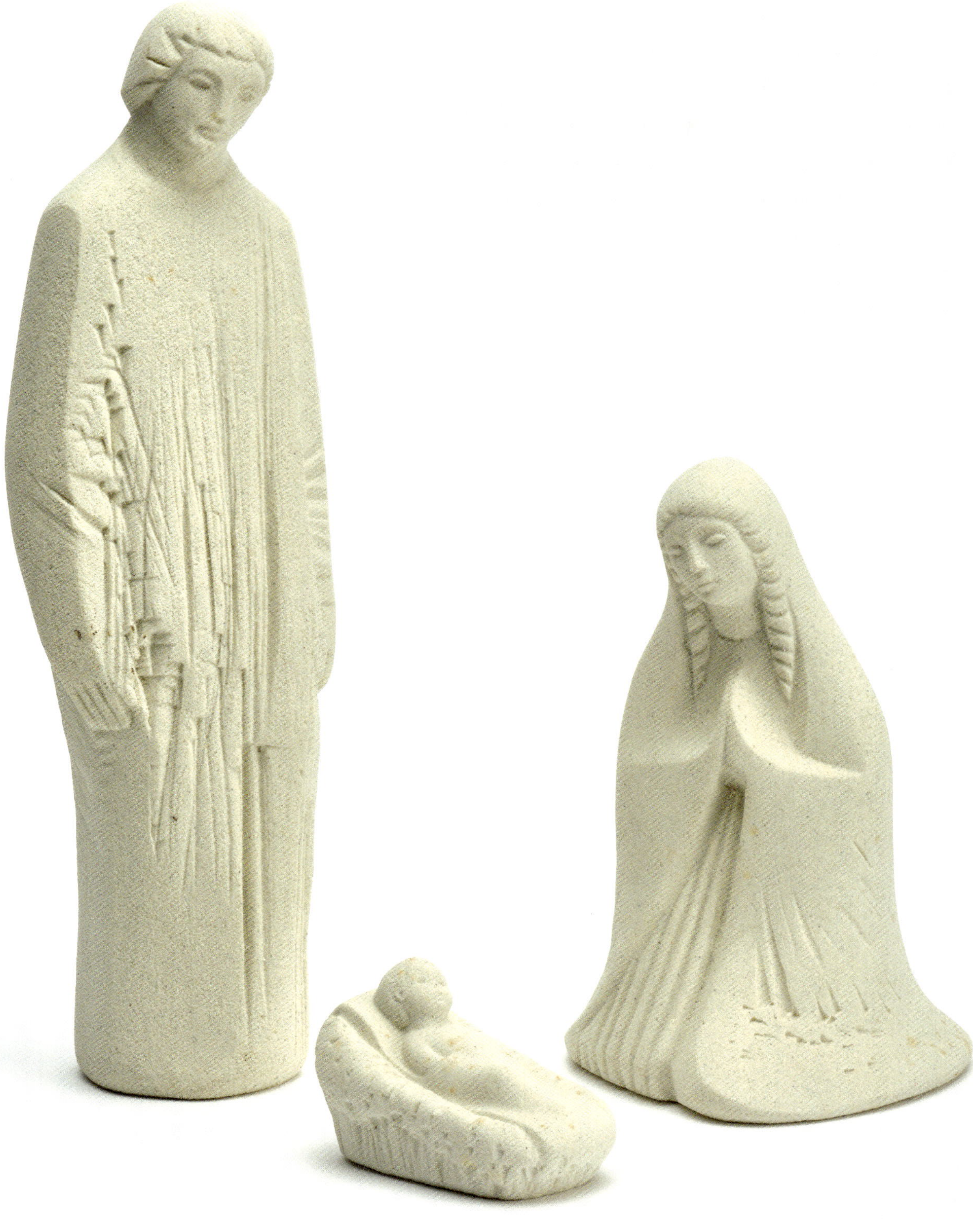

Belgien
Sandsteingruppe
Sandstein
Höhe bis 30 cm
Sammlung Würth, Inv. K88
Erworben 2002

Albanien
Anbetung
Gips, Sperrholz, Stroh
34 x 30 x 30 cm
Sammlung Würth, Inv. K833
Erworben 2002

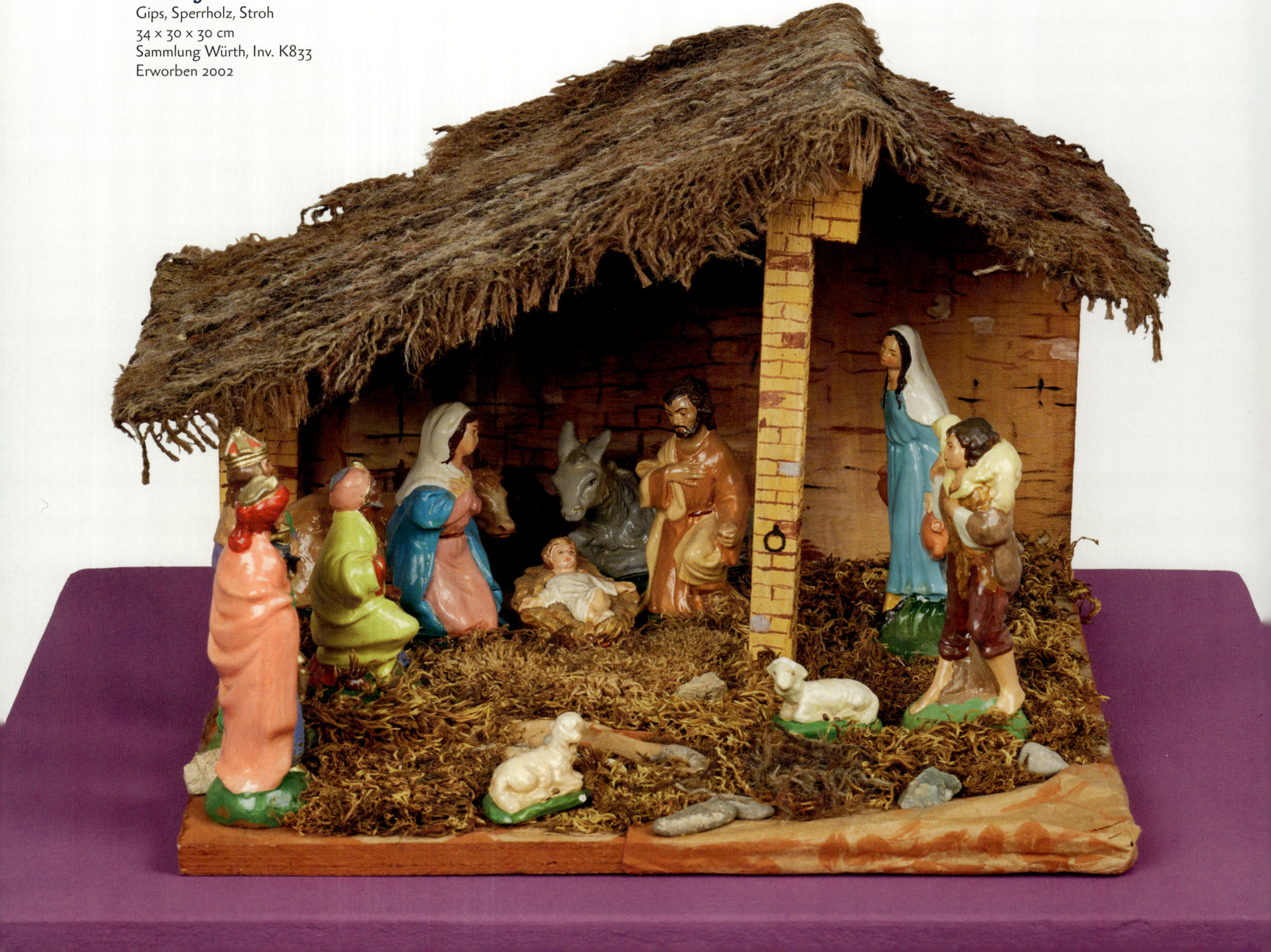

Rumänien
Cioban
gebeiztes Holz
24,5 x 8 cm
Sammlung Würth, Inv. K570
Erworben 2002

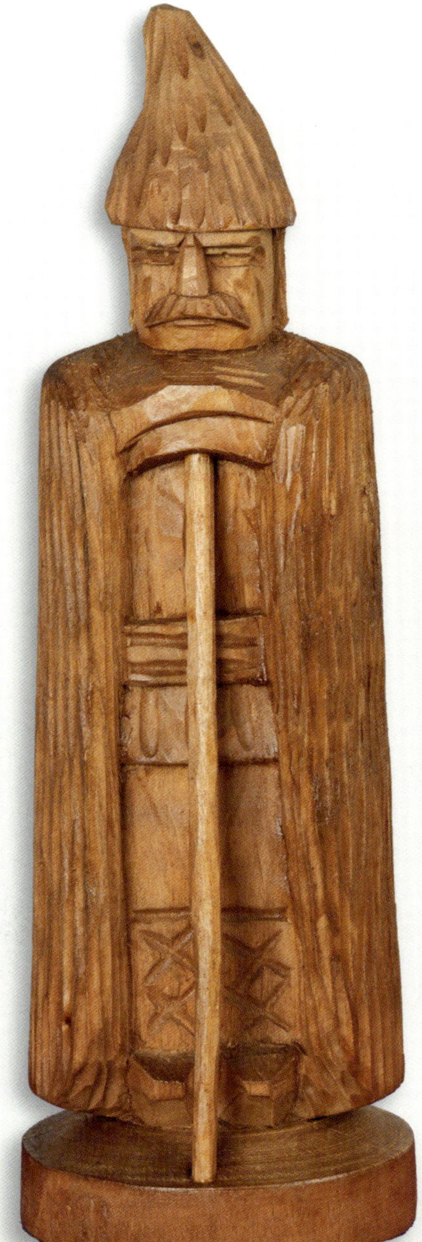

Albanien
Jesus und das Volk
bemaltes Spanholz
Höhe: 7 cm, Durchmesser: 17 cm
Sammlung Würth, Inv. K73
Erworben 2002

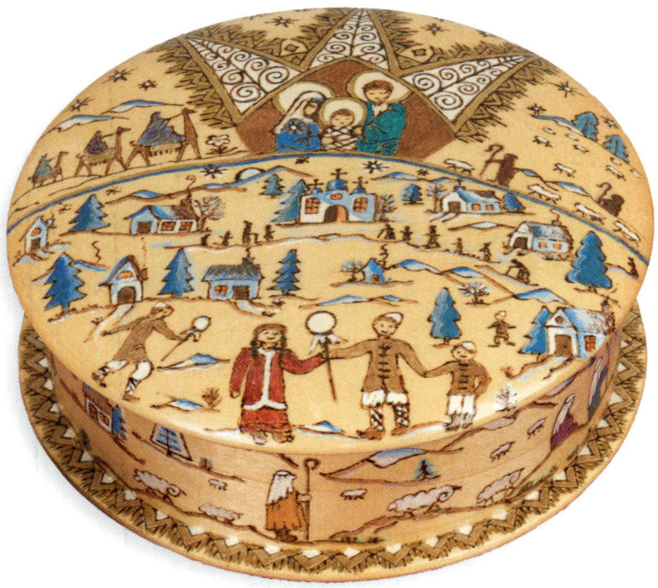

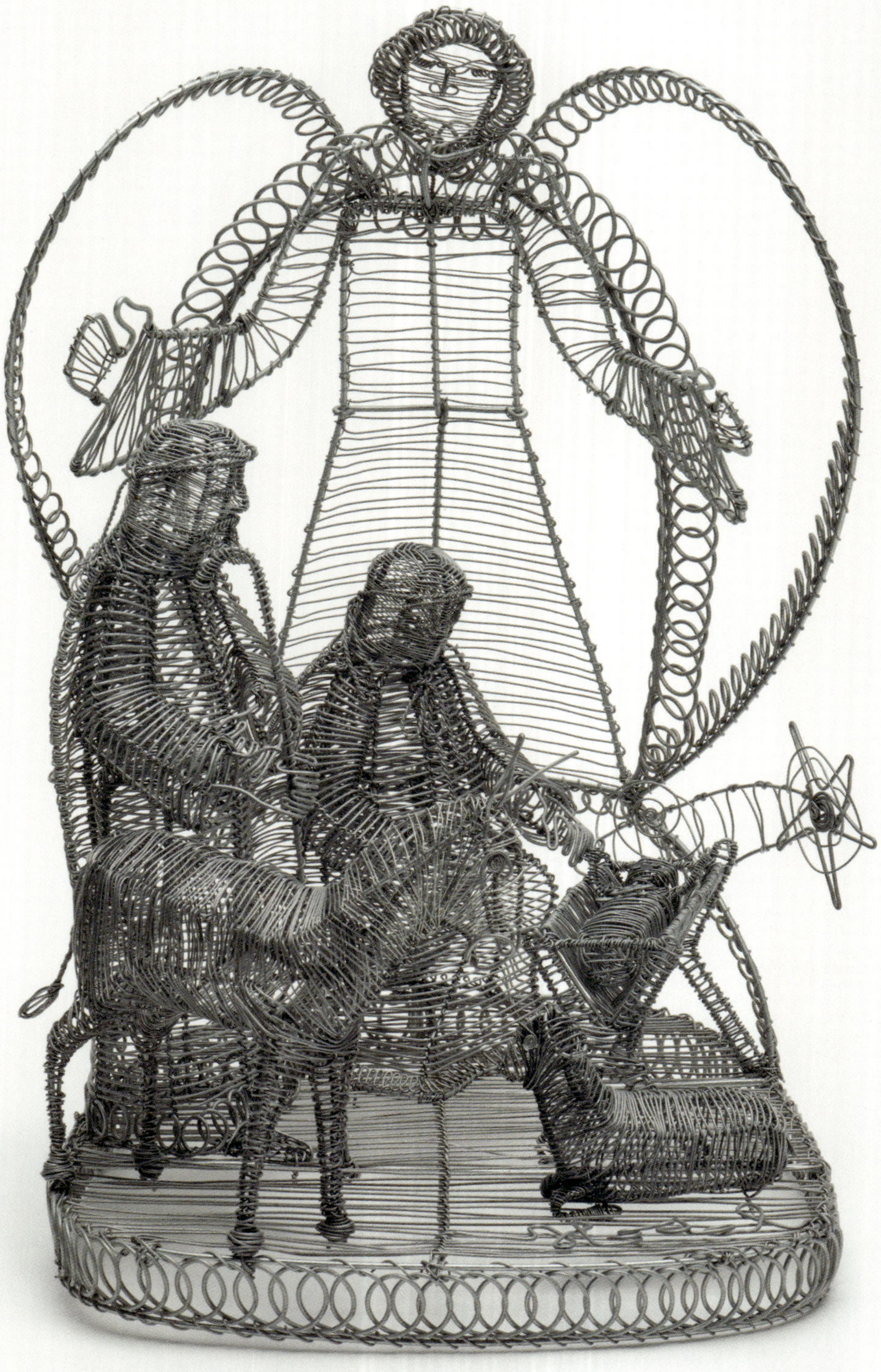

Slowakei
Schützender Engel
Draht
42,5 x 28 x 29 cm
Sammlung Würth, Inv. K875
Erworben 2002

Slowakei
Krippe mit Zauberer
gebrannter und glasierter Ton
Höhe Stall: 20 cm
Sammlung Würth, Inv. K823
Erworben 2002

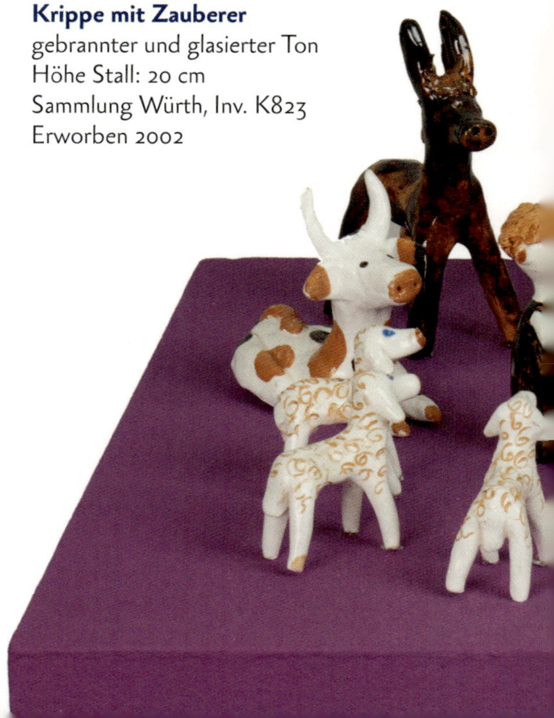

Ungarn
Verkündigung an die Hirten
Rinderhorn
60 x 10 cm
Sammlung Würth, Inv. K636
Erworben 2002

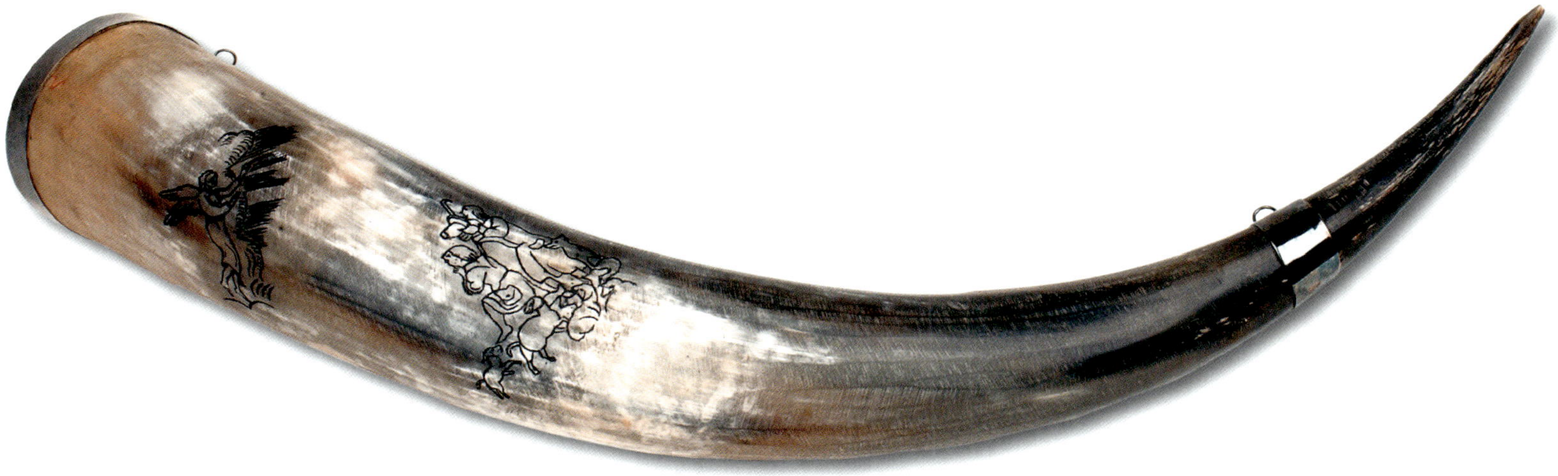

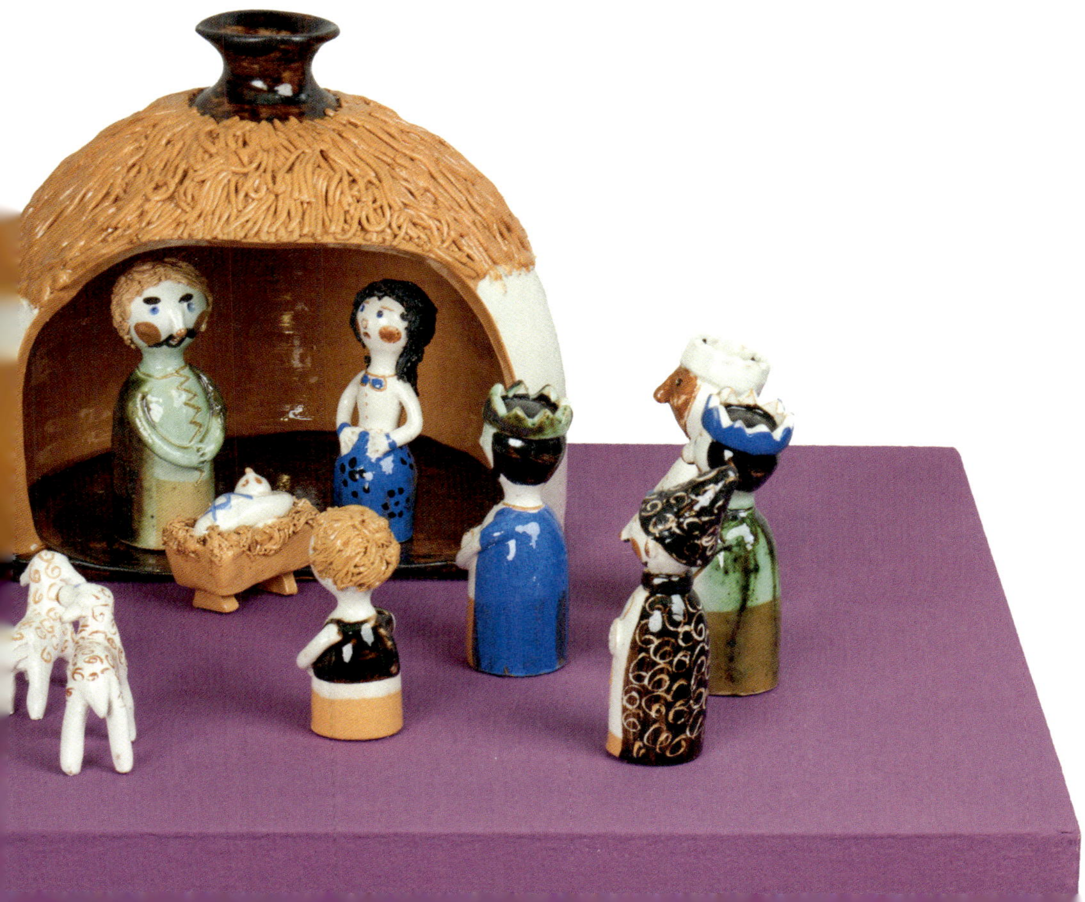

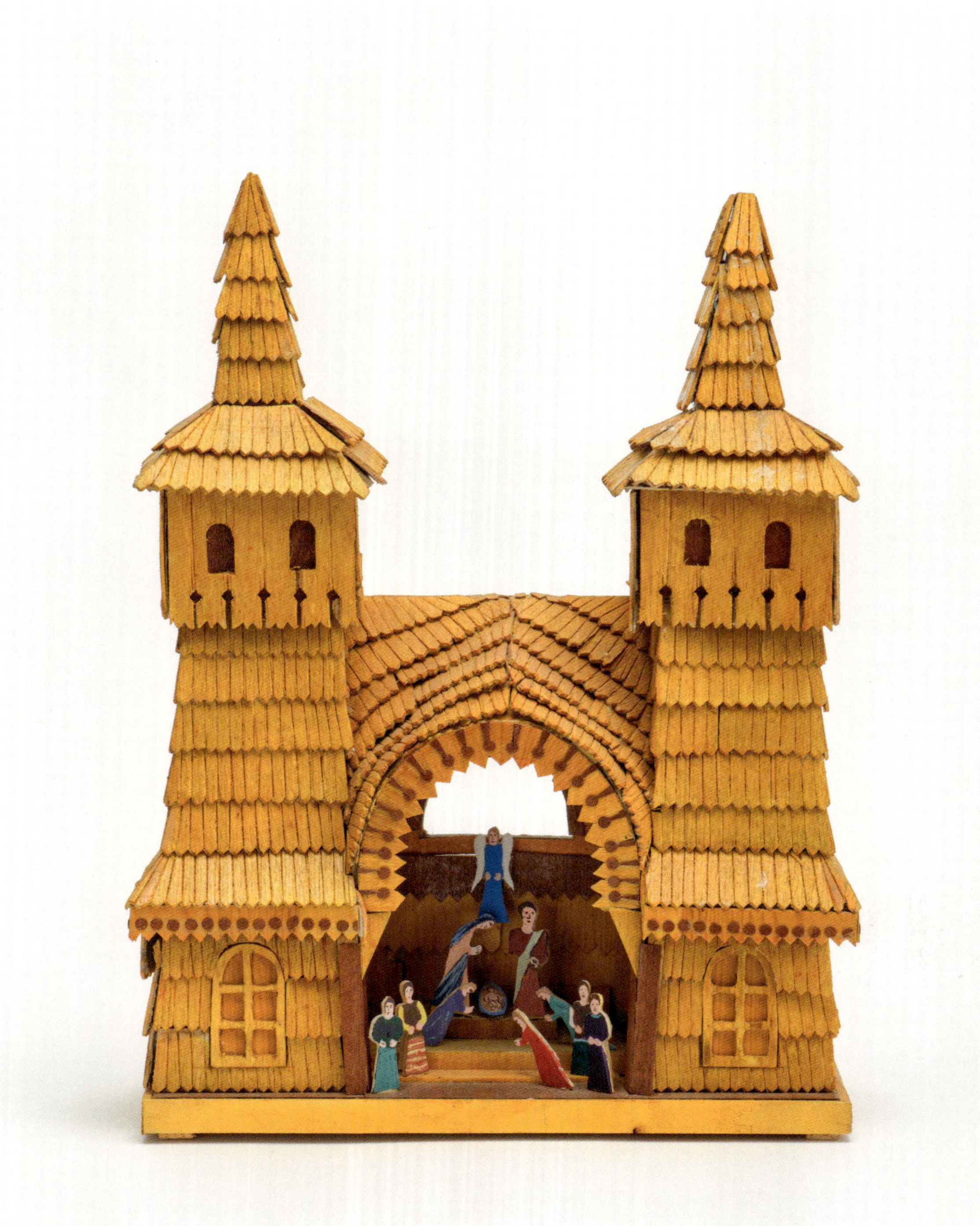

Polen
Stanislaw Paczynski
Tragekrippe
Holz, Pappe, Papier
46 x 35 x 14,5 cm
Sammlung Würth, Inv. K561
Erworben 2002

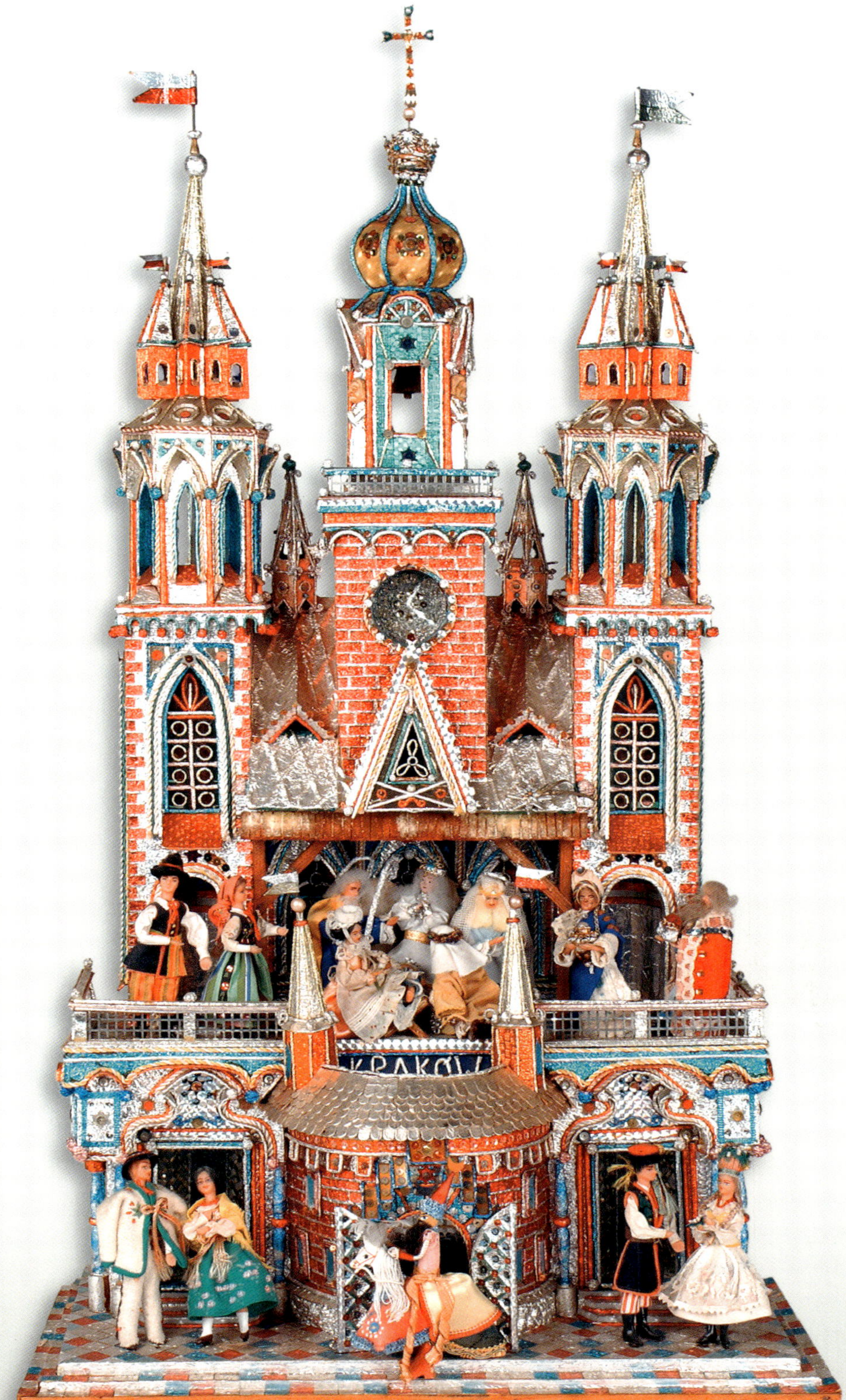

Polen
Stanislaw Paczynski
Szopka
Papier, Stanniol, Pappe, Textilien
95 × 54 × 27 cm
Sammlung Würth, Inv. K555
Erworben 2002

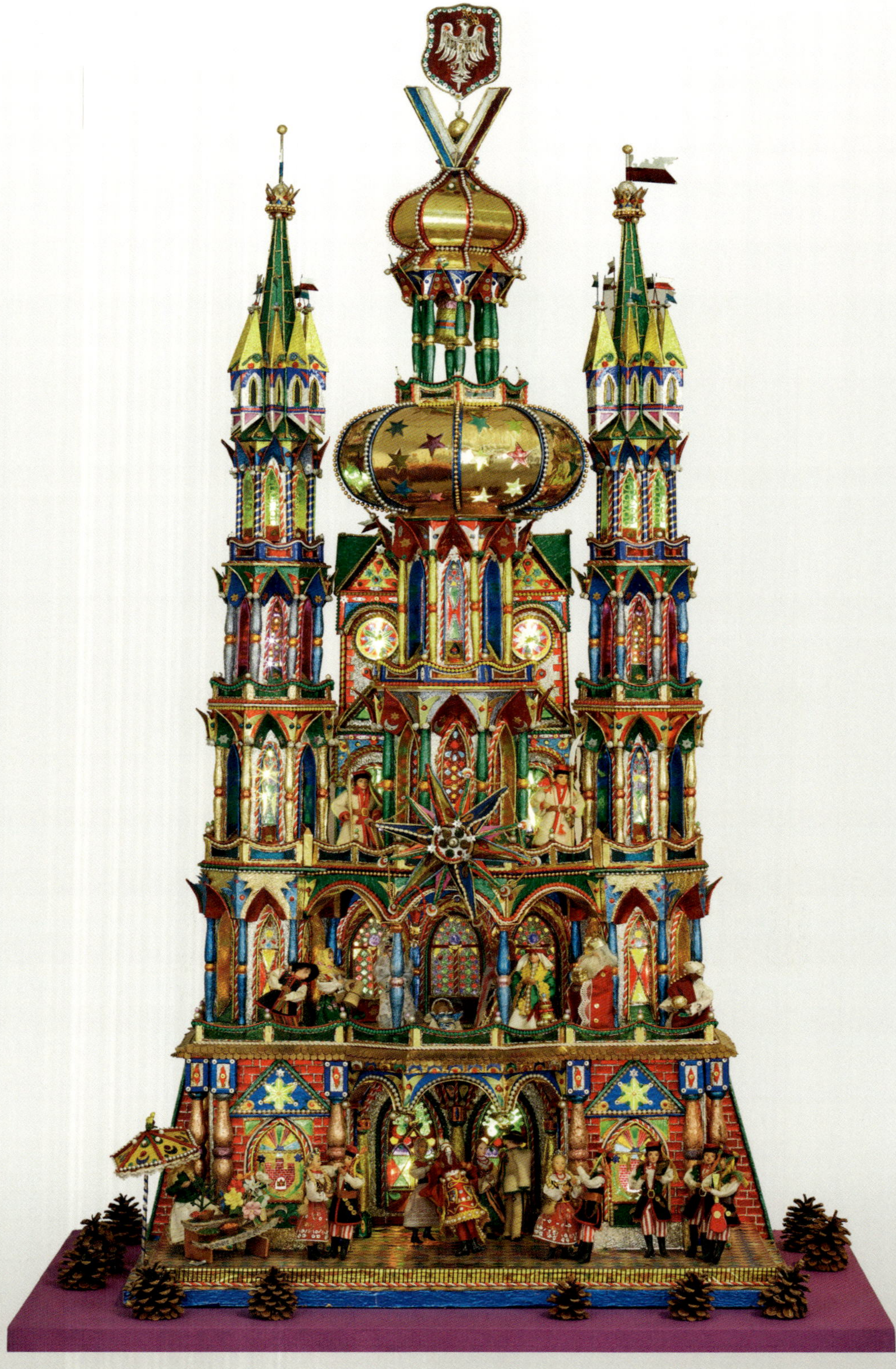

Polen
Stanislaw Paczynski
Szopka
verschiedene Materialien
150 x 75 x 37 cm
Sammlung Würth, Inv. K993
Erworben 2002

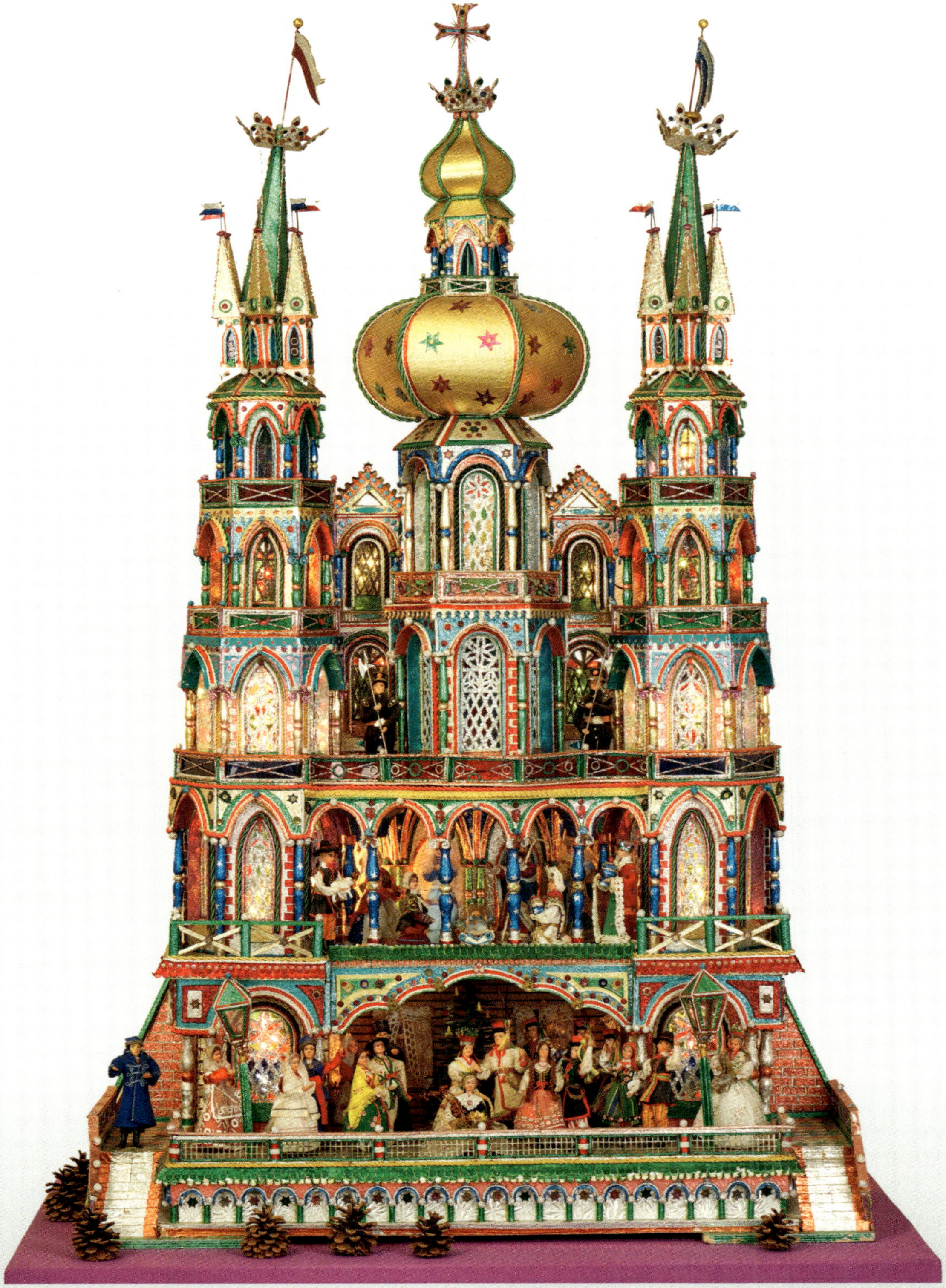

Polen
Stanislaw Paczynski
Szopka
verschiedene Materialien
133 x 88 x 40 cm
Sammlung Würth, Inv. K998
Erworben 2002

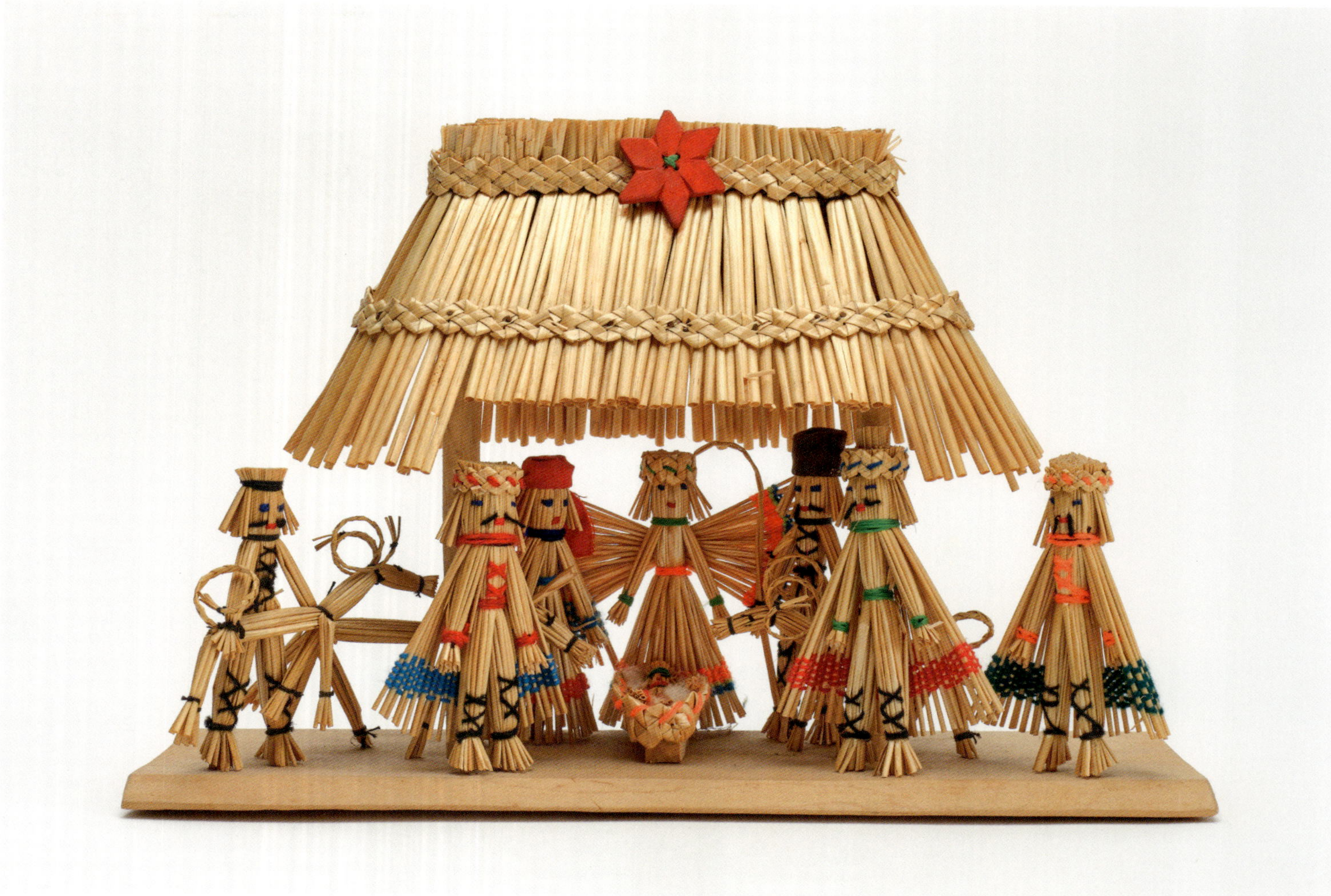

Polen
Bunte Strohkrippe
Stroh, Garn
26 x 37,5 x 12,5 cm
Sammlung Würth, Inv. K548
Erworben 2002

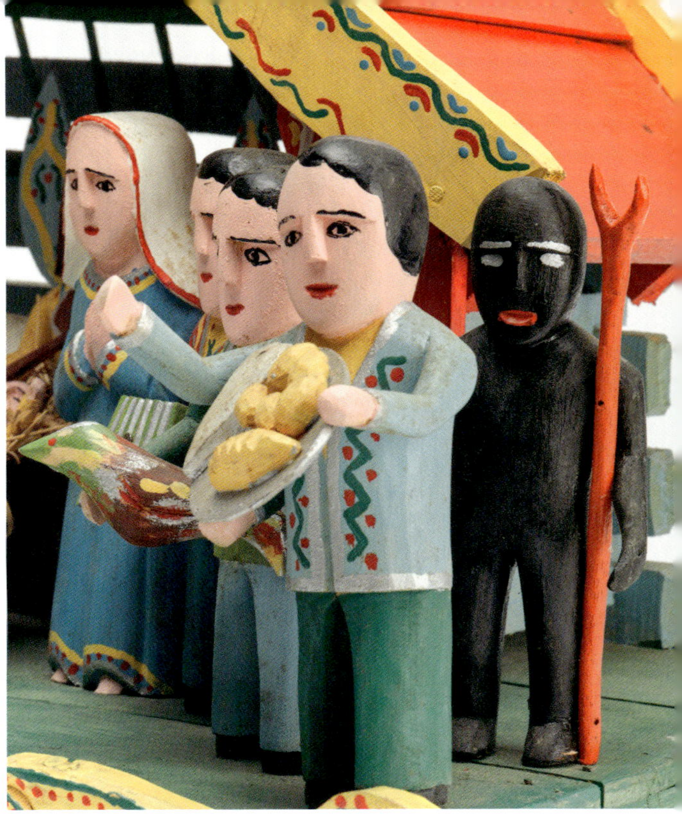

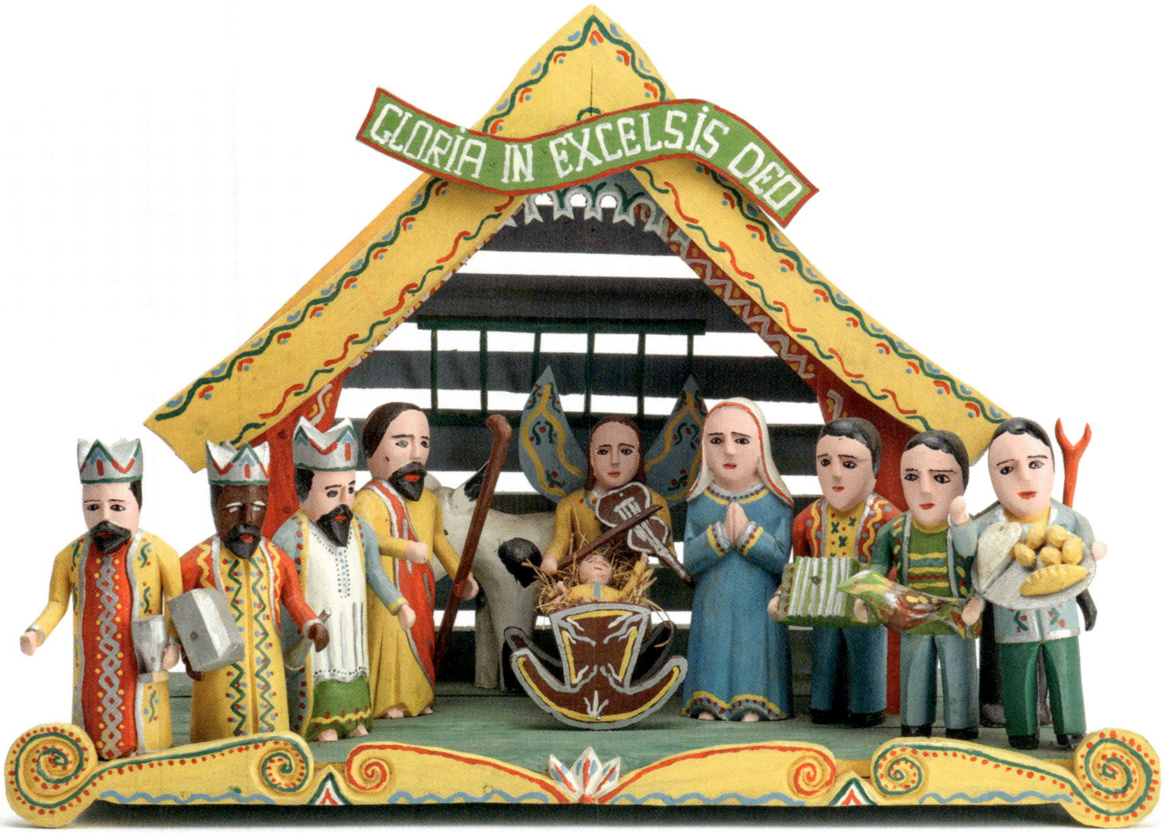

Polen
Krippe mit Engel und Teufel
lackiertes Lindenholz
40,5 x 60 x 34,5 cm
Sammlung Würth, Inv. K562
Erworben 2002

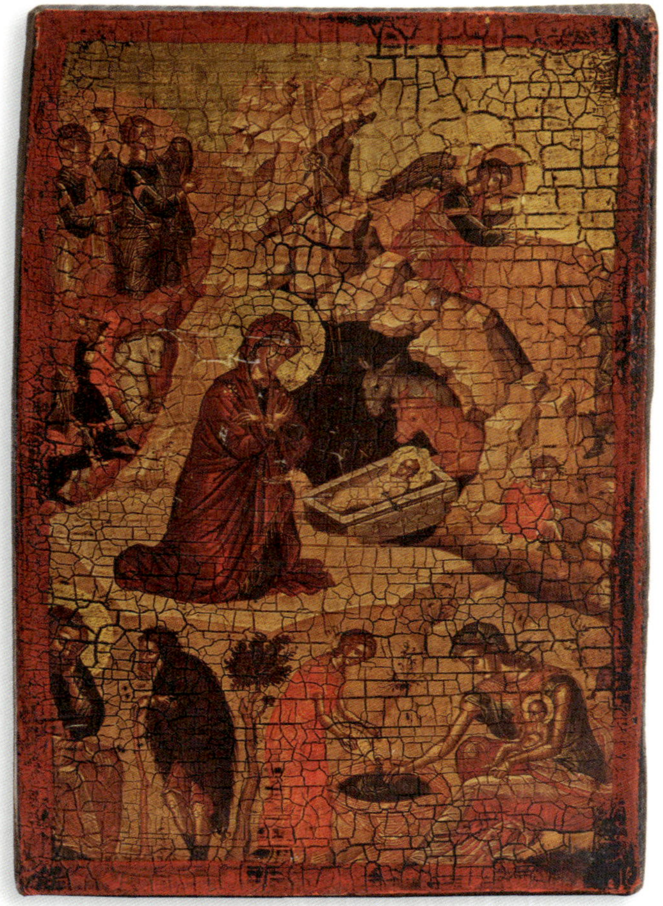

Griechenland
Ikone mit Anbetungsszene
Malerei auf Holz
17 x 11 cm
Sammlung Würth, Inv. K351
Erworben 2002

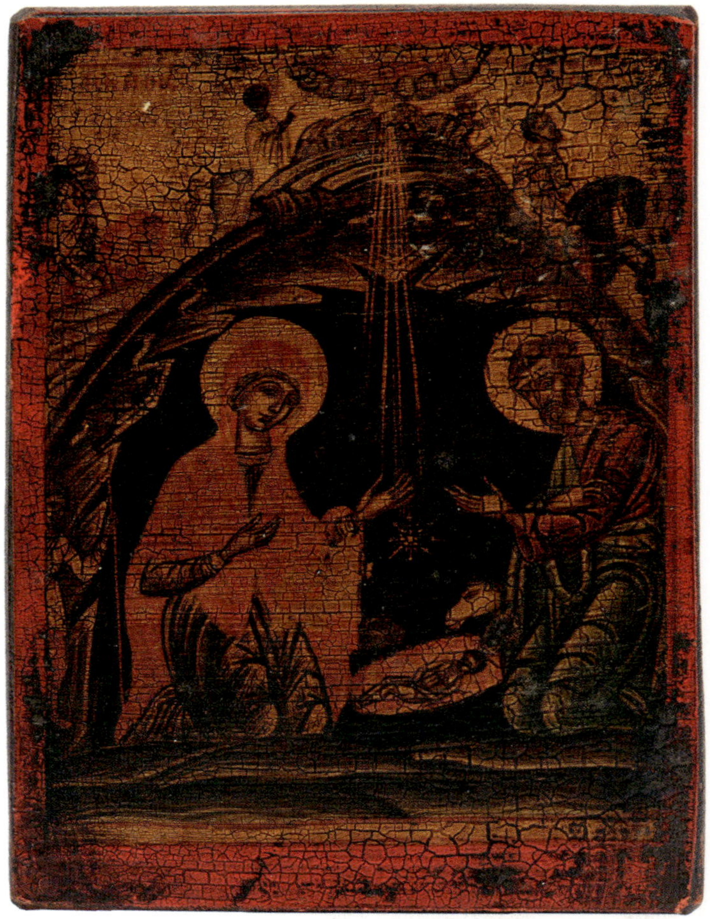

Griechenland
Weltenrund-Ikone
Malerei auf Pappe auf Holz
14 x 10,5 cm
Sammlung Würth, Inv. K354
Erworben 2002

Bulgarien
Ikone
Malerei auf Holz
44,8 x 31,6 x 3,5 cm
Sammlung Würth, Inv. K740
Erworben 2002

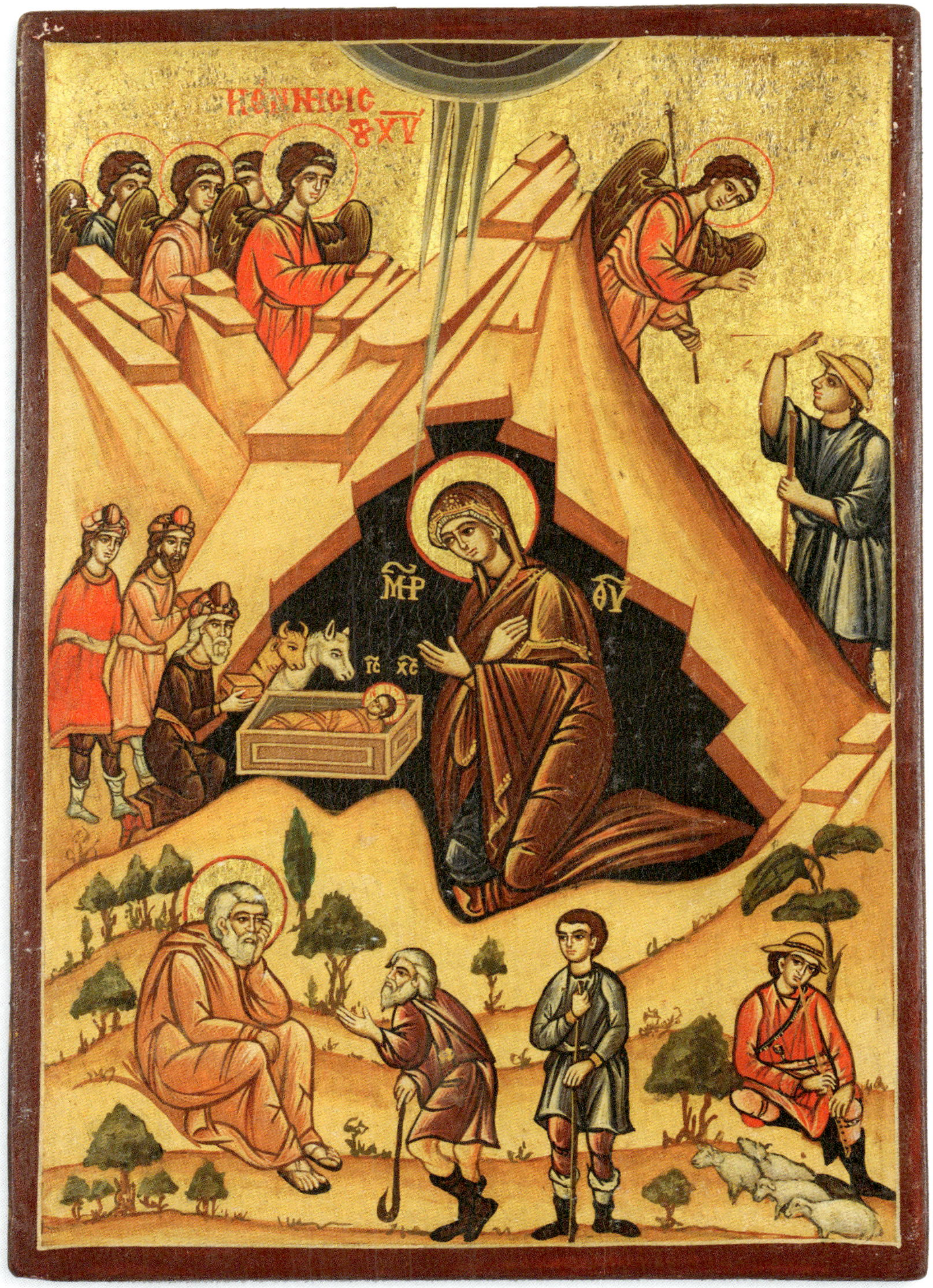

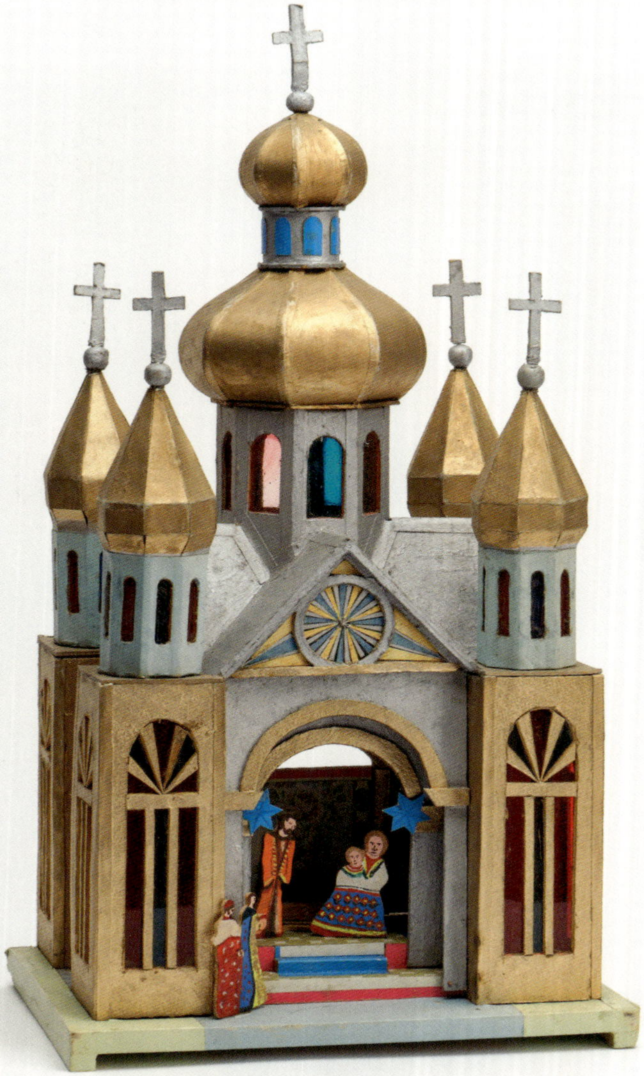

Ukraine
Stanislaw Paczynski
Kirchenkrippe
Holz, Pappe, Papier
65 x 33,5 x 24 cm
Sammlung Würth, Inv. K588
Erworben 2002

Ukraine
Matrjoschkas
Holz
22 x 8 cm
Sammlung Würth, Inv. K753
Erworben 2002

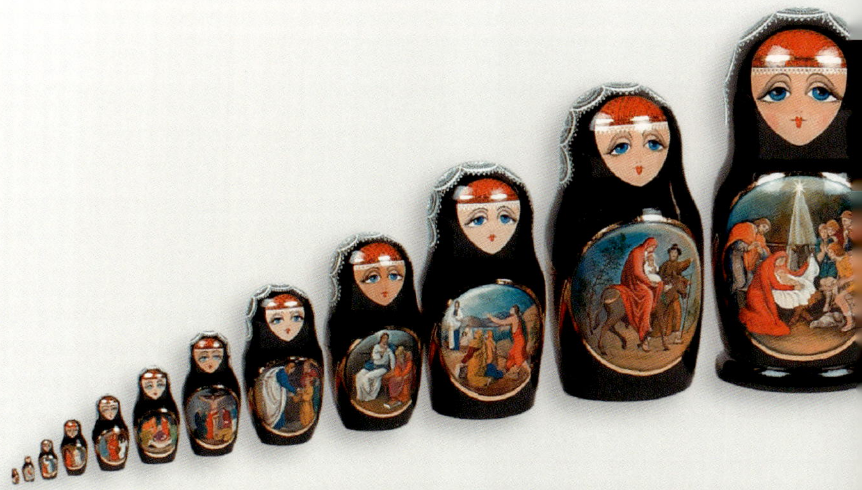

Türkei
Heilige Familie
Textilien
Höhe bis 18 cm
Sammlung Würth, Inv. K791
Erworben 2002

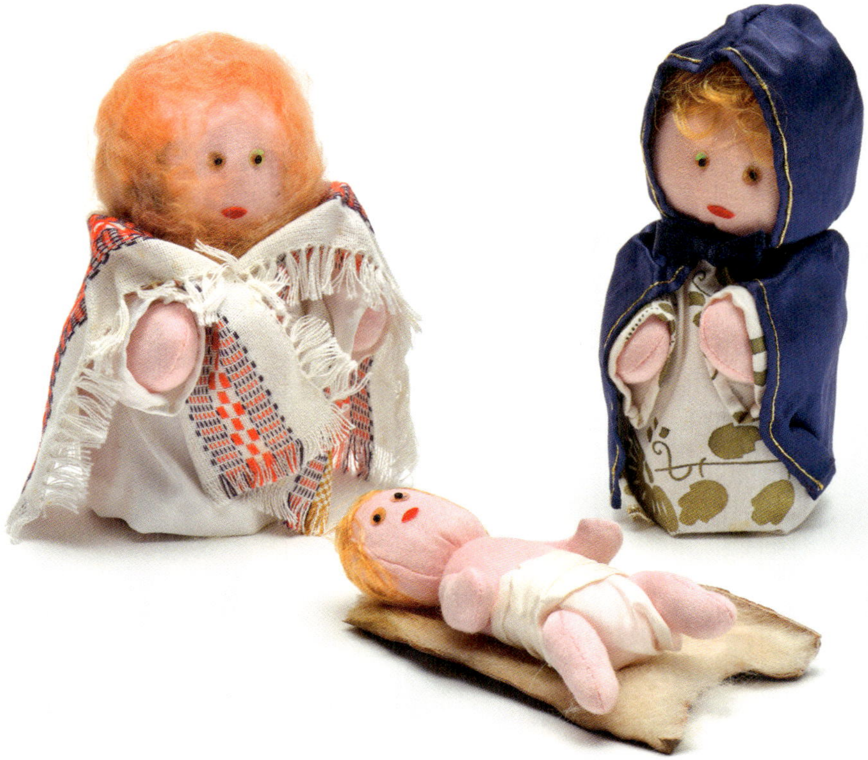

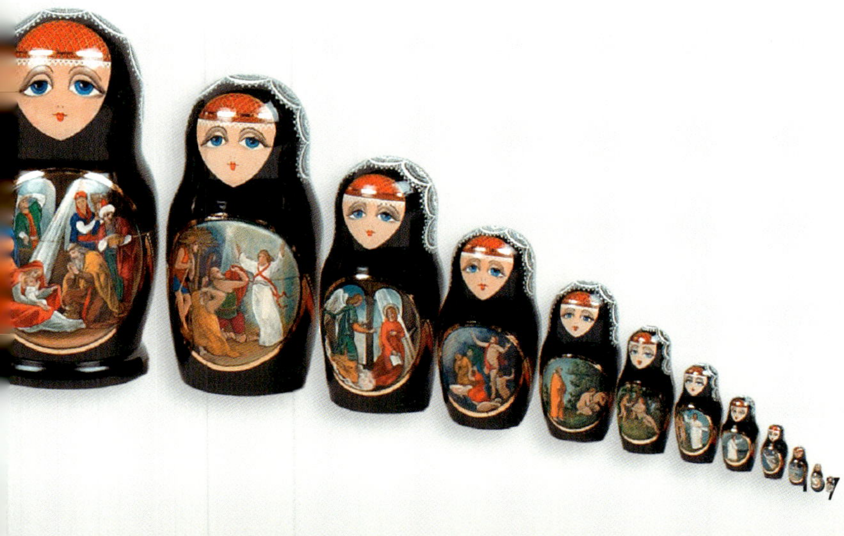

Zypern
Goldene Krippe mit Engeln
Papiermaché, Papier
Höhe Figuren: 24,5 cm
Sammlung Würth, Inv. K735
Erworben 2002

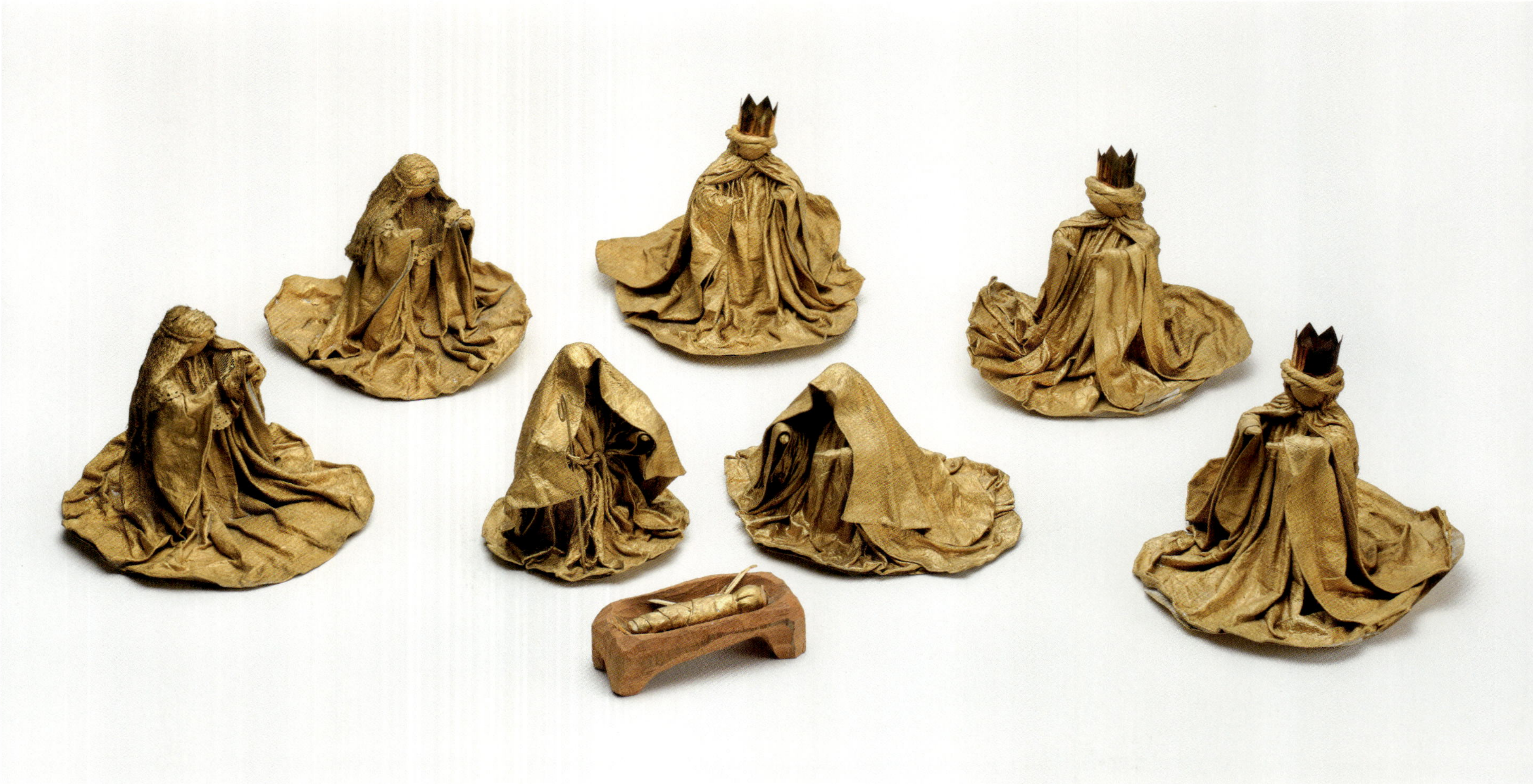

AFRIKA

Aus Afrika hat das Ehepaar Buchholz 79 Krippen aus 36 Ländern in seine Sammlung aufgenommen. Das Spektrum dieses Sammlungsbereichs reicht von handbearbeiteten Steinfiguren aus Marokko über Krippenbilder aus getrockneten Palmblättern und Massai-Krippen bis nach Südafrika mit einer Vielzahl an unterschiedlichen Formen und verwendeten Materialien.

Die Krippen stammen sowohl aus den koptischen Gebieten im Nordosten des Kontinents mit langer christlicher Tradition als auch aus Ländern, die durch europäische Missionarinnen und Missionare zum Christentum bekehrt wurden. Viele Krippen wurden in Werkstätten von Missionsschulen geschaffen wie etwa die zweifarbigen Holzkrippen aus Rosen- und Palmenholz. Die koptischen Zeichnungen auf Ziegenleder weisen in ihrer Art der Darstellung Ähnlichkeiten mit orthodoxen Ikonen auf, was sich zurückführen lässt auf die gemeinsamen Wurzeln im frühen apostolischen Christentum. In der Sammlung sind Werke von Tadesse Wolde Aregay und Alemayehu Bizuneh vertreten, die sich dem altägyptischen Stil mit seinen leuchtenden Farben verschrieben haben.

Bei Krippen aus dem christianisierten Raum Afrikas wird deutlich, dass sich der Blickwinkel afrikanischer Christinnen und Christen von europäischen Vorstellungen gelöst hat. Sie haben das Weihnachtsgeschehen immer mehr in die eigene Kultur integriert. Das wird nicht allein an der heimischen Tierwelt (Elefant, Nilpferd, Warzenschwein u. s. w.) deutlich, sondern auch an landestypischer Kleidung und entsprechendem Lebensstil.

In der Krippenkunst dieses Kontinents haben sich besonders die Makonde einen Namen gemacht. Der Bantustamm lebt in Ost- und Südtansania und im Norden Mosambiks. Die Makonde sind für ihre Schnitzkunst und für ihre Krippendarstellungen aus schwarzem, poliertem Ebenholz bekannt.

Nigeria
Thornwood-Krippe
Palmen- und Rosenholz
Höhe bis 10 cm
Sammlung Würth, Inv. K490
Erworben 2002

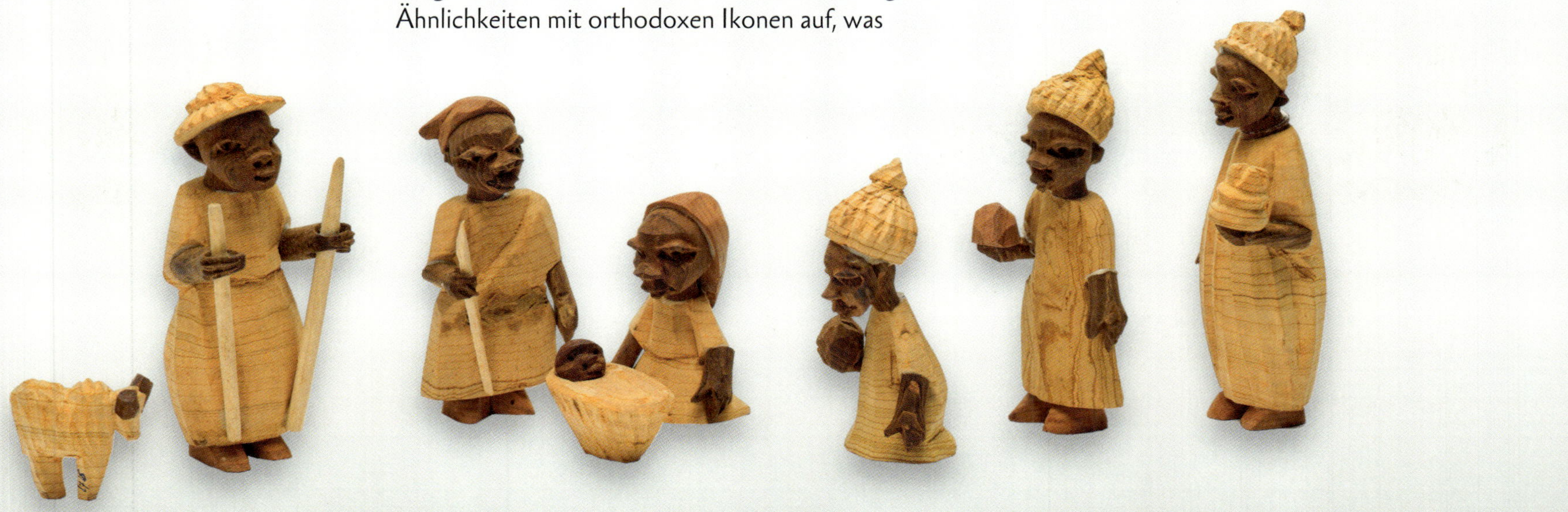

Marokko
Heilige Familie und Prophet
bossierter Speckstein
Höhe bis 24 cm
Sammlung Würth, Inv. K723
Erworben 2002

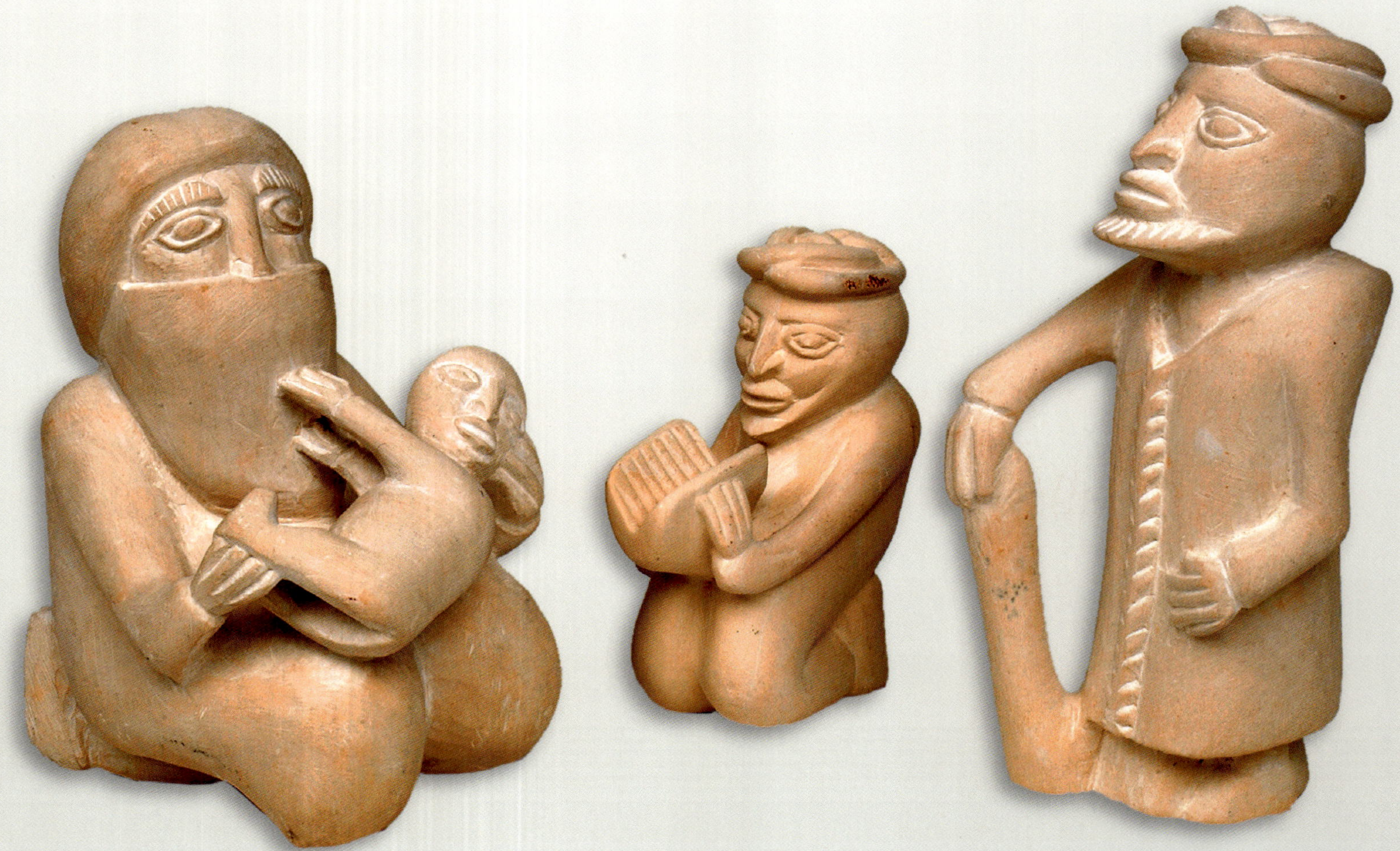

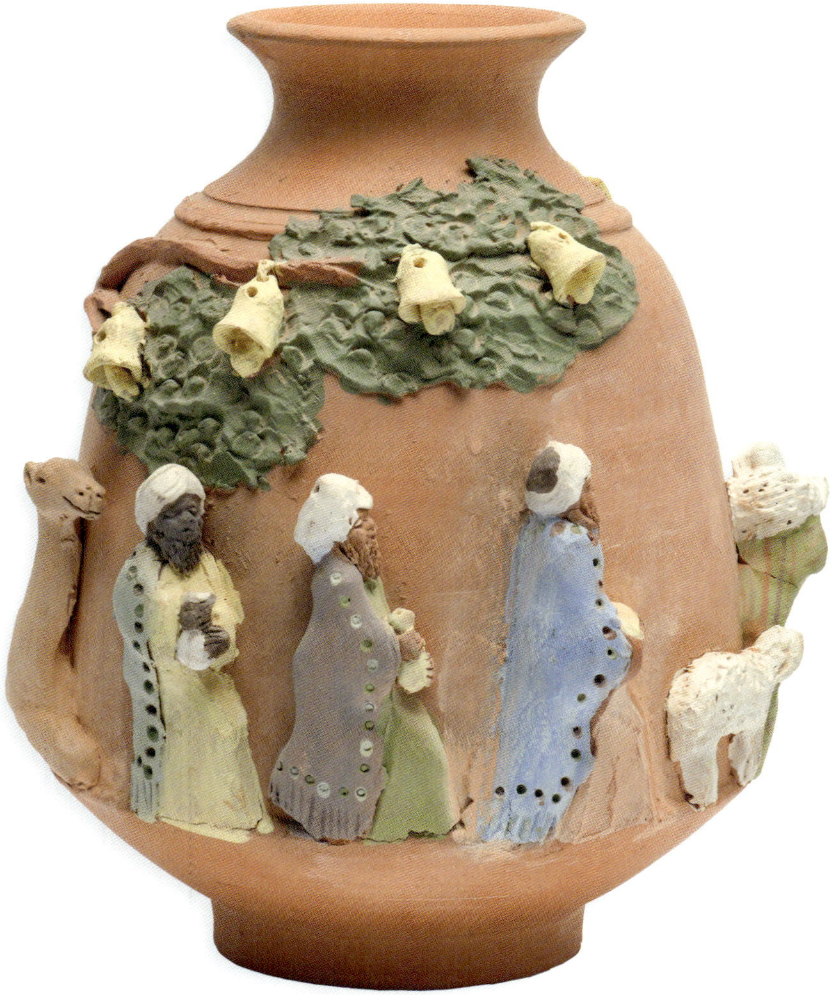

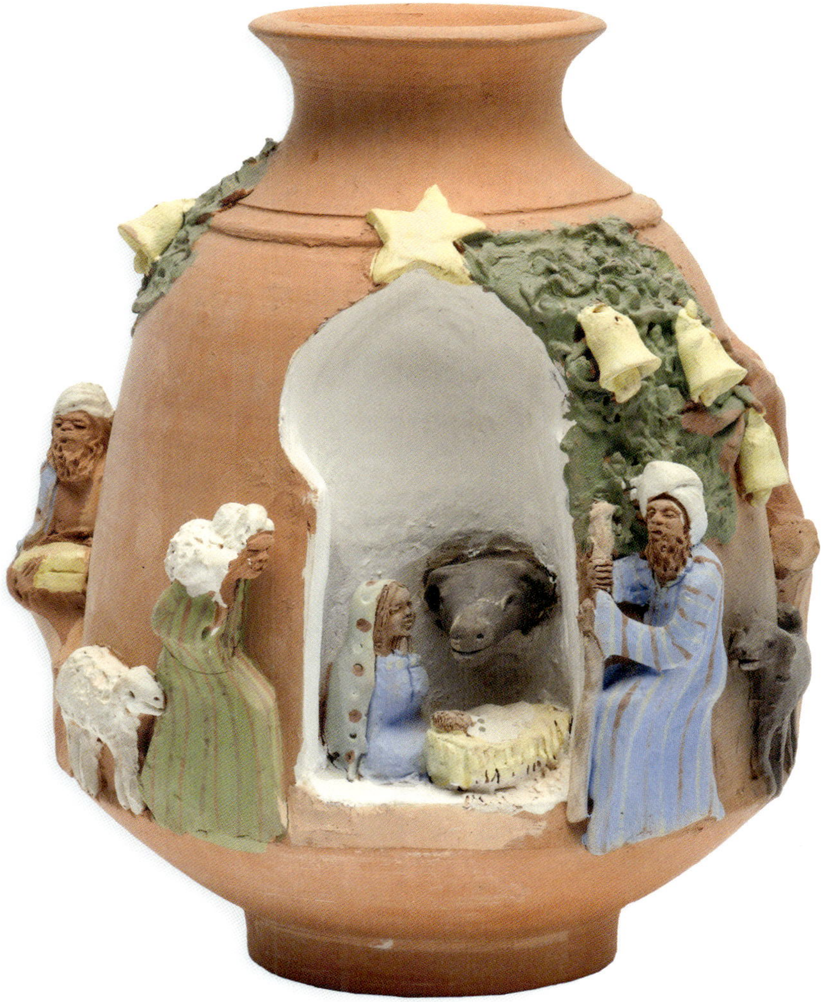

Ägypten
Tonkrug
gebrannter und bemalter Ton
27 x 22 cm
Sammlung Würth, Inv. K764
Erworben 2002

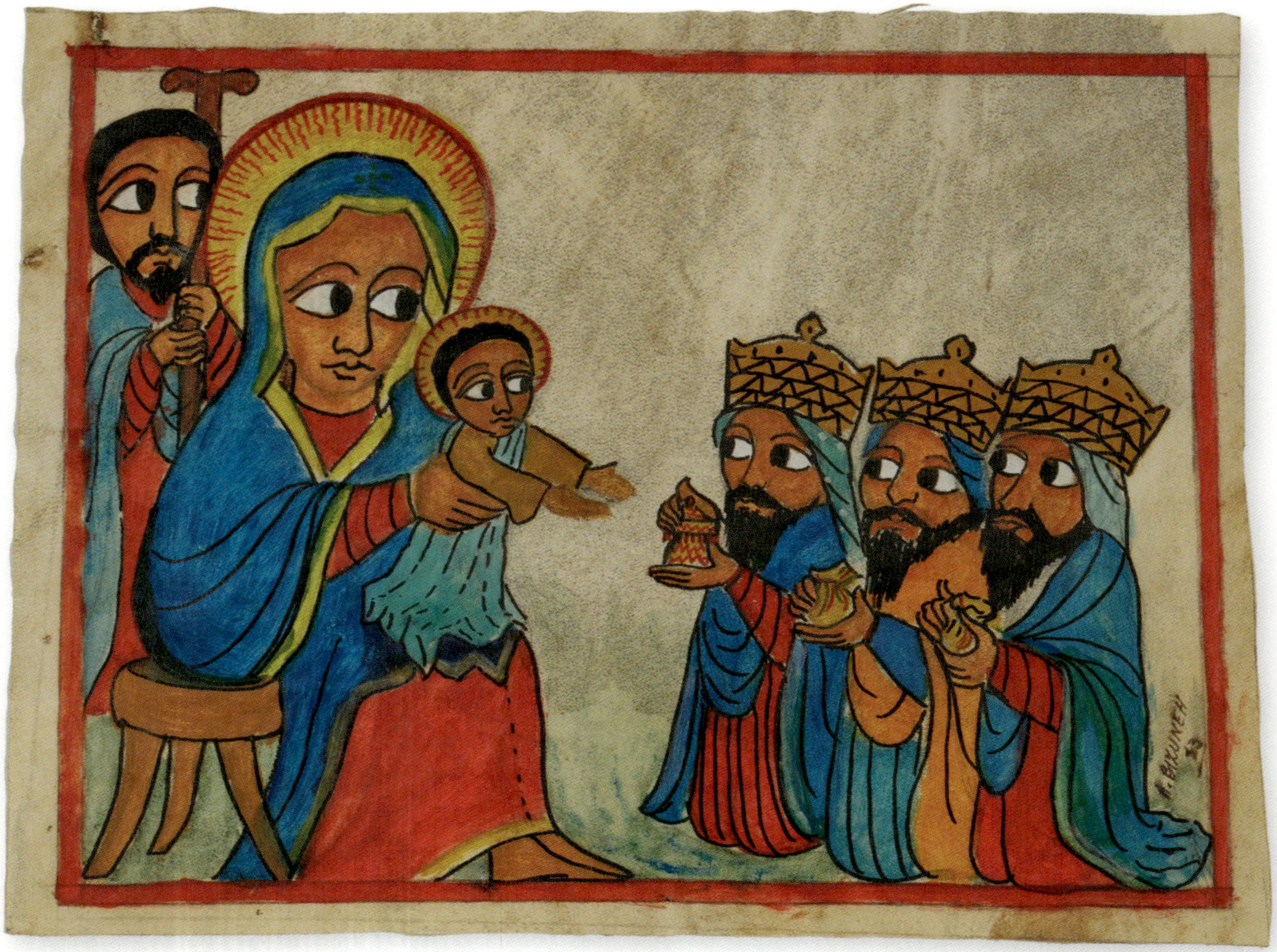

Äthiopien
Alemayehu Bizuneh
Anbetung der Könige
Malerei auf Leder
52 x 60 cm, gerahmt
Sammlung Würth, Inv. K71
Erworben 2002

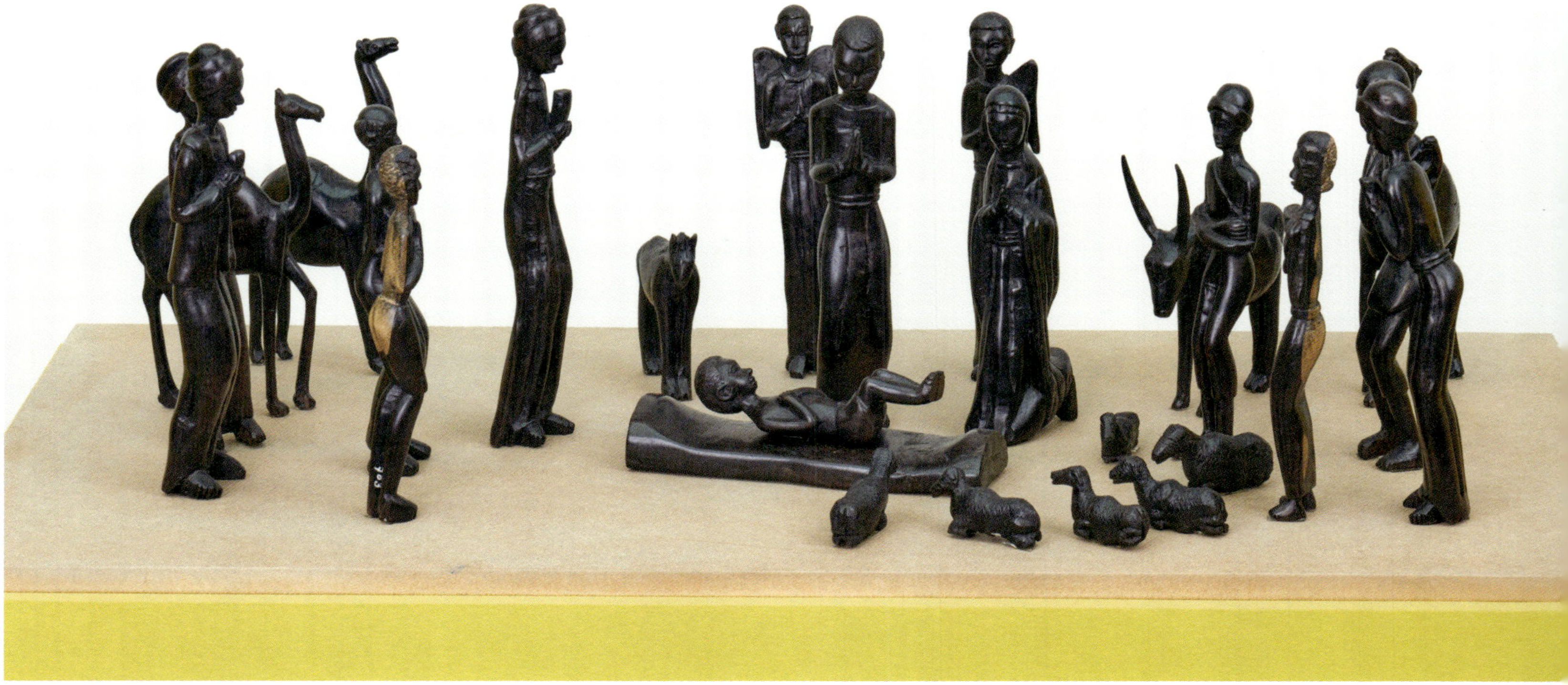

Sudan
Ebenholzkrippe
Ebenholz
Höhe bis 27,5 cm
Sammlung Würth, Inv. K768
Erworben 2002

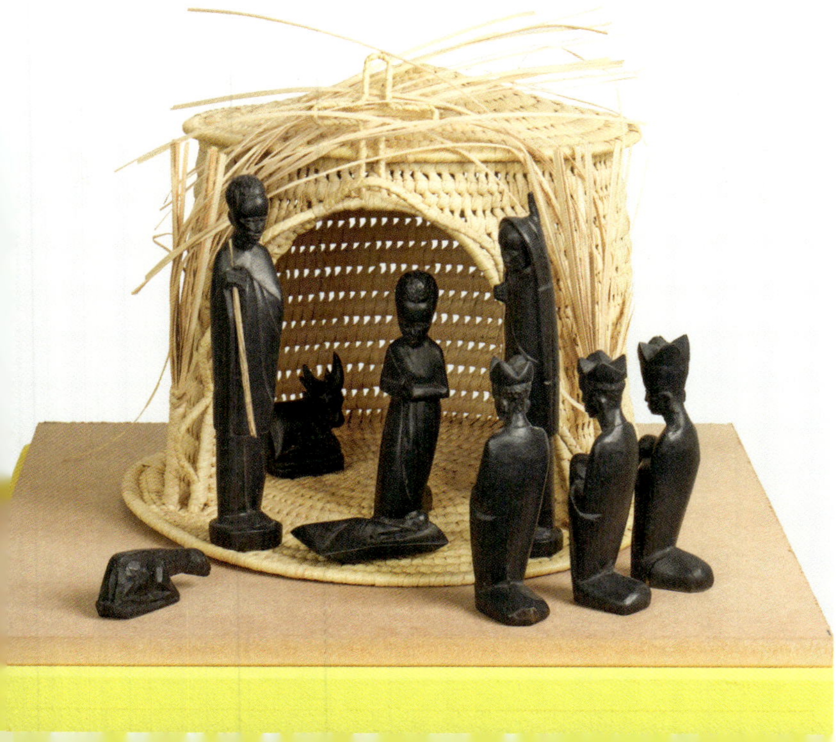

Burundi
Ebenholzkrippe mit Strohstall
Ebenholz, Sisal
Höhe Figuren bis 20,5 cm
Sammlung Würth, Inv. K717
Erworben 2002

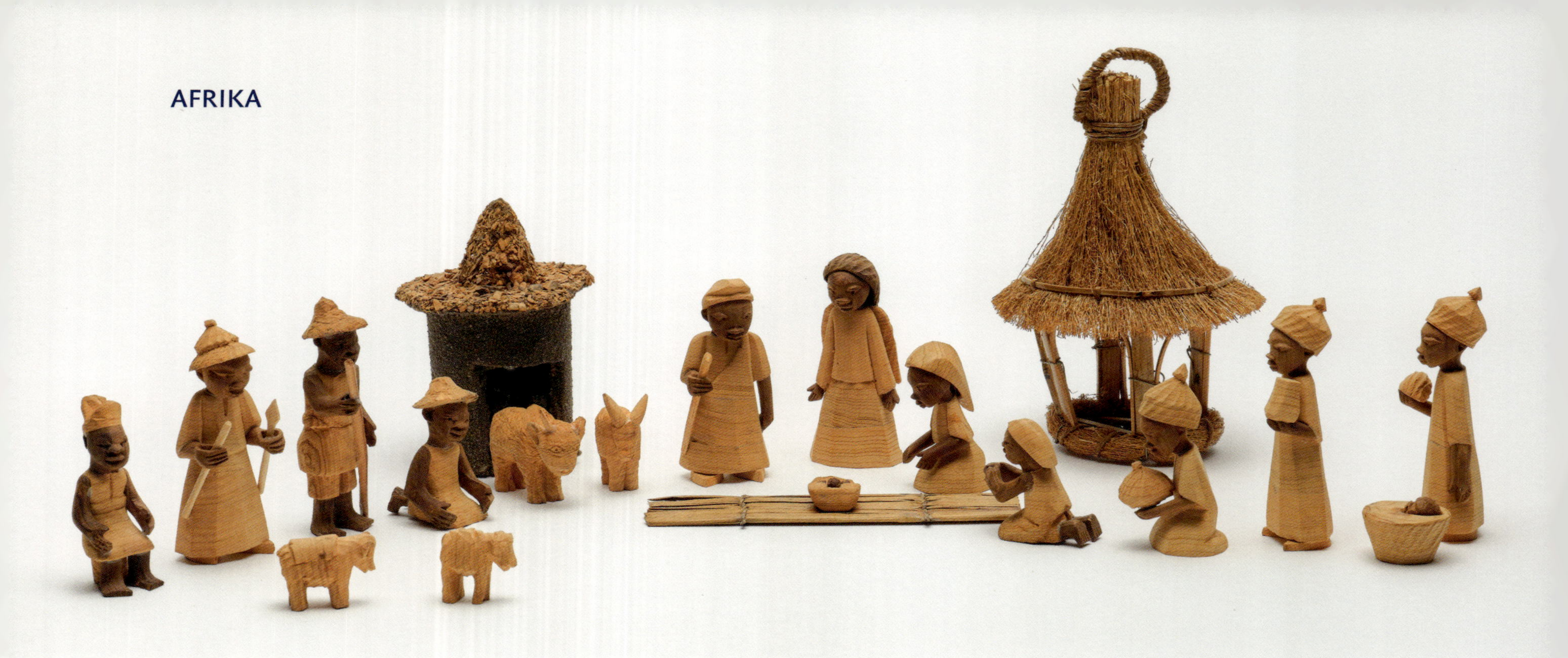

Zentralafrika
Carmel-Krippe
Palmen- und Rosenholz
Höhe bis 10 cm
Sammlung Würth, Inv. K111
Erworben 2002

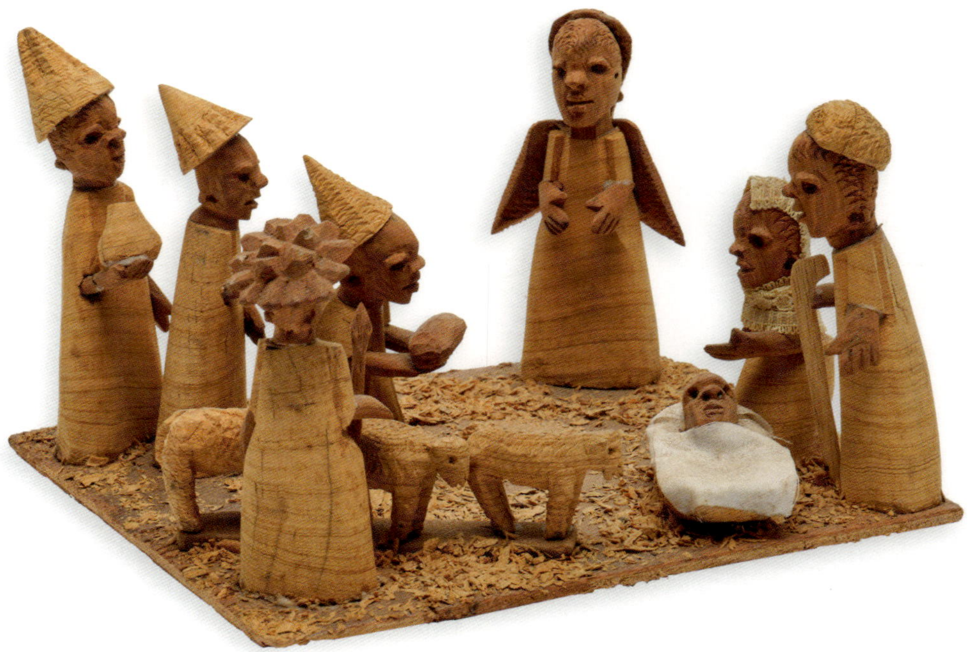

Ghana
Palmenholzkrippe auf Bodenplatte
Palmenholz, Stroh
11 x 17,5 x 16 cm
Sammlung Würth, Inv. K604
Erworben 2002

Togo
Holzkrippe mit Alltagsszenen
Palmen- und Rosenholz
10 x 80 cm
Sammlung Würth, Inv. K616
Erworben 2002

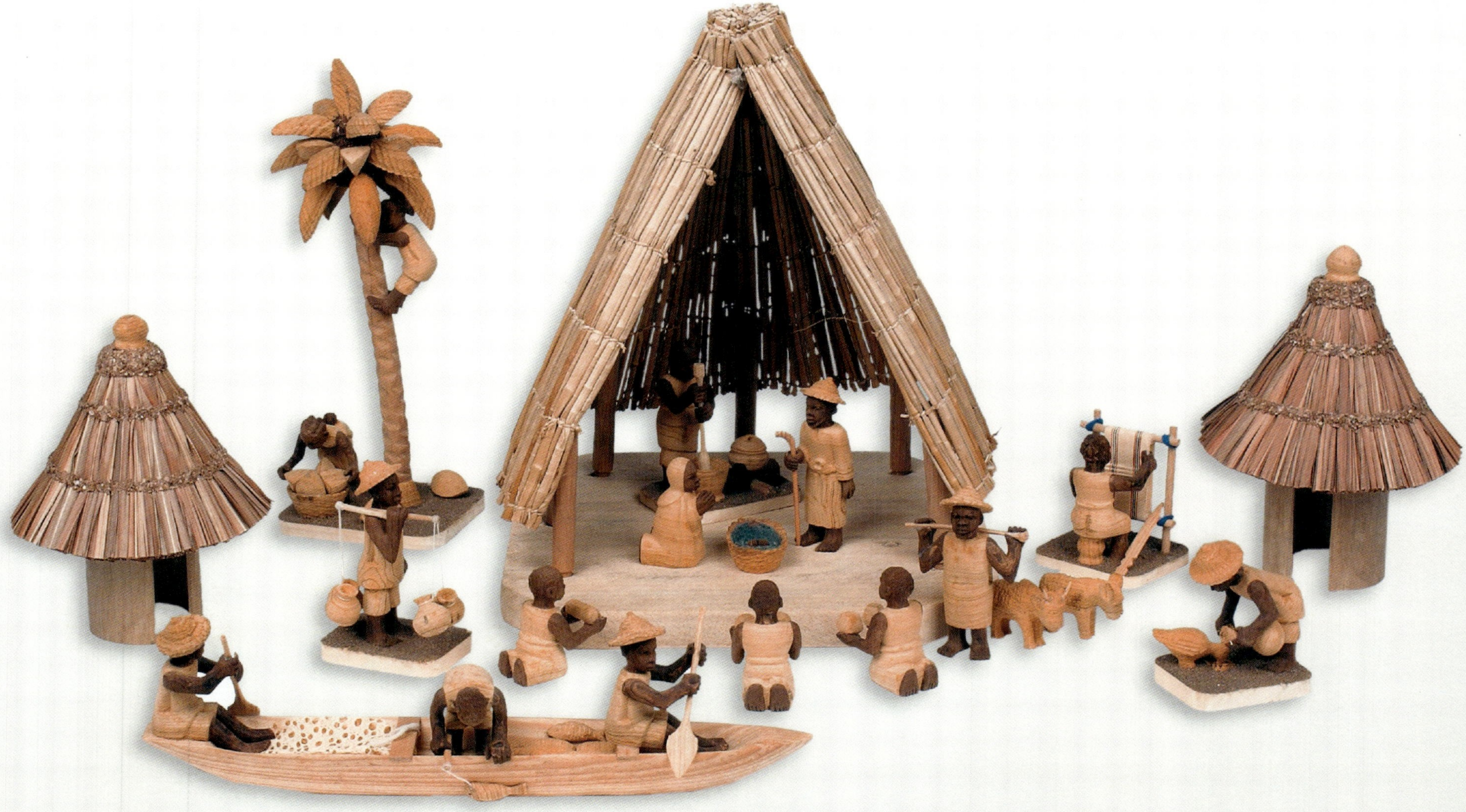

AFRIKA

Burkina Faso
Anbetung in Bronze
Metalle, Bronze
Höhe bis 10,5 cm
Sammlung Würth, Inv. K105
Erworben 2002

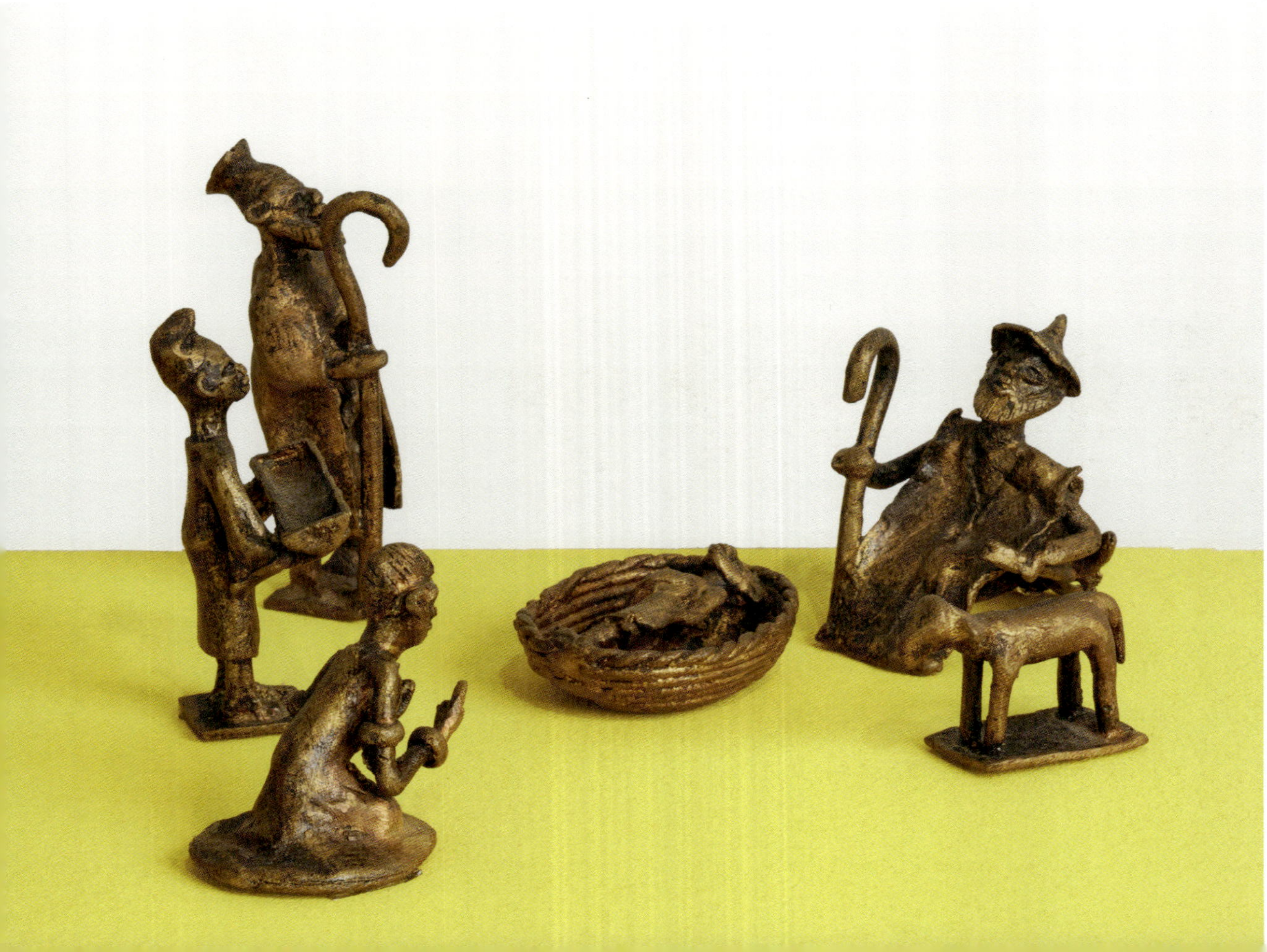

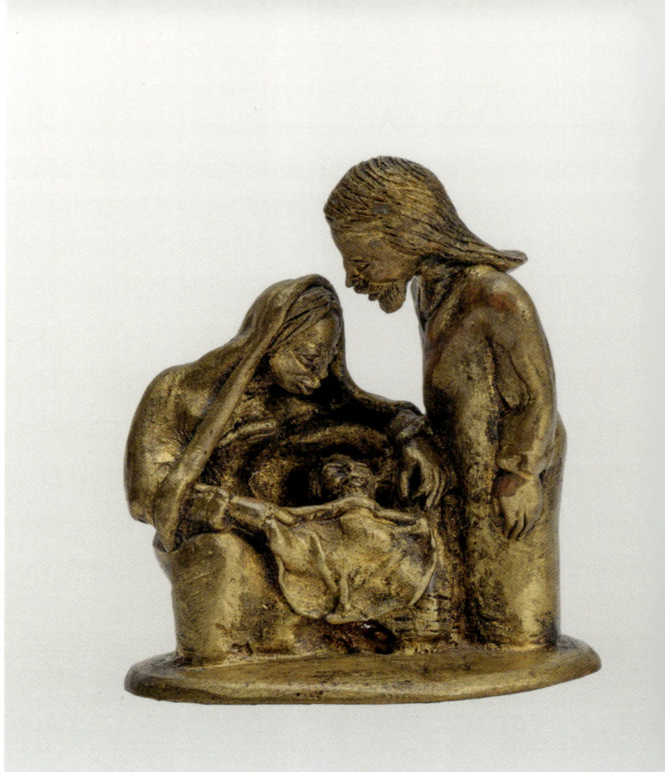

Burkina Faso
Heilige Familie in Bronze
Metalle, Bronze
Höhe 11,7 cm
Sammlung Würth, Inv. K107
Erworben 2002

Malawi
Blockrelief
gebrannter und glasierter Ton
12 x 22 x 11 cm
Sammlung Würth, Inv. K795
Erworben 2002

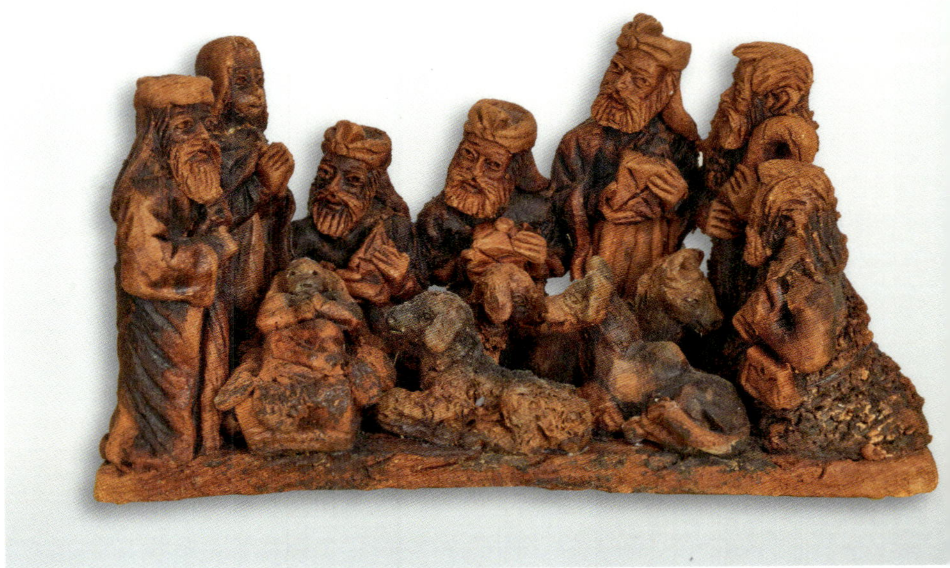

Kamerun
Tonkrippe aus Kamerun
gebrannter und glasierter Ton
Höhe bis 19,8 cm
Sammlung Würth, Inv. K767
Erworben 2002

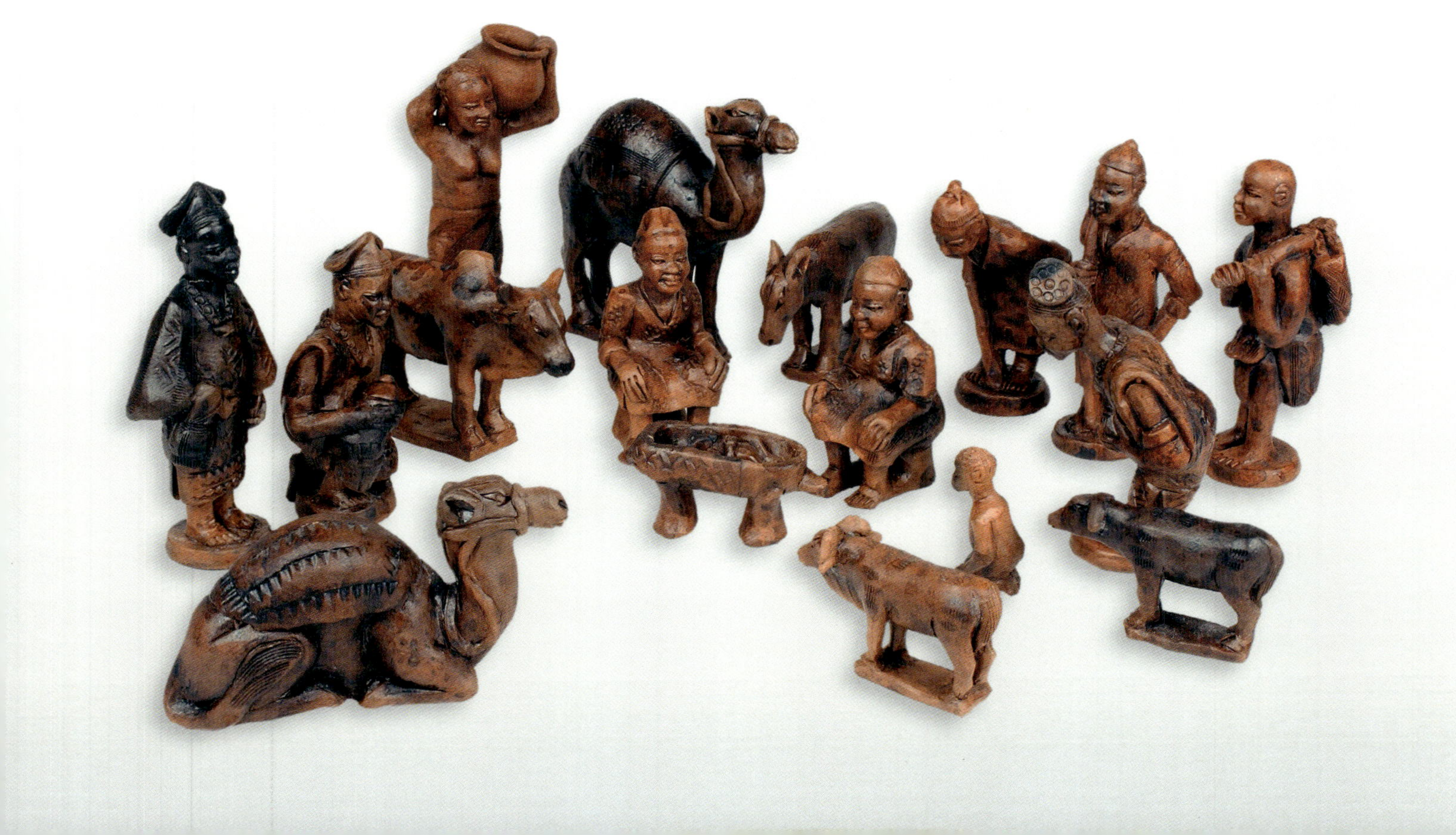

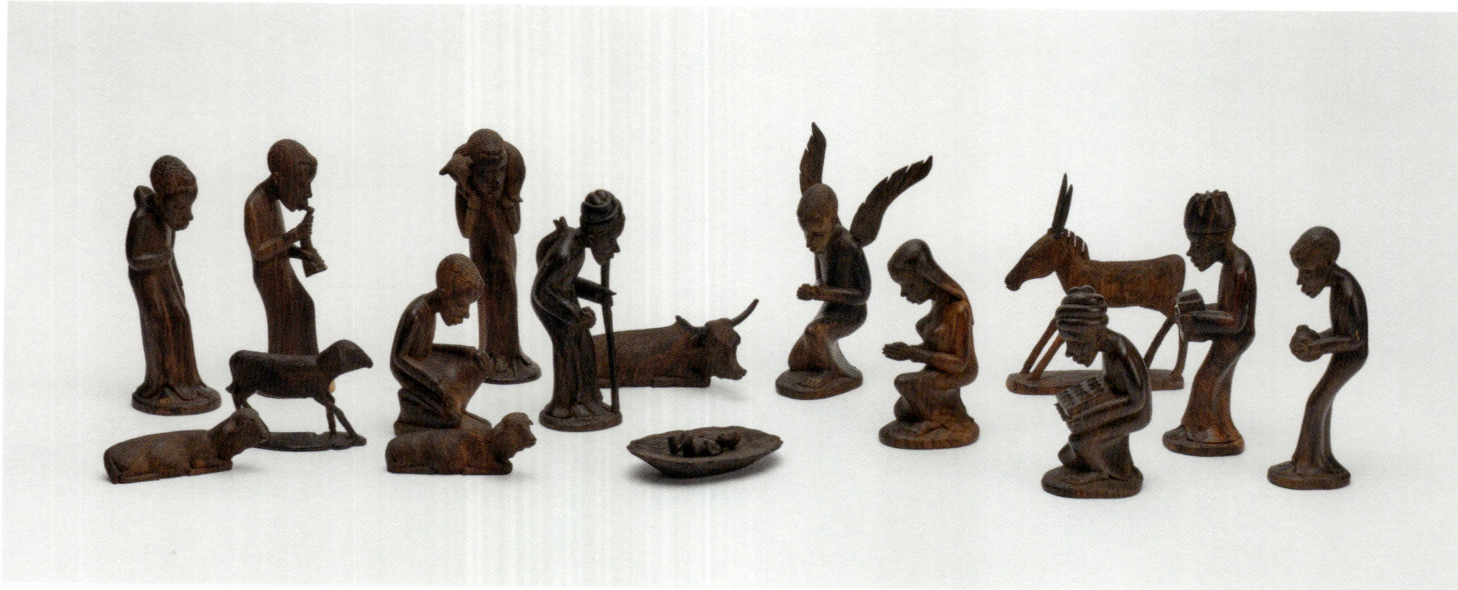

Tansania
Anbetungsszene
Ebenholz
Höhe bis 22,5 cm
Sammlung Würth, Inv. K607
Erworben 2002

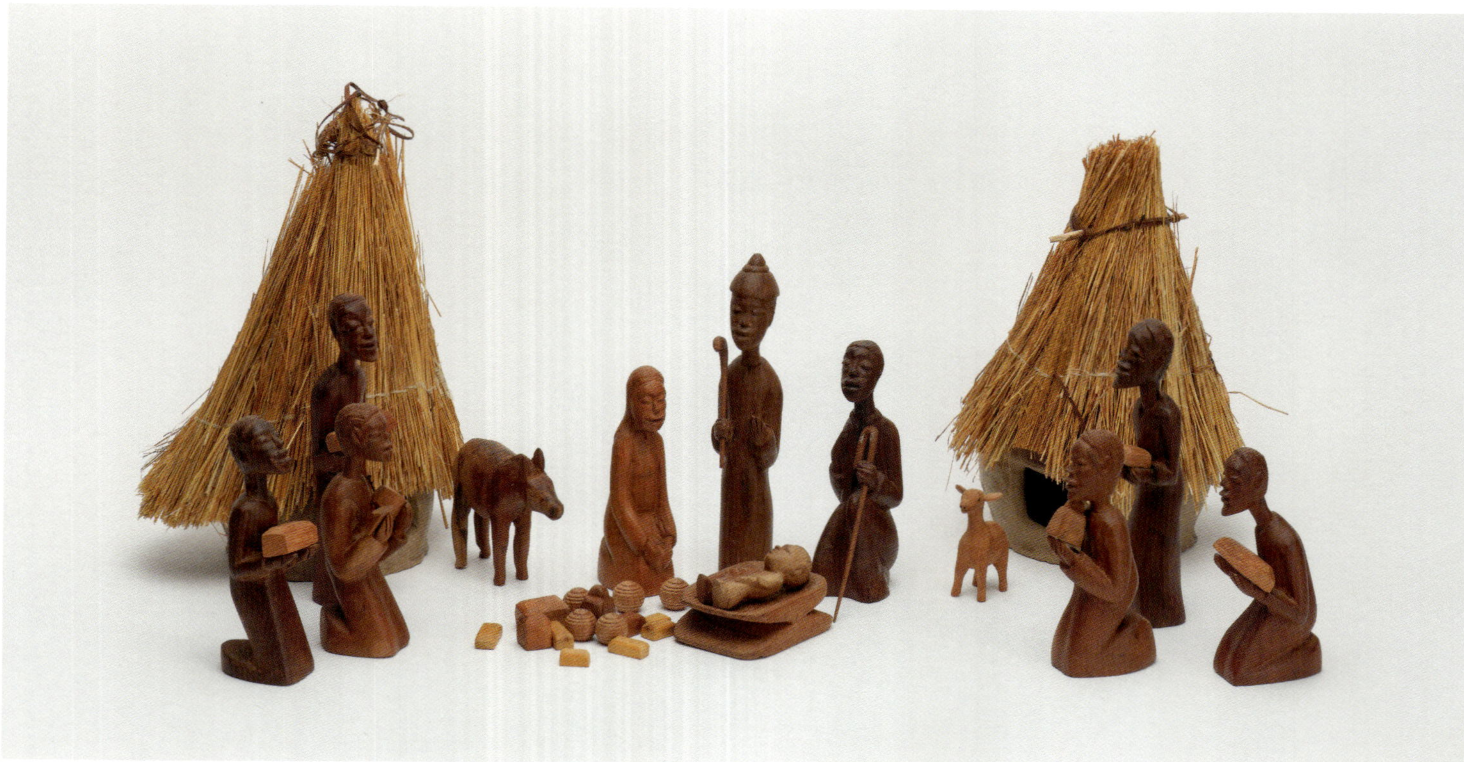

Tschad
Gabenbringer
Holz, Stroh
Höhe bis 24 cm
Sammlung Würth, Inv. K719
Erworben 2002

Tansania
Heilige Familie in Elfenbein
Elfenbein
5 × 4,5 × 1,5 cm
Sammlung Würth, Inv. K610
Erworben 2002

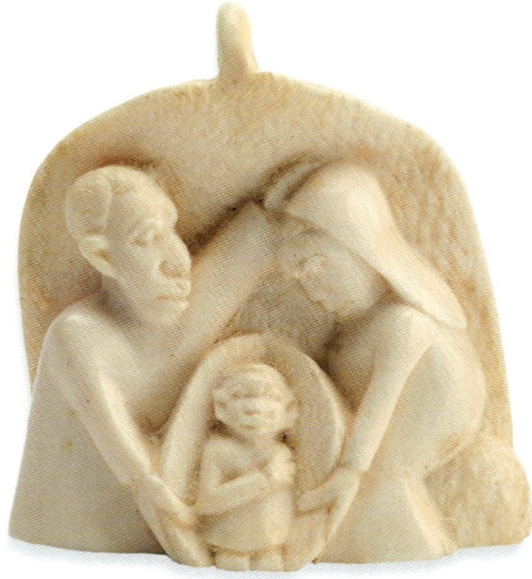

Tansania
Anbetung
bossierter Speckstein
Höhe bis 12,7 cm
Sammlung Würth, Inv. K817
Erworben 2002

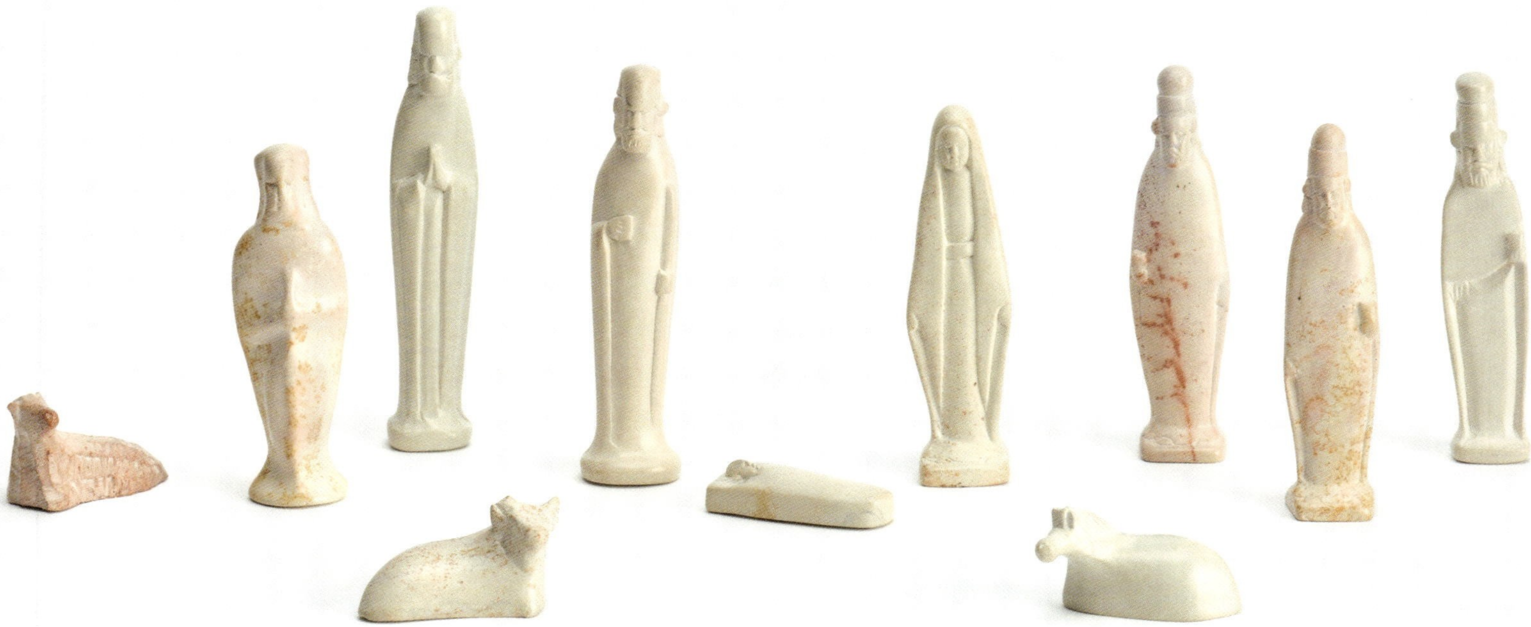

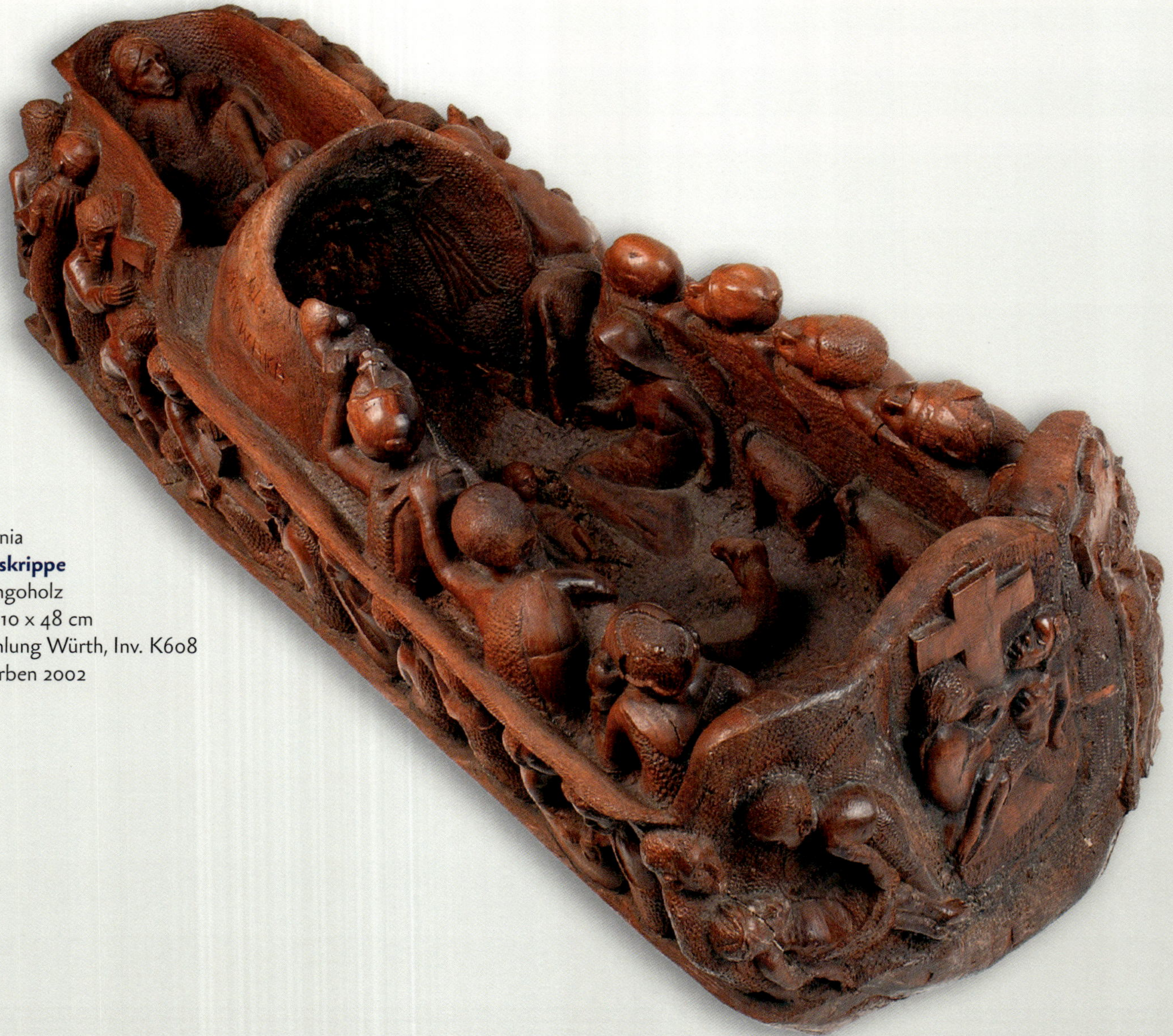

Tansania
Bootskrippe
Mkongoholz
37 x 110 x 48 cm
Sammlung Würth, Inv. K608
Erworben 2002

Ruanda
Spitzhütten-Krippe
Mningaholz
32 x 22 cm
Sammlung Würth, Inv. K870
Erworben 2002

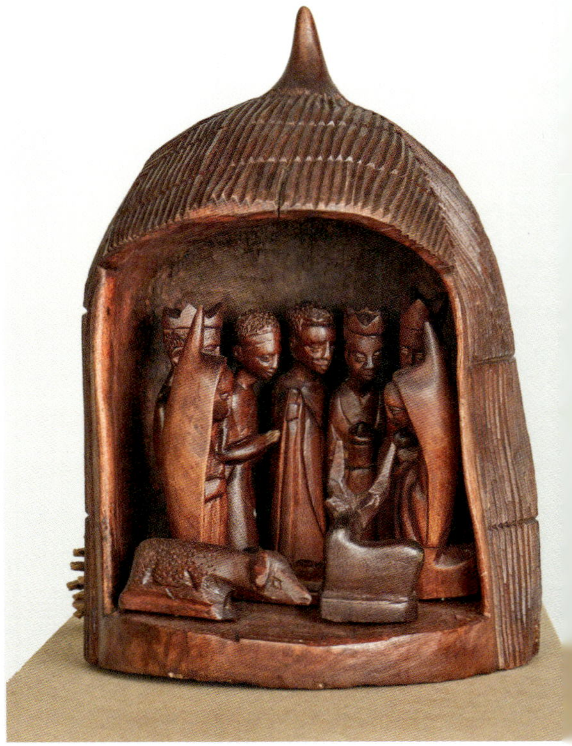

Ruanda
Kapuzenmantel-Krippe
gebeiztes Lindenholz
Höhe bis 23 cm
Sammlung Würth, Inv. K576
Erworben 2002

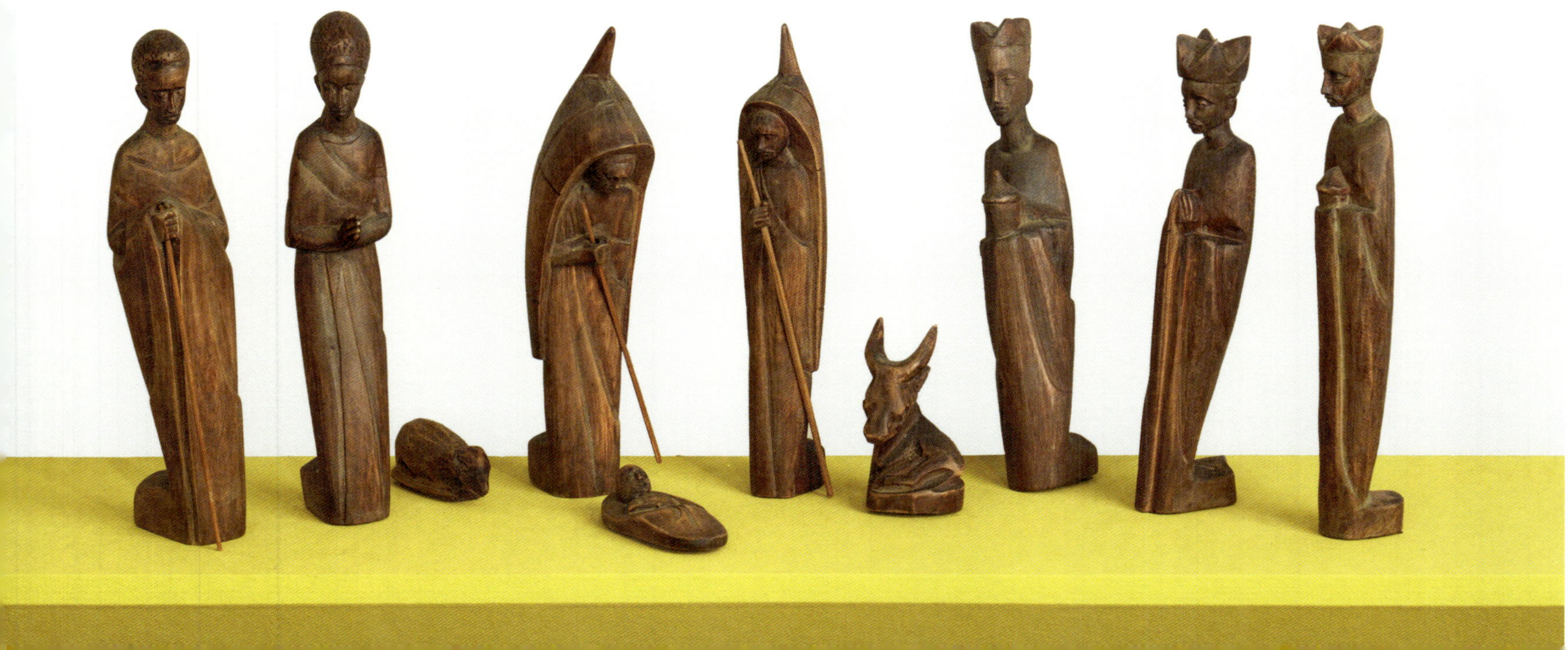

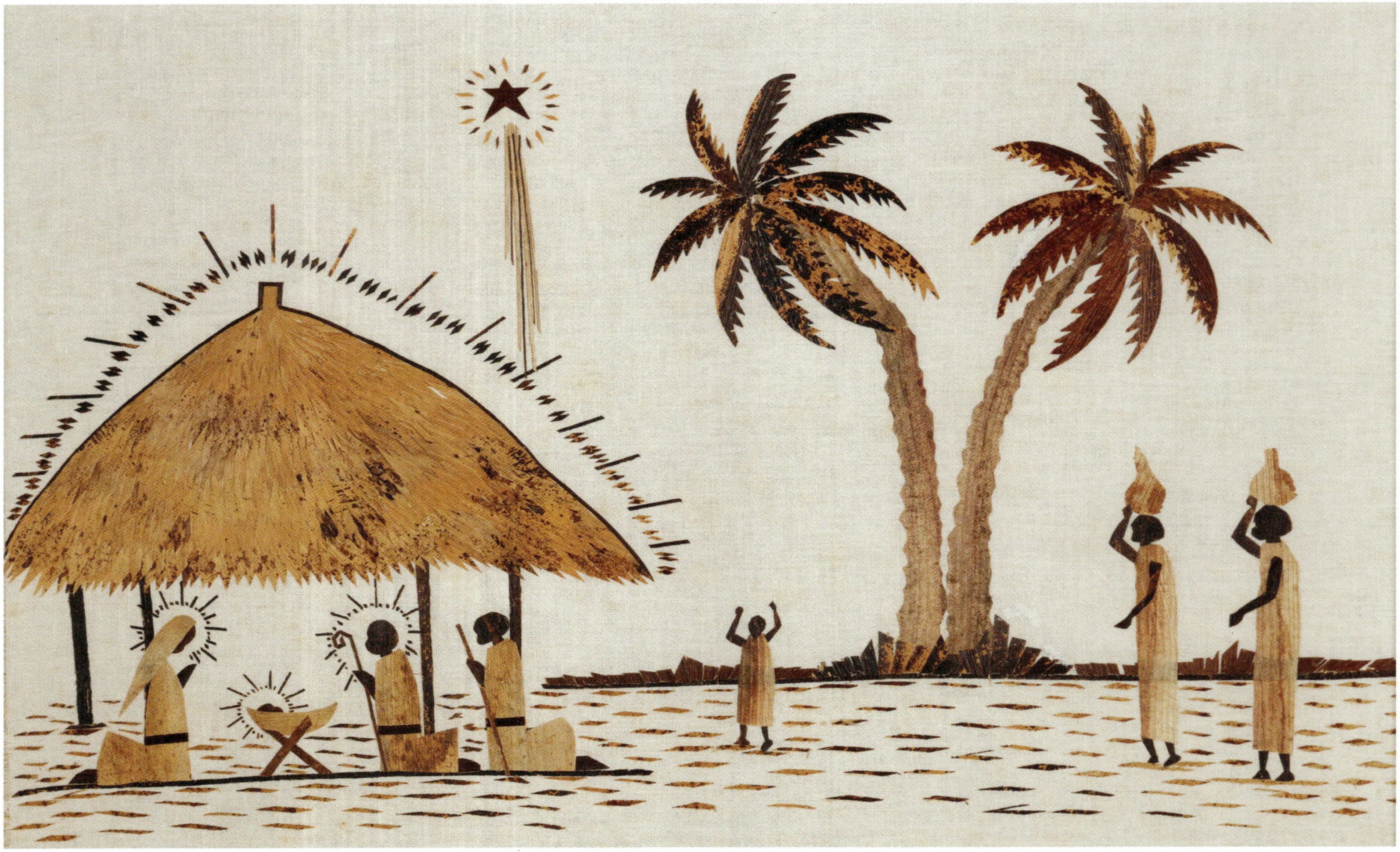

Kenia
Palmenblätter-Krippe
Palmblätter, Leinen
41 x 62 cm, gerahmt
Sammlung Würth, Inv. K442
Erworben 2002

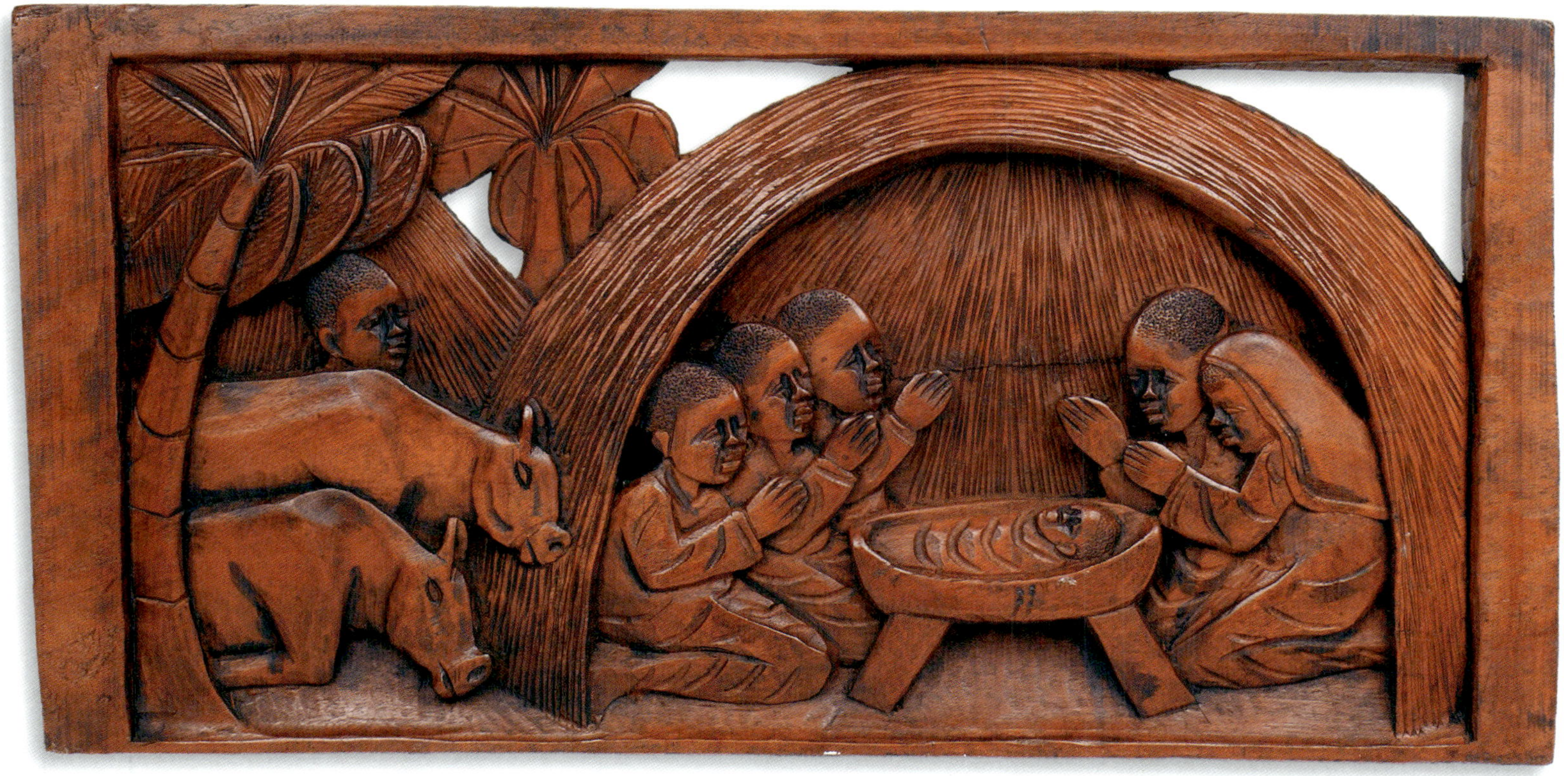

Kenia
Anbetung im Stall
gebeiztes Nussbaumholz
32,5 x 65 x 3 cm
Sammlung Würth, Inv. K445
Erworben 2002

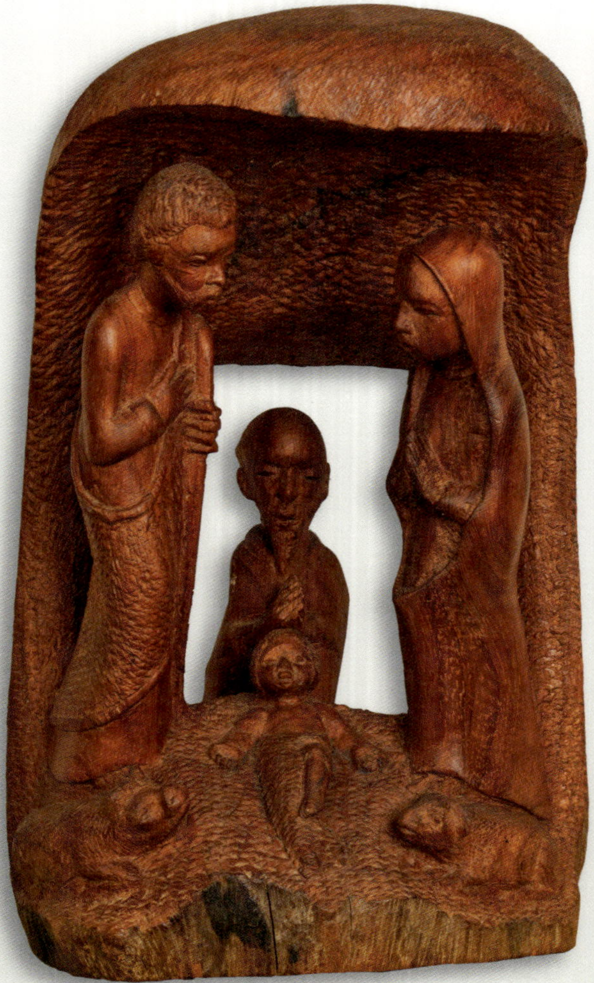

Tansania
Überdachte Anbetungsskulptur
Mningaholz
32,5 x 20 x 12 cm
Sammlung Würth, Inv. K605
Erworben 2002

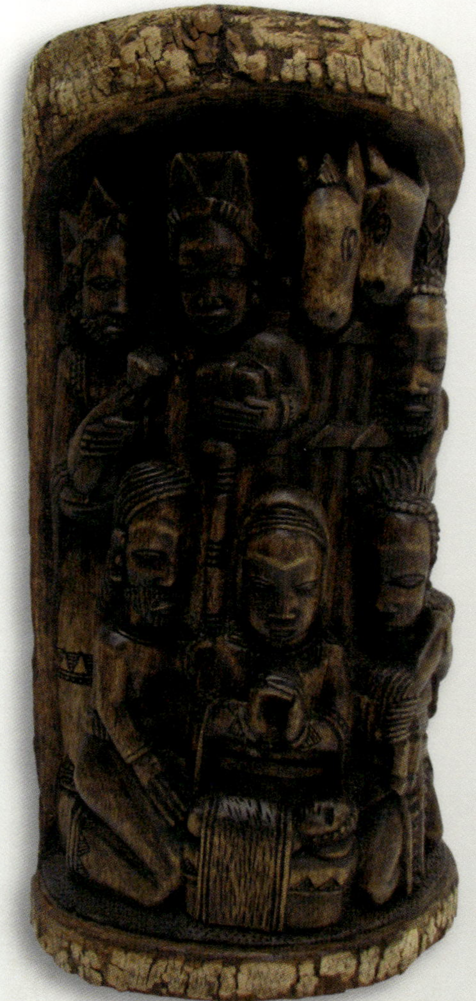

Simbawe
Holzstamm mit Königen
Jacarandaholz
37 x 18 x 12 cm
Sammlung Würth, Inv. K690
Erworben 2002

Südafrika
Krummstab-Krippe
Holz, farbig gefasst
Höhe bis 26,5 cm
Sammlung Würth, Inv. K746
Erworben 2002

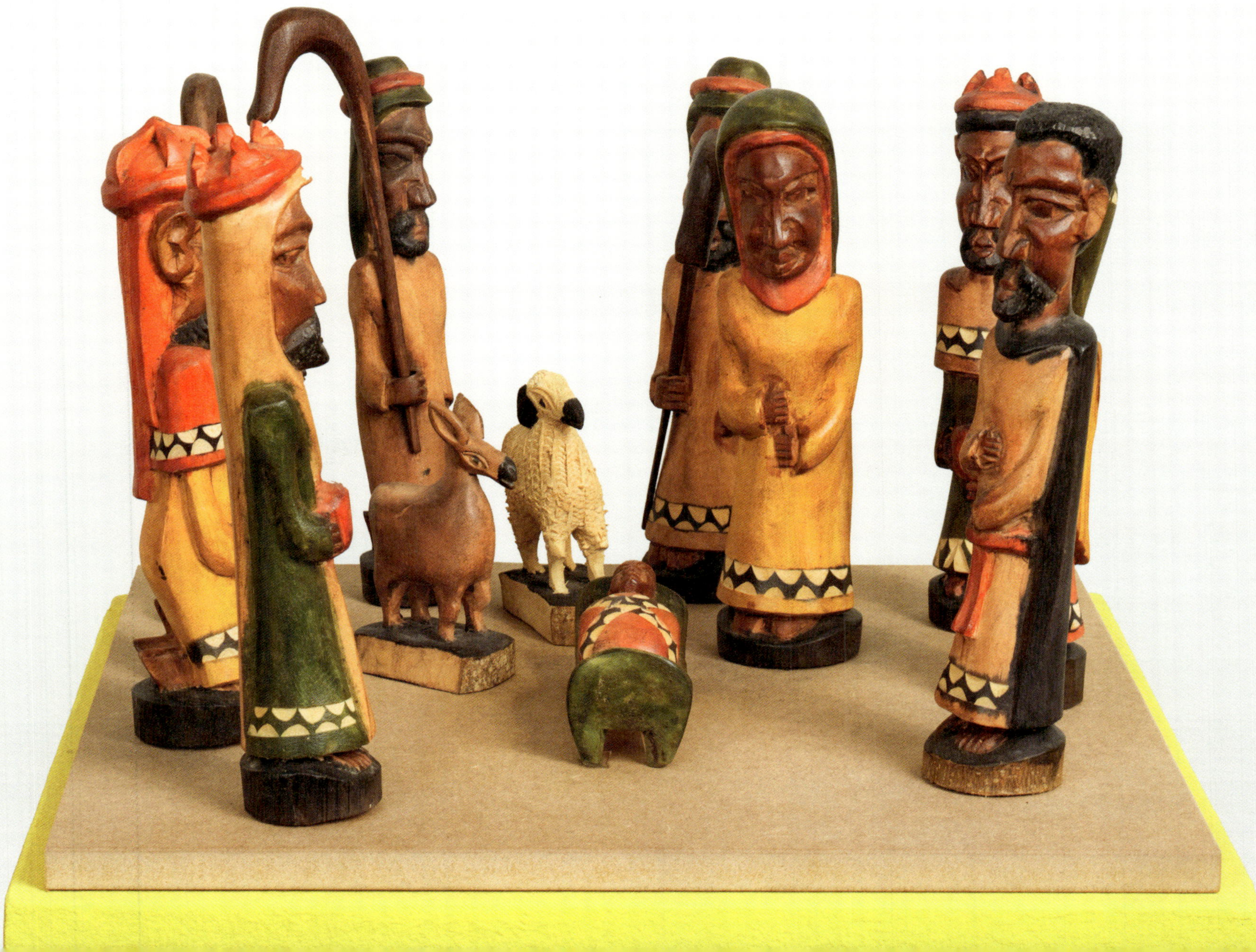

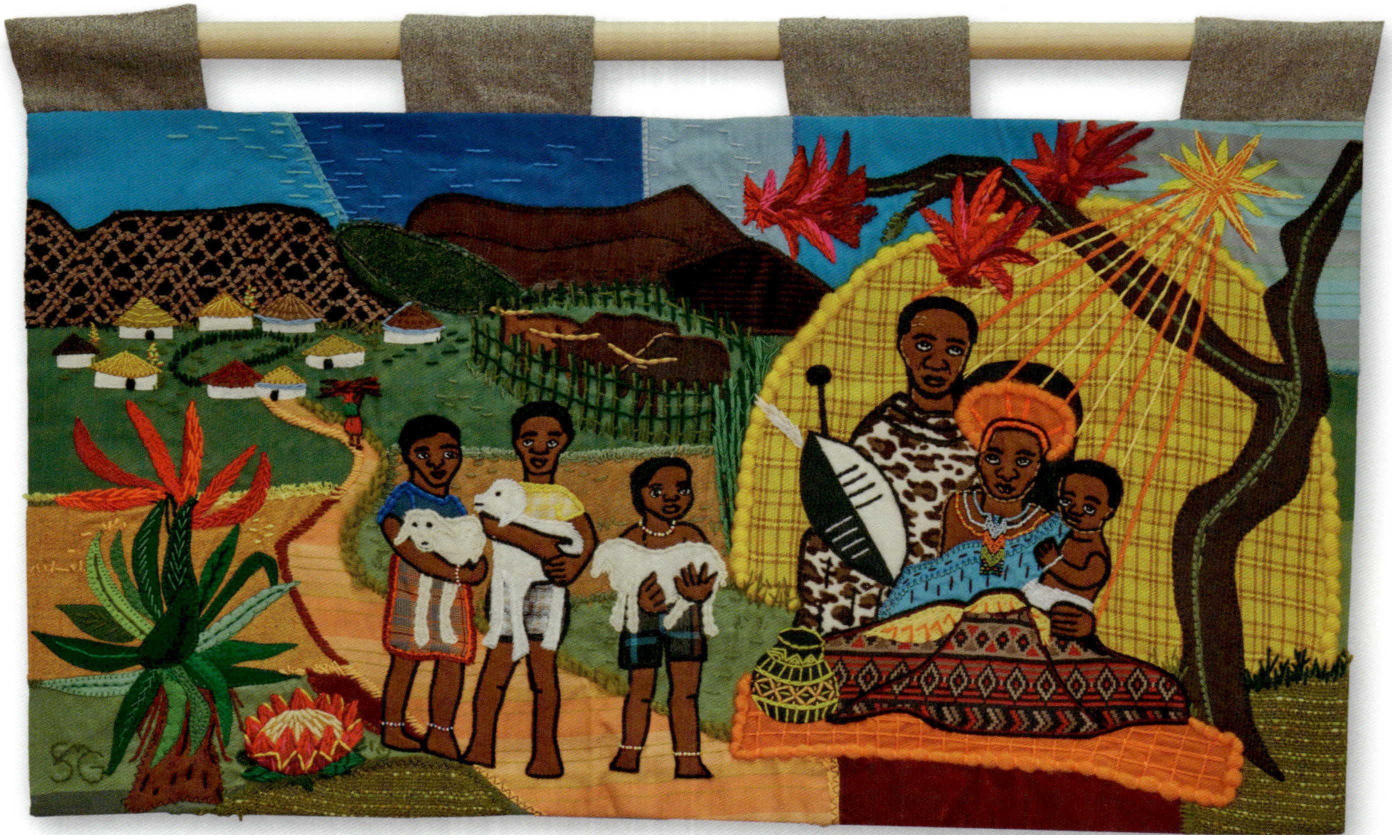

Südafrika
Stickbild mit Hirtenjungen
Baumwolle, Filz
60 x 80 cm
Sammlung Würth, Inv. K602
Erworben 2002

Südafrika
Emaille-Krippe
Emaille
32,5 x 38 cm, gerahmt
Sammlung Würth, Inv. K599
Erworben 2002

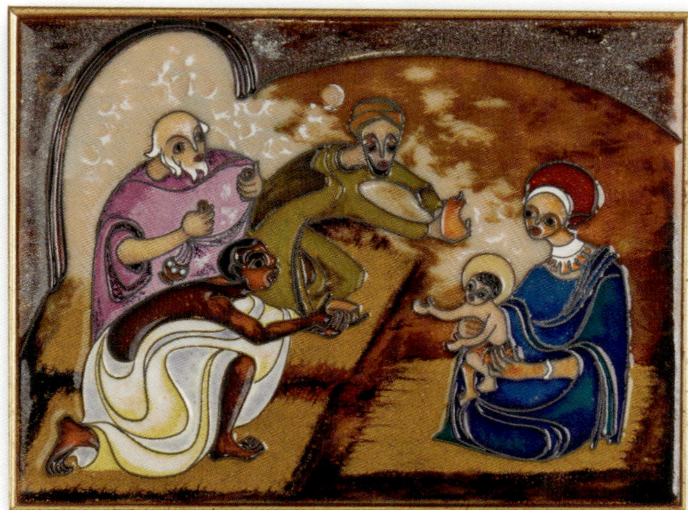

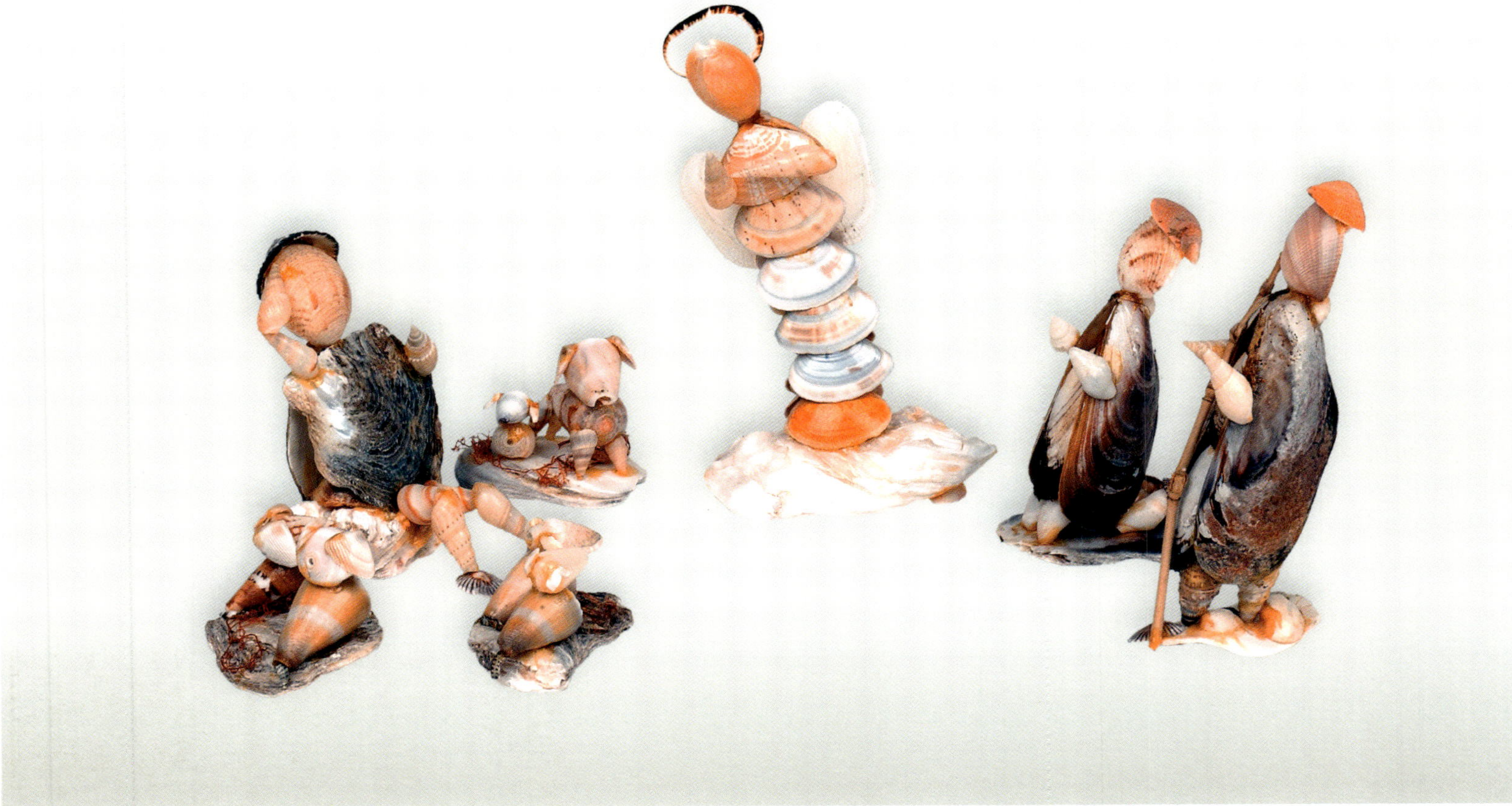

Südafrika
Muschelkrippe
Muscheln
Höhe bis 13 cm
Sammlung Würth, Inv. K745
Erworben 2002

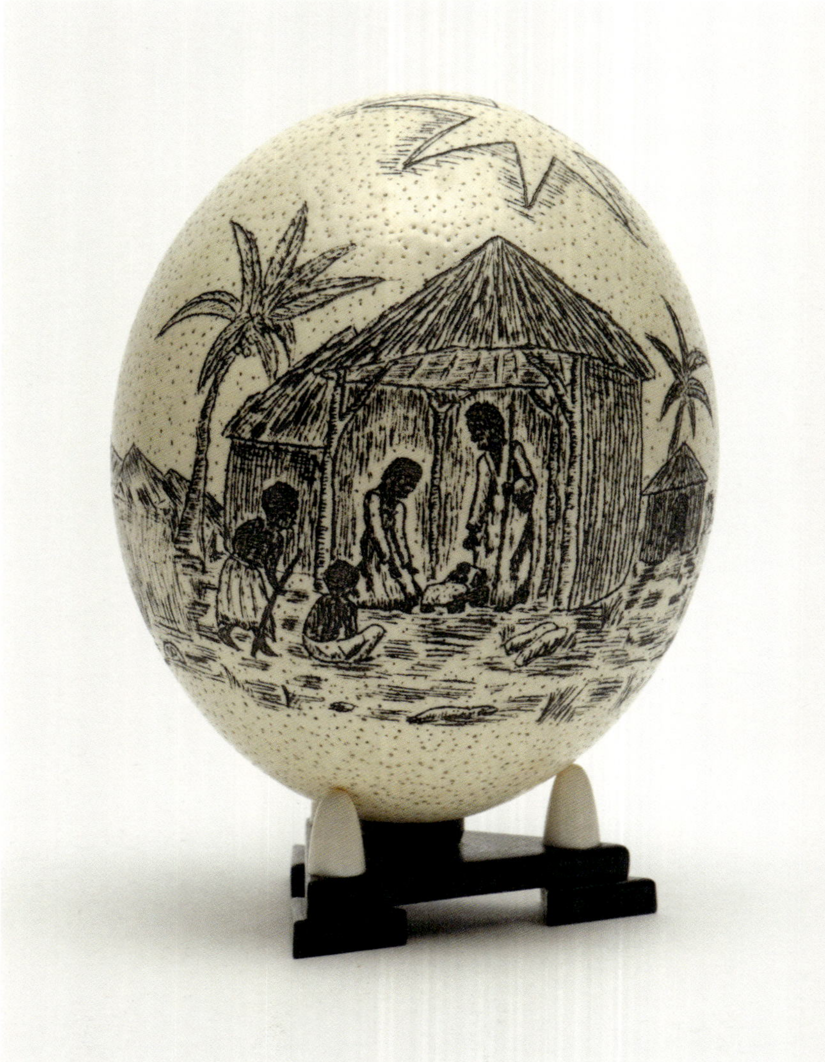

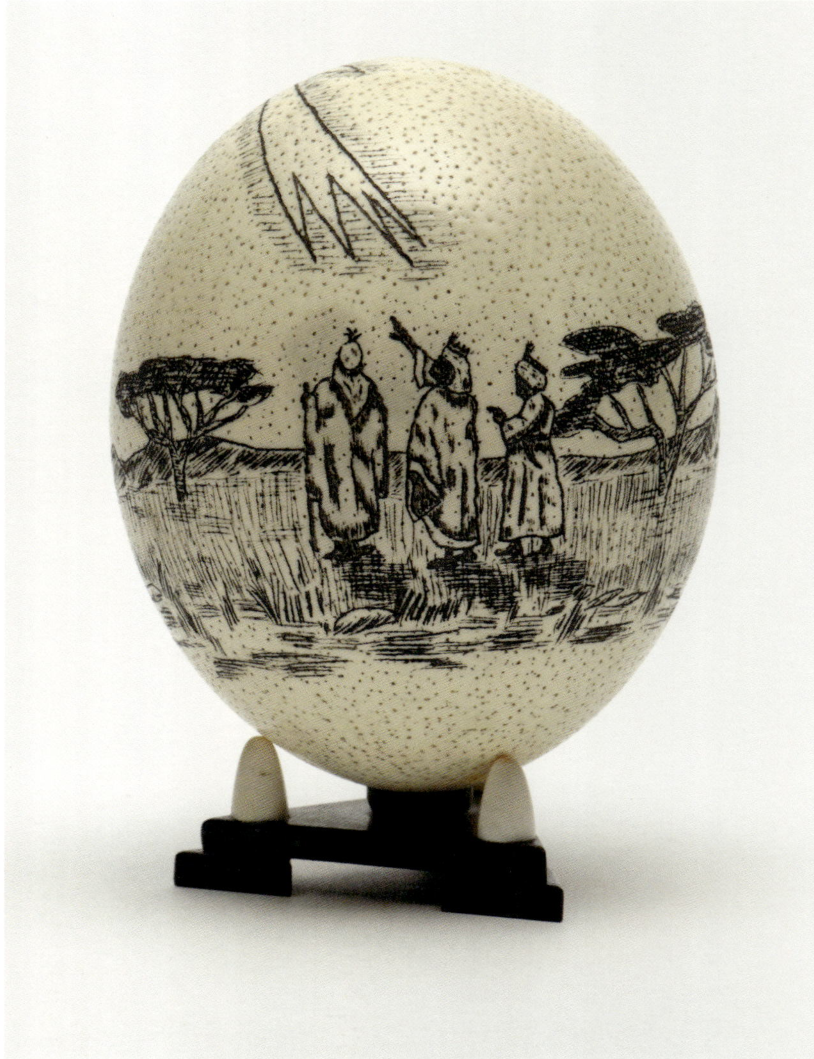

Südafrika
Straußenei mit Szenen der Weihnachtsgeschichte
Straußenei
18 x 11,5 cm
Sammlung Würth, Inv. K693
Erworben 2002

ASIEN / AUSTRALIEN

Asien

In Süd- und Südostasien trafen die europäischen Missionarinnen und Missionare mit ihren Krippen auf alte, fest etablierte Religionen wie den Hinduismus, Buddhismus und Shintoismus, die Lehren des Konfuzius sowie den Islam. Aus dem Zusammenspiel entstanden so auf ganz anderen Wegen als in Afrika und Südamerika Krippen, die kulturelle Elemente beider Seiten verbinden, beispielsweise die Wayang-Figuren des traditionellen indonesischen Schattentheaters als Gestalten der Weihnachtsgeschichte, die figurenreichen Krippe mit hinduistischen Figuren aus Sri Lanka oder aufwendige Origami-Figuren aus Japan. Die meisten in der Sammlung vertretenen Exemplare sind gezielte Auftragsarbeiten des Sammlerehepaars. Besonders hervorzuheben ist die Krippenkultur in Indien, wo schon seit dem 2. Jahrhundert n. Chr. Christen lebten. Hier mischen sich aus dem östlichen Mittelmeerraum stammende Einflüsse mit denen des Subkontinents. Das Ehepaar Buchholz hat hier Beispiele einer vielseitigen Krippenkultur zusammengetragen.

In zentralasiatischen Ländern wie Usbekistan oder Kasachstan wiederum stießen sie auf Exemplare mit Einflüssen der halbnomadischen und muslimisch geprägten Lebensweise.

Im östlichen Mittelmeerraum hingegen finden sich in den Krippendarstellungen urchristliche Traditionen. Krippen aus Syrien, dem Irak, Jordanien und Israel sind häufig aus Olivenholz geschnitzt und konzentrieren sich auf das wesentliche Geschehen.

Australien

Australien ist der einzige Kontinent ohne Krippenkultur, stellte das Sammlerehepaar Buchholz fest. Sie konnten daher nur zwei Krippen von dort in ihre Sammlung integrieren: eine Sammlung gedrechselter und handbemalter Krippenfiguren aus einer Holzspielzeugmanufaktur und eine Auftragsarbeit, die die Flora und Fauna des Kontinents integriert und auch einen Angehörigen der Aborigines an die Krippe treten lässt.

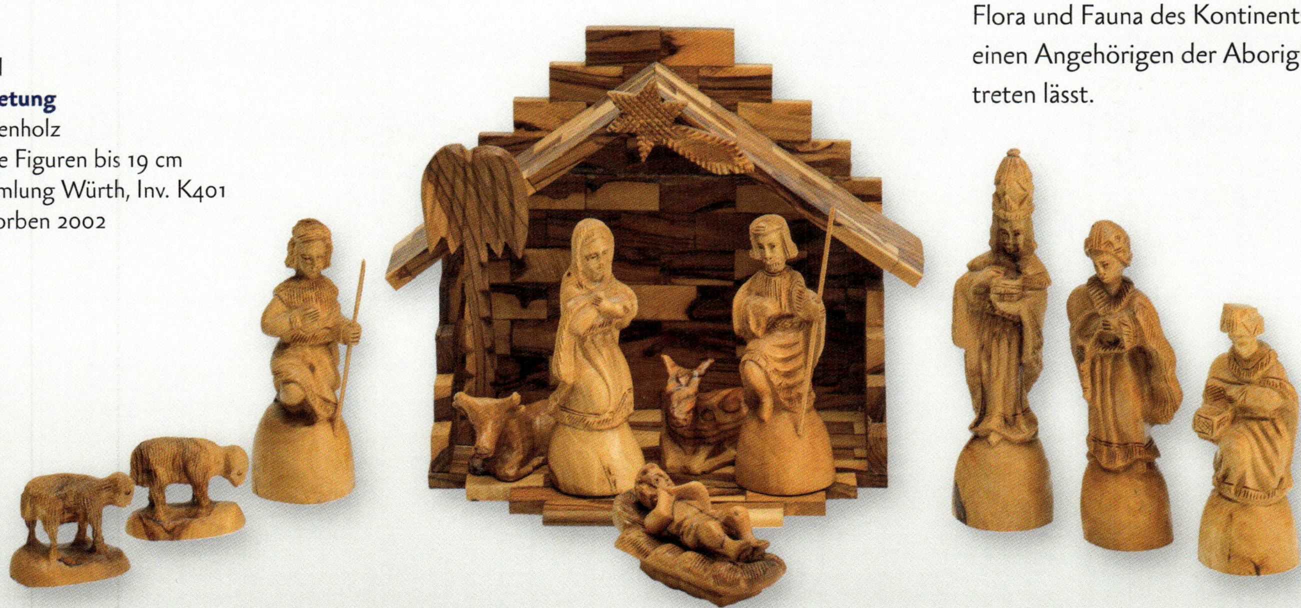

Israel
Anbetung
Olivenholz
Höhe Figuren bis 19 cm
Sammlung Würth, Inv. K401
Erworben 2002

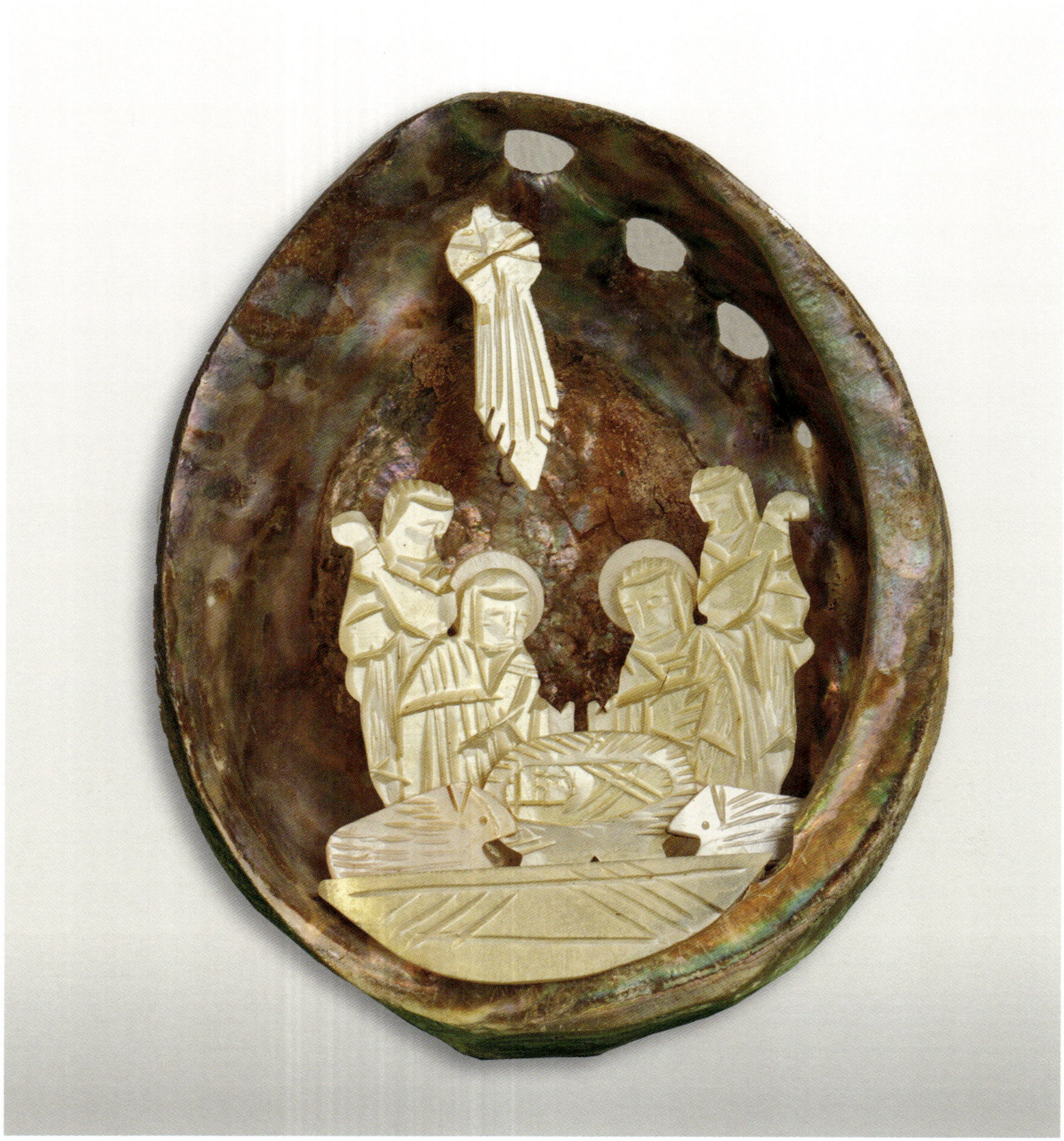

Israel
Grüne Abalone
Perlmutt, Schale der Haliotis fulgens
14 x 11,5 x 5 cm
Sammlung Würth, Inv. K404
Erworben 2002

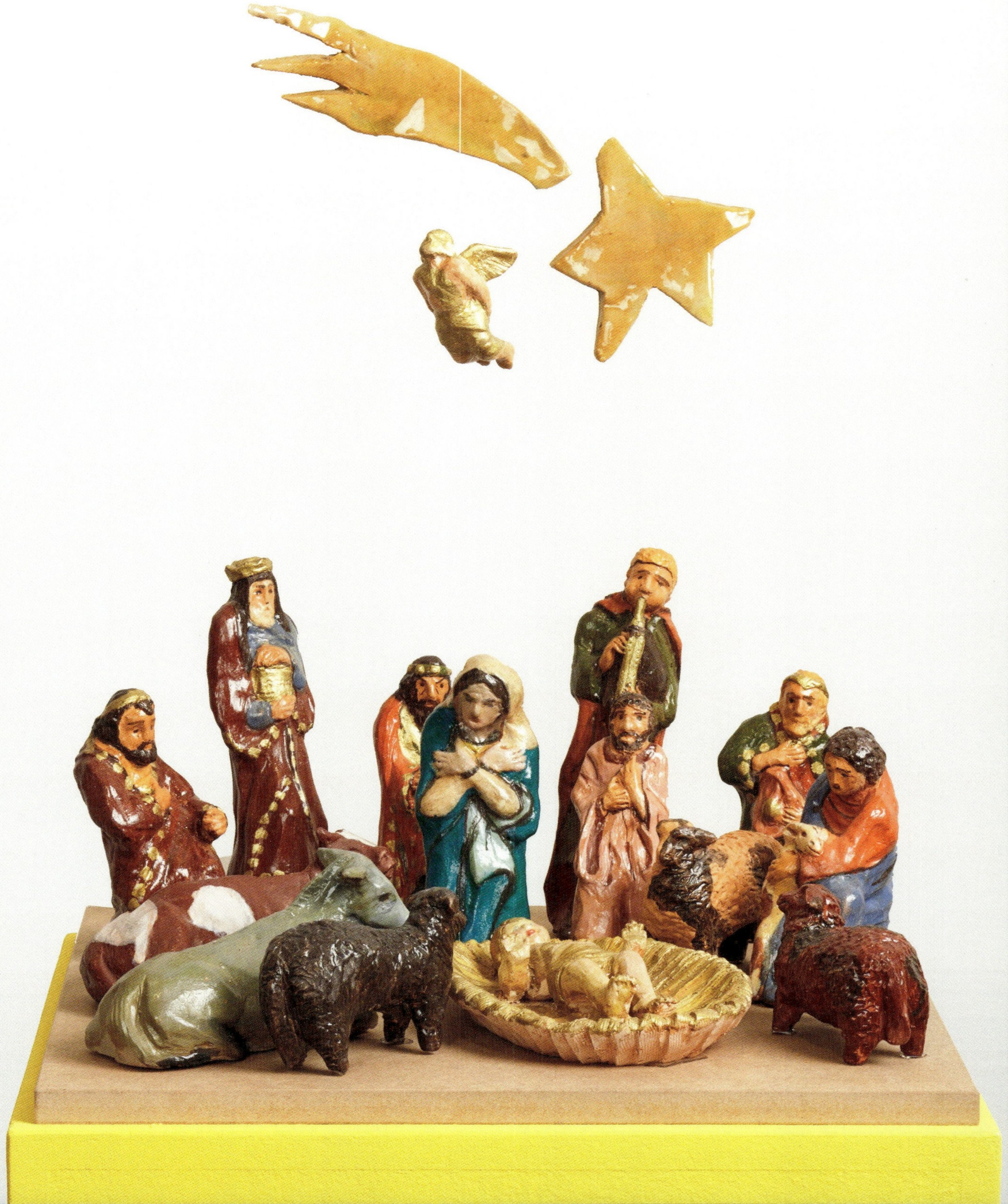

Irak
Tonkrippe mit Engel und Stern
gebrannter und glasierter Ton
Sammlung Würth, Inv. K879
Erworben 2002

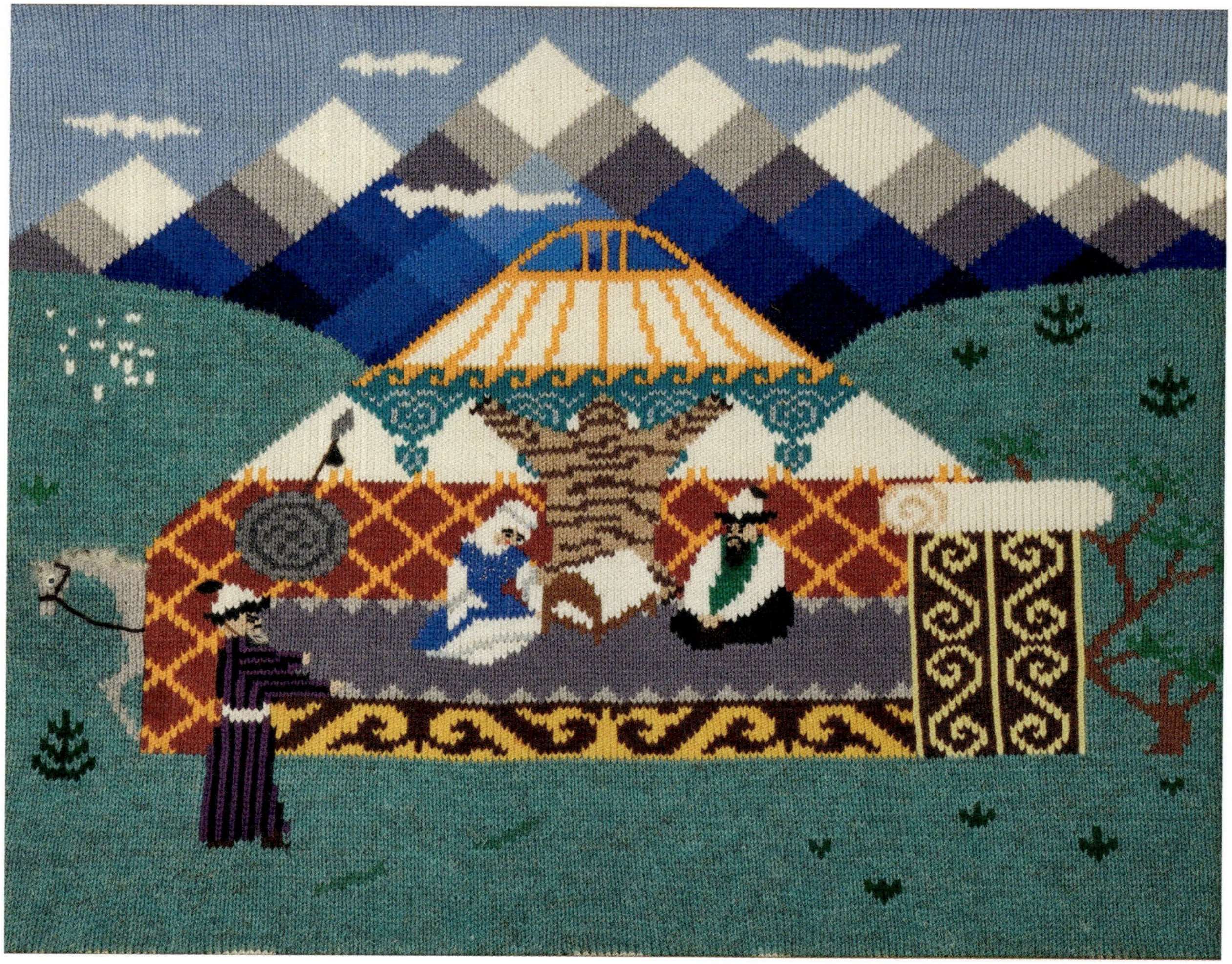

Kirgistan
Heilige Familie in der Jurte
Stickwolle
47,5 × 57,8 × 2,8 cm
Sammlung Würth, Inv. K834
Erworben 2002

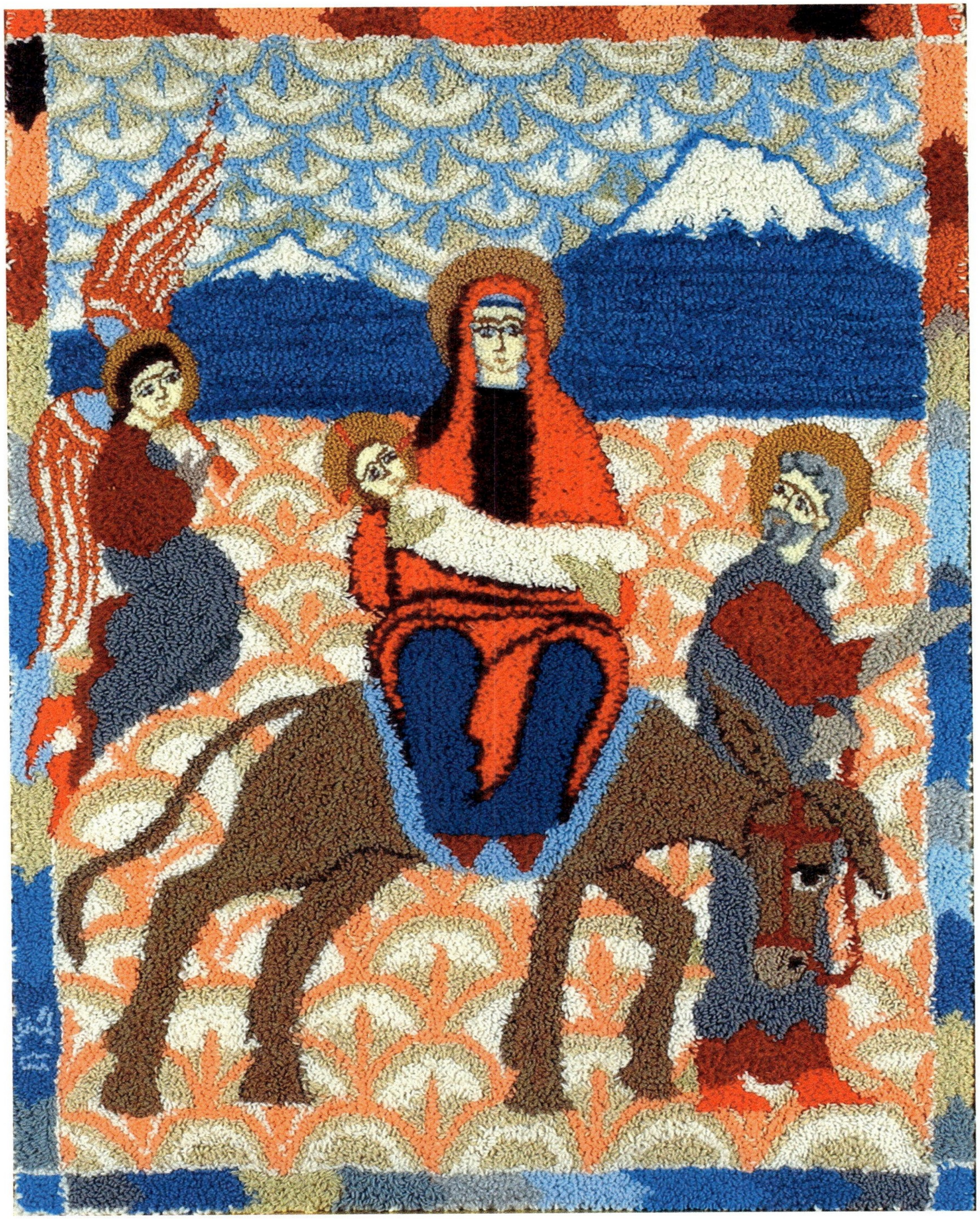

Armenien
Flucht nach Ägypten
Wolle
89,5 x 78 cm
Sammlung Würth, Inv. K801
Erworben 2002

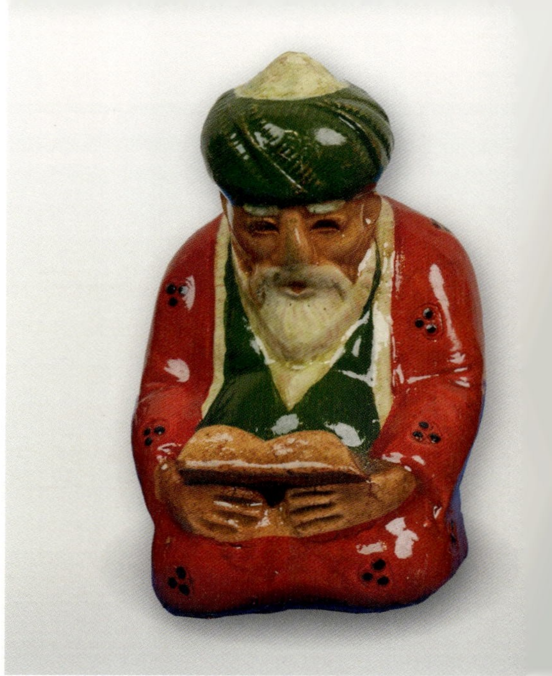

Usbekistan
Prophetenfigur
Ton
Höhe: 8 cm
Sammlung Würth, Inv. K756
Erworben 2002

Nepal
Sitzgruppe
ungebrannter und bemalter Ton
Höhe bis 15,5 cm
Sammlung Würth, Inv. K822
Erworben 2002

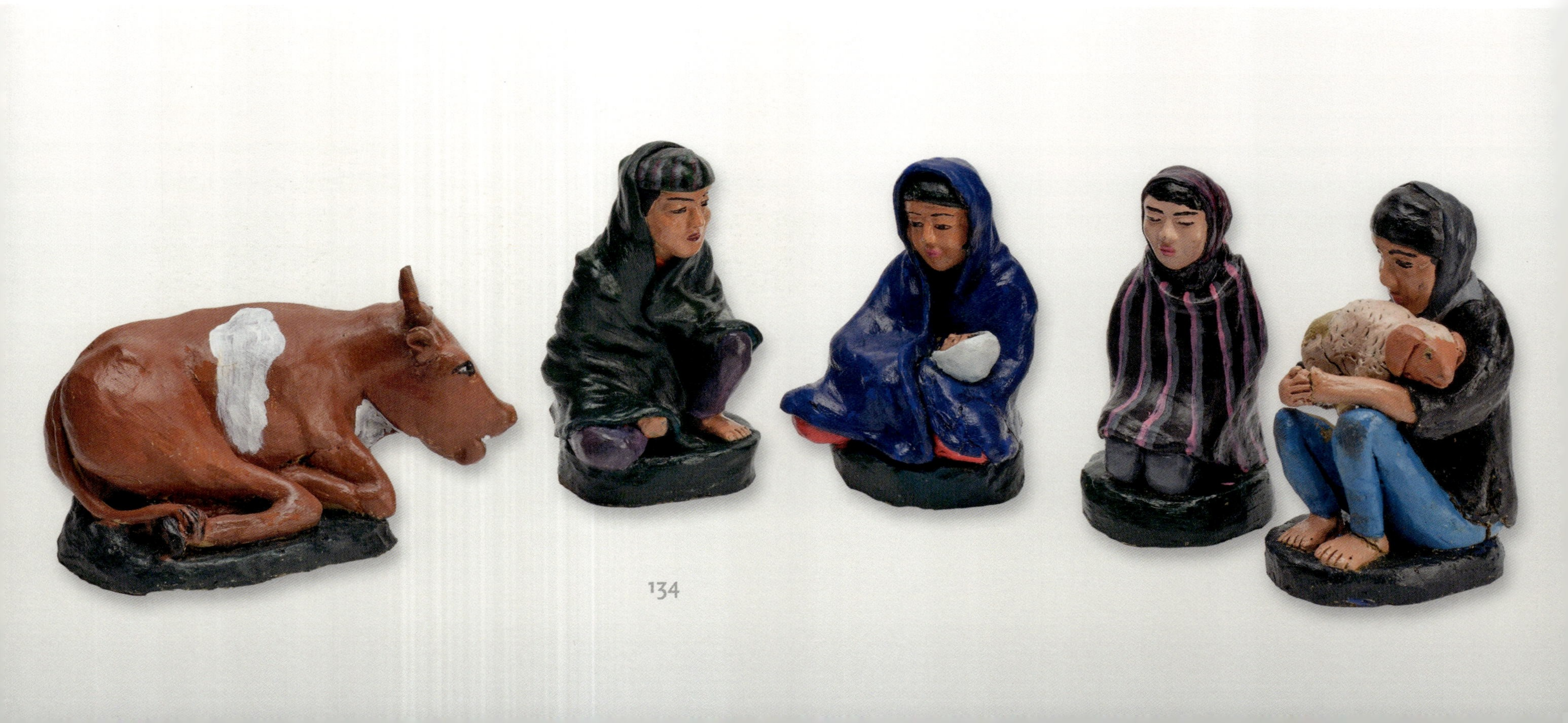

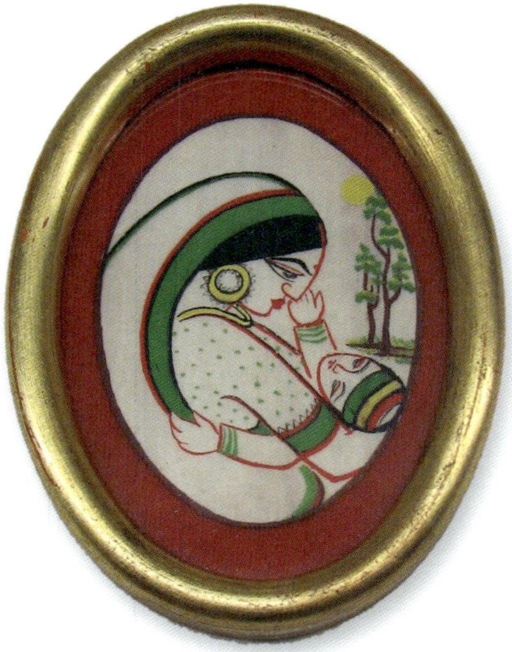

Indien
Maria mit Jesuskind
Malerei auf Sandpapier
11 x 8 cm, gerahmt
Sammlung Würth, Inv. K377
Erworben 2002

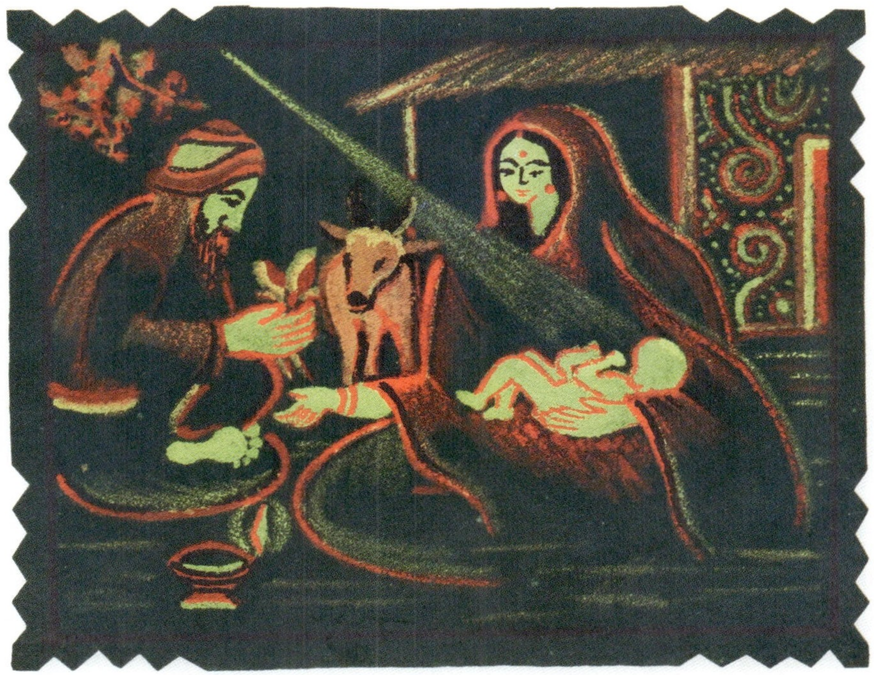

Indien
Josef mit Christrose
Malerei auf Samtpapier
17,5 x 22,5 cm, gerahmt
Sammlung Würth, Inv. K369
Erworben 2002

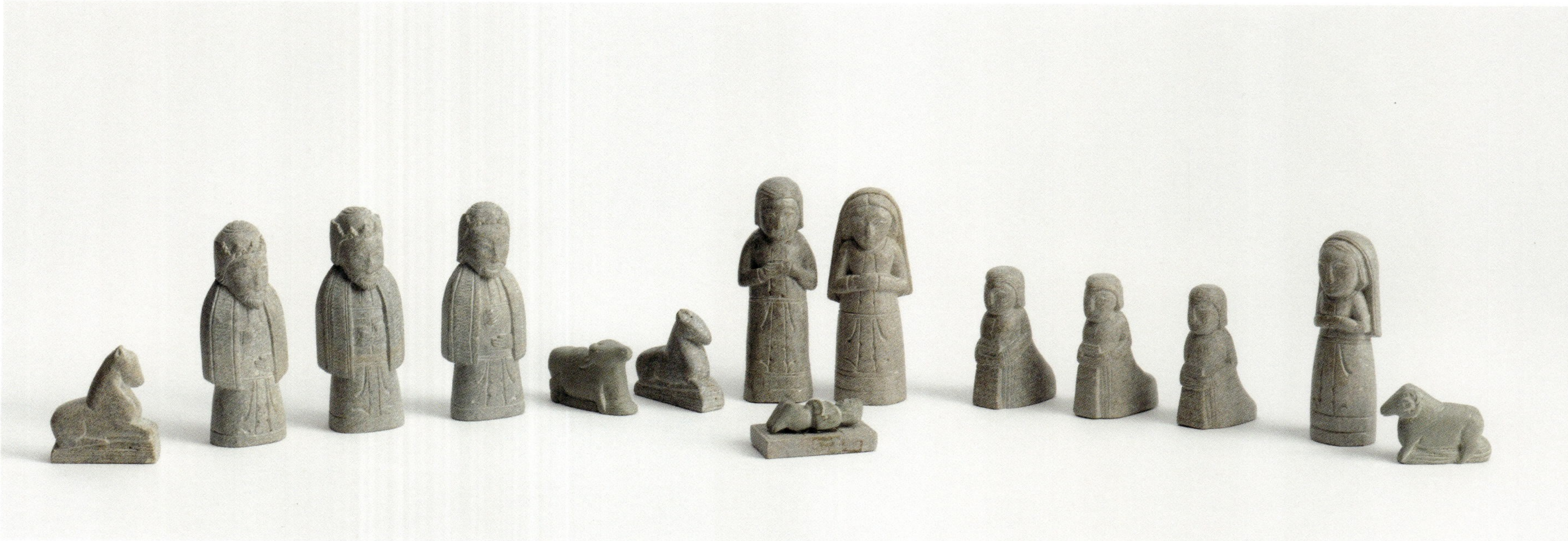

Indien
Specksteinkrippe
bossierter Speckstein
Höhe bis 10,5 cm
Sammlung Würth, Inv. K393
Erworben 2002

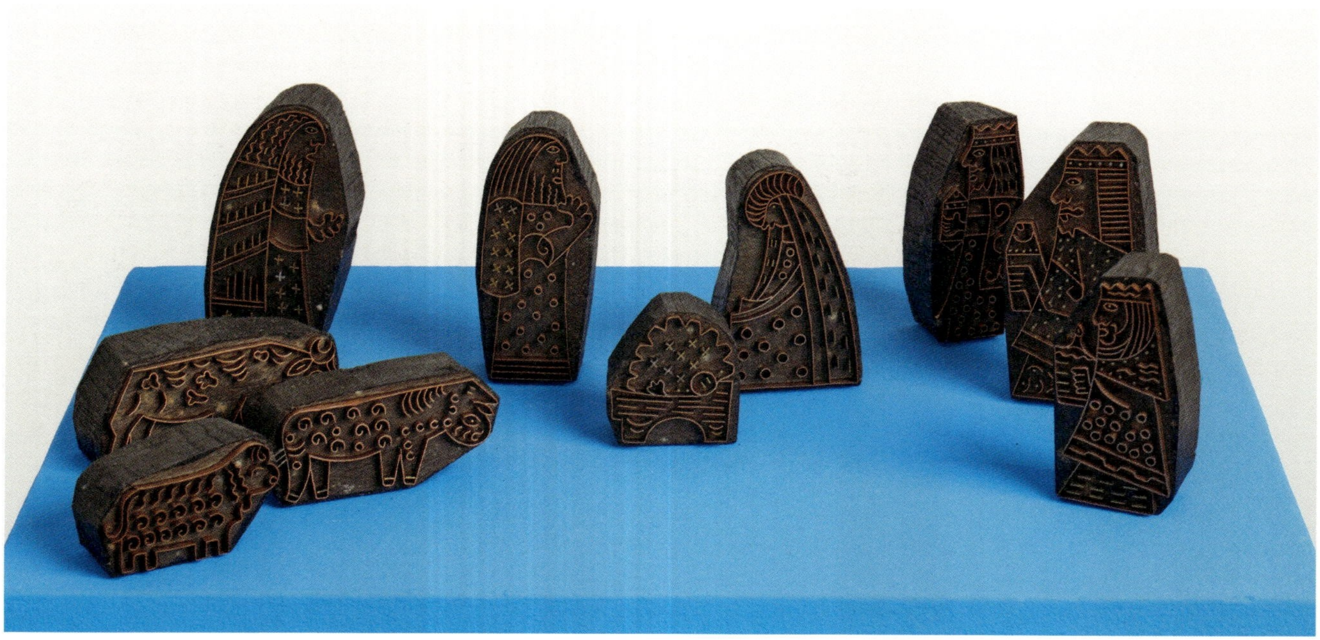

Indien
Druckblockkrippe
Metalle, Kupferblech, Holz
Höhe bis 9,5
Sammlung Würth, Inv. K394
Erworben 2002

Indien
Teakholz-Krippe
Teakholz
Höhe bis 44,5 cm
Sammlung Würth, Inv. K366
Erworben 2002

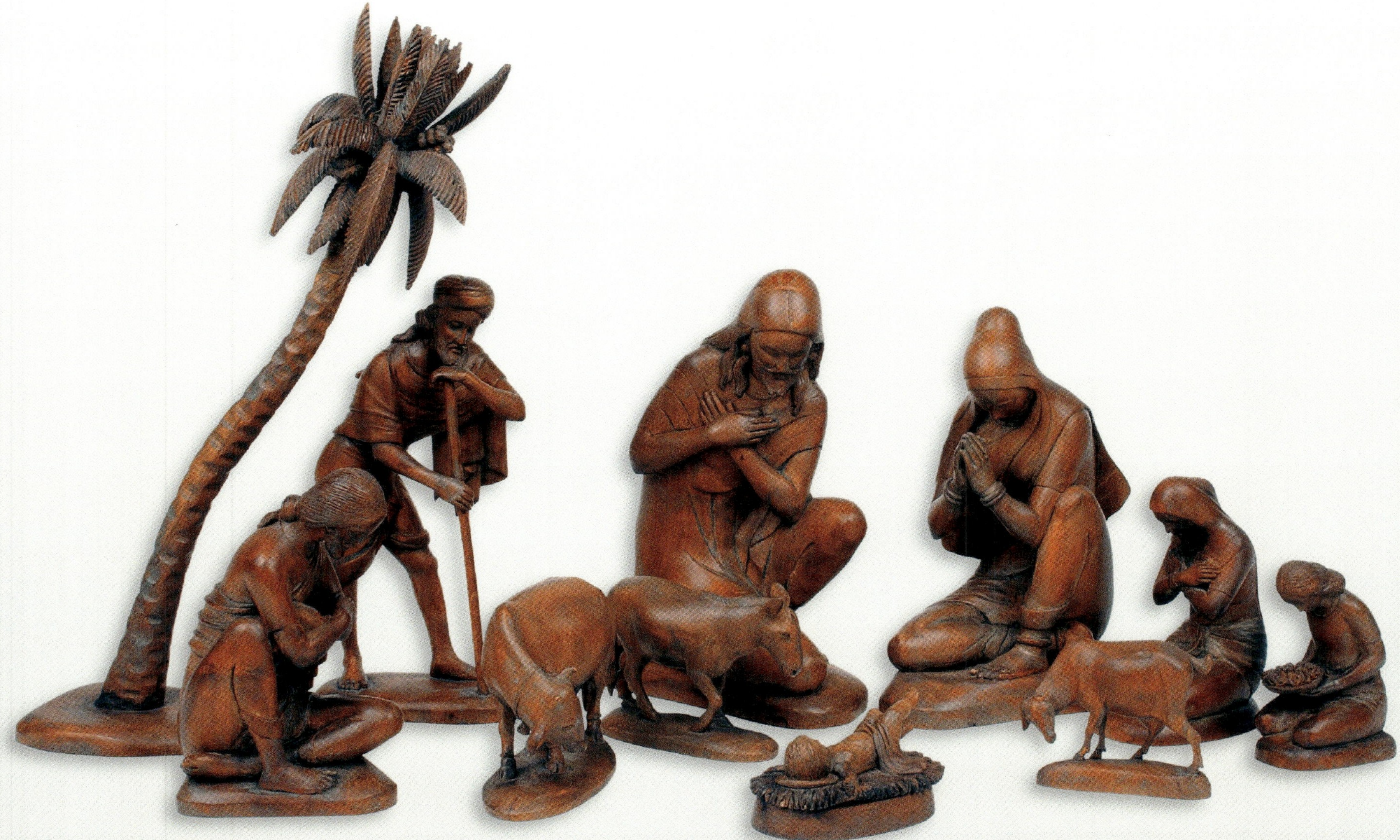

Sri Lanka
Krippe mit hinduistischen Figuren
gebrannter Ton
Höhe bis 11,5 cm
Sammlung Würth, Inv. K698
Erworben 2002

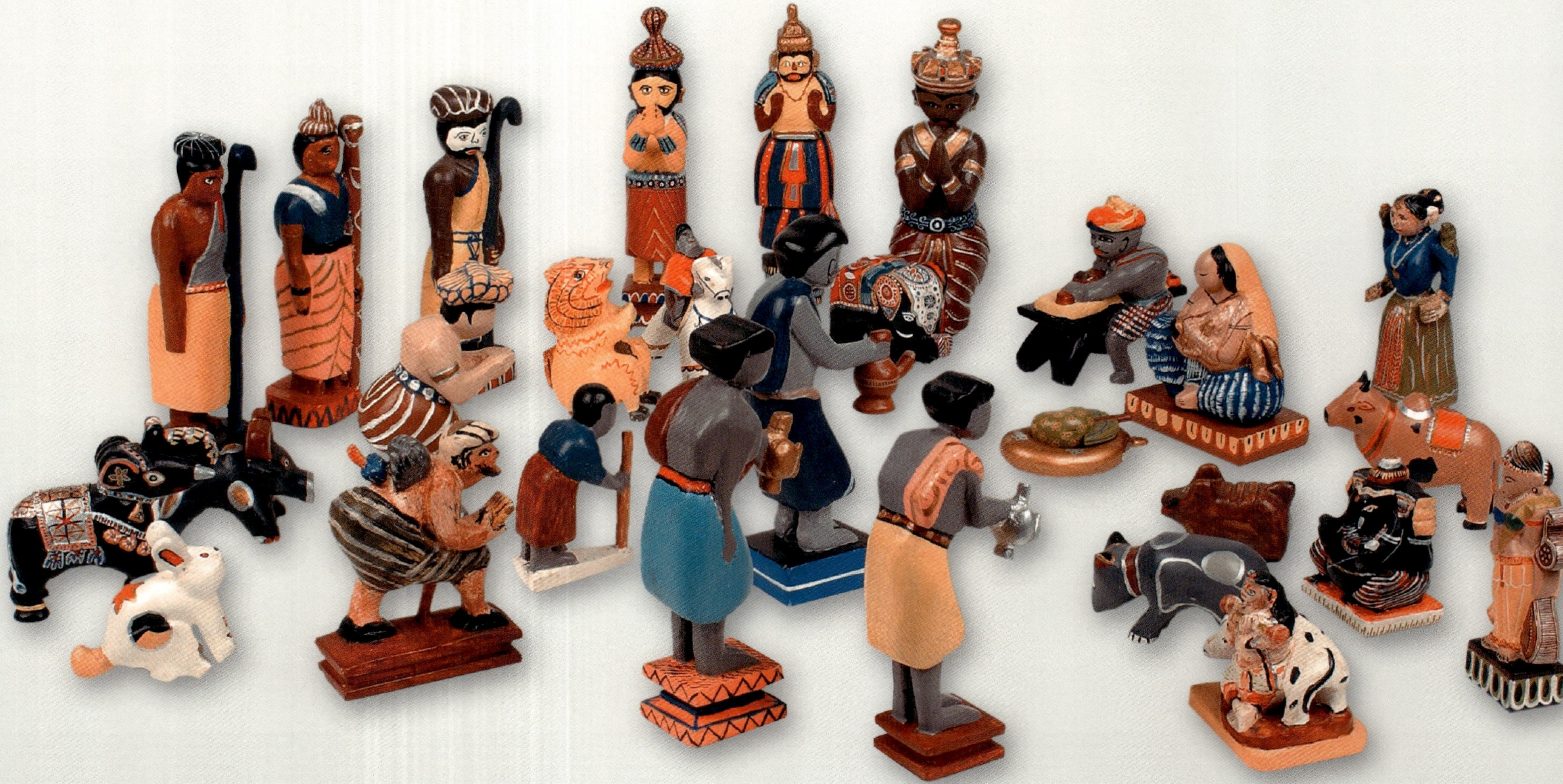

Laos
Stelzenhauskrippe
Holz
32,5 x 37,5 x 25 cm
Sammlung Würth, Inv. K871
Erworben 2002

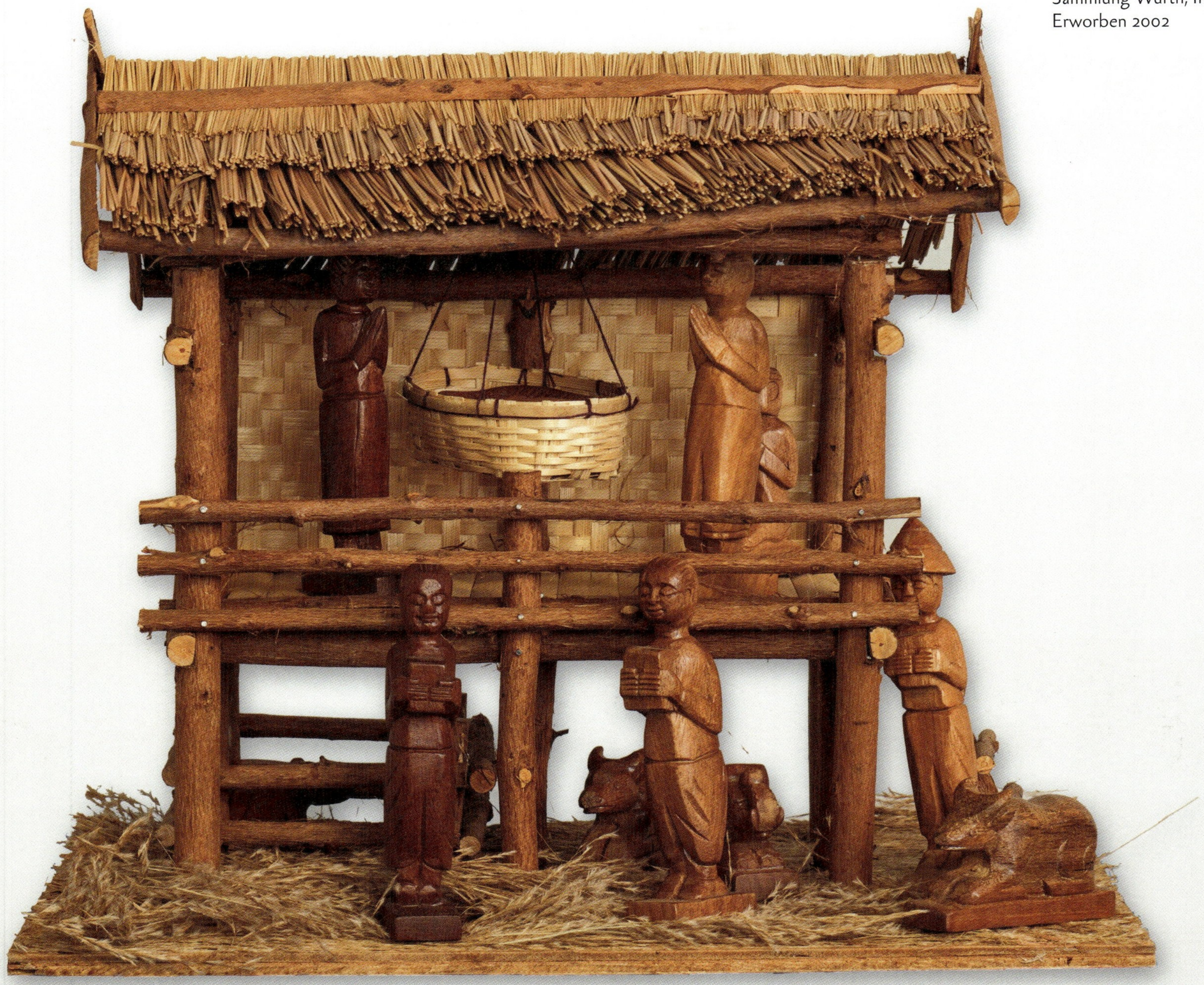

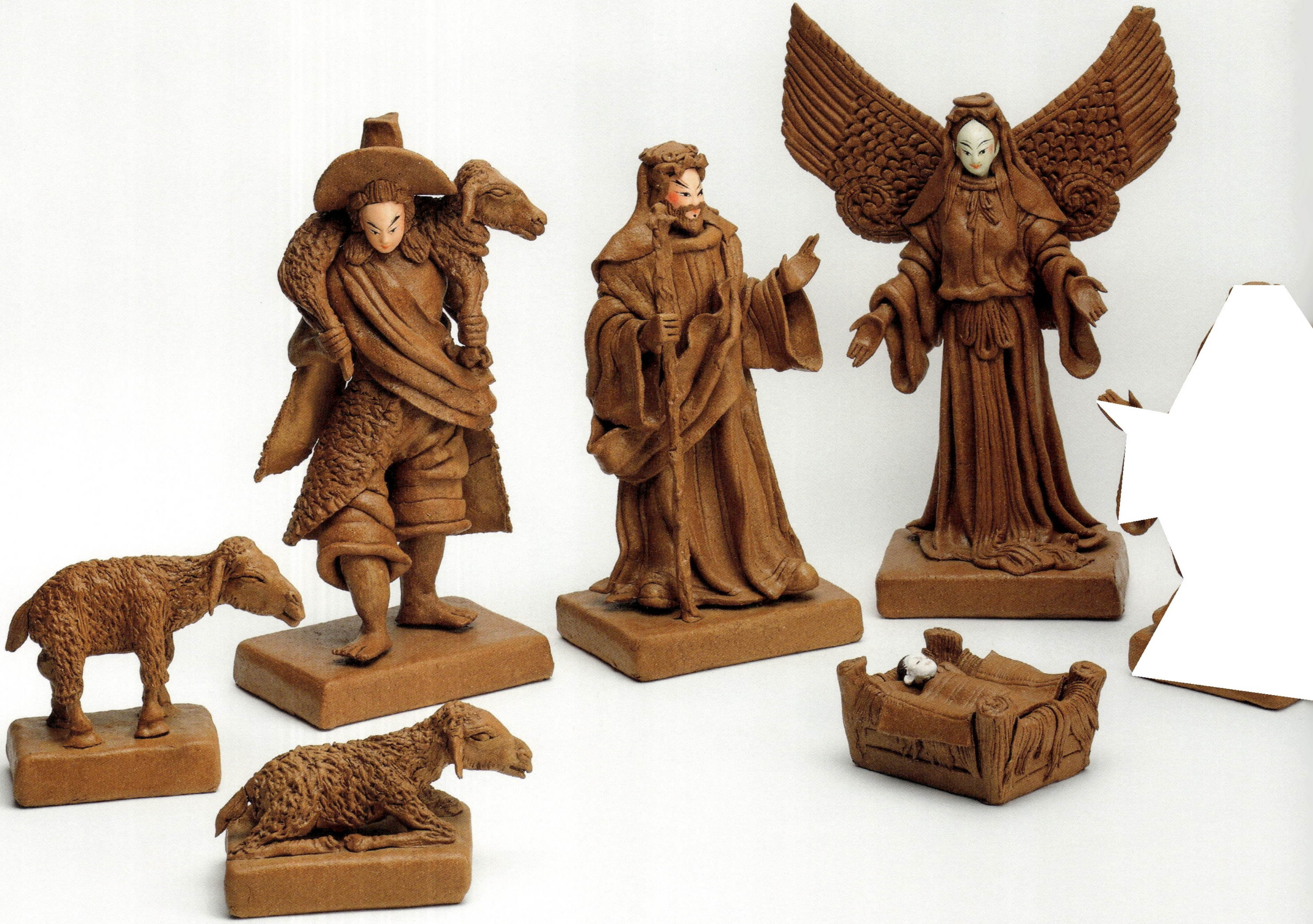

Singapur
Anbetung
Sägespäne
Höhe bis 33 cm
Sammlung Würth, Inv. K781
Erworben 2002

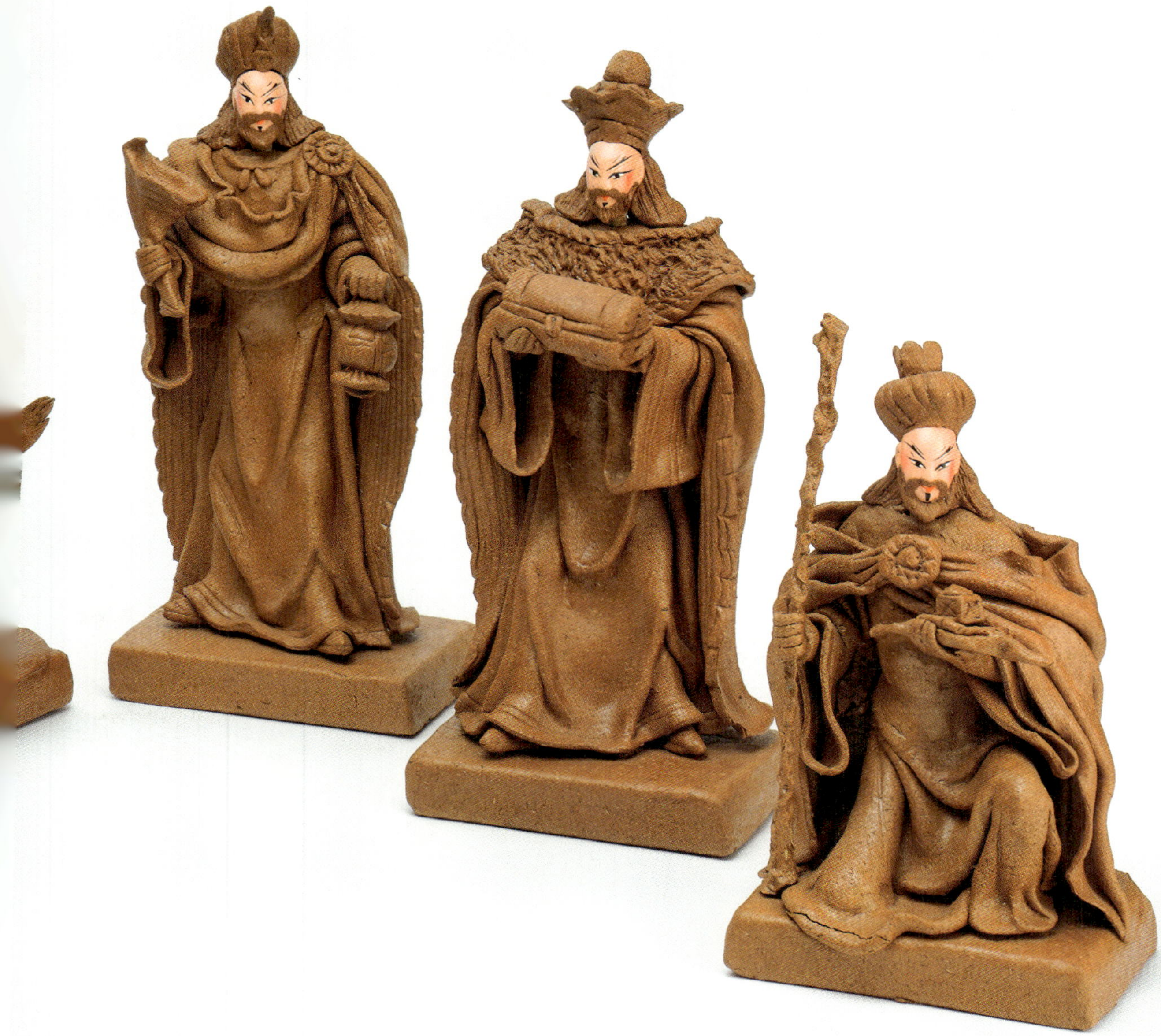

Vietnam
Krippe mit stehendem Joseph
bemalter Gips
Höhe bis 29 cm
Sammlung Würth, Inv. K769
Erworben 2002

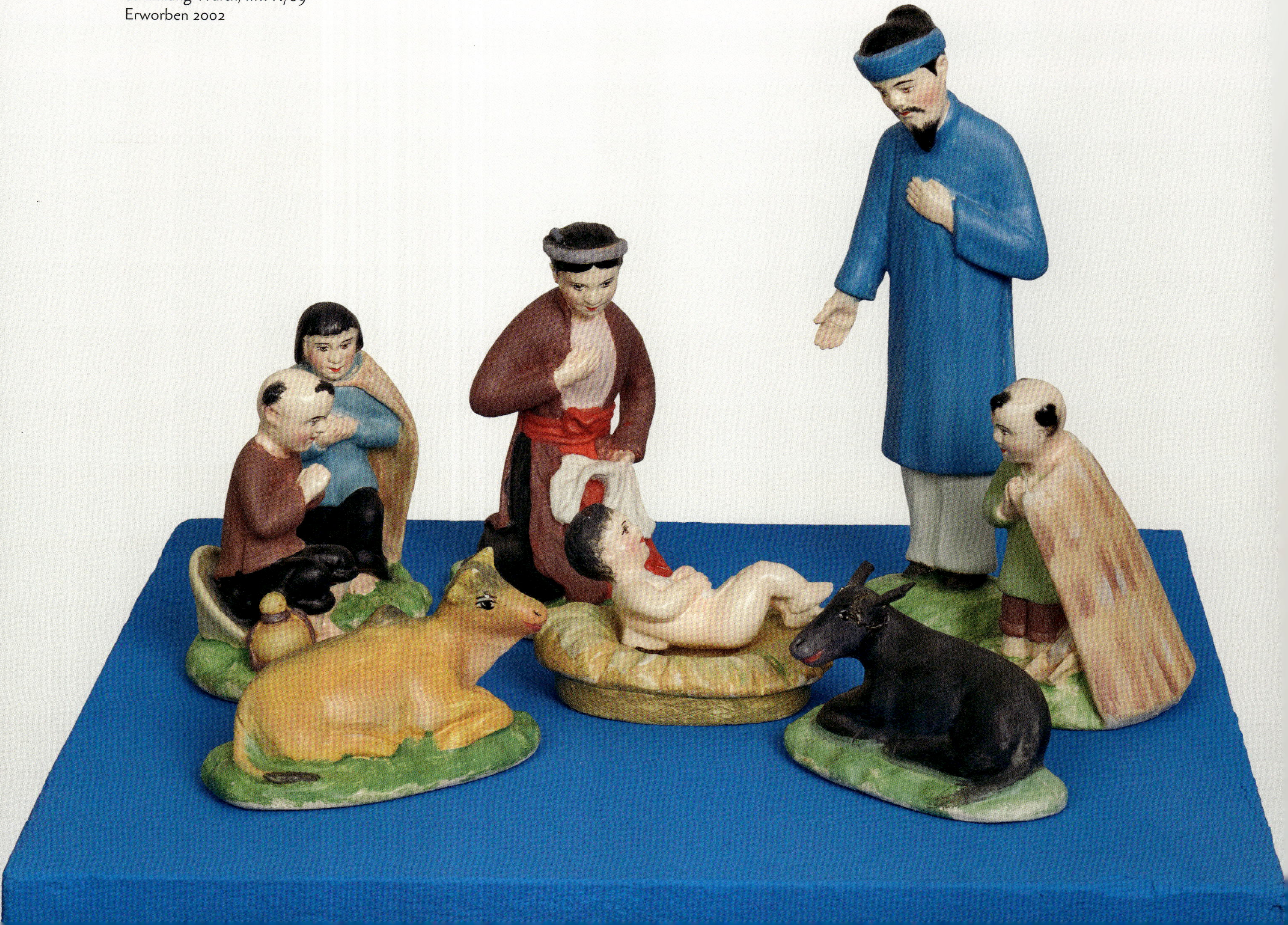

Vietnam
Heilige Familie
Wurzelholz, Holz
31,5 x 28 x 22,5 cm
Sammlung Würth, Inv. K747
Erworben 2002

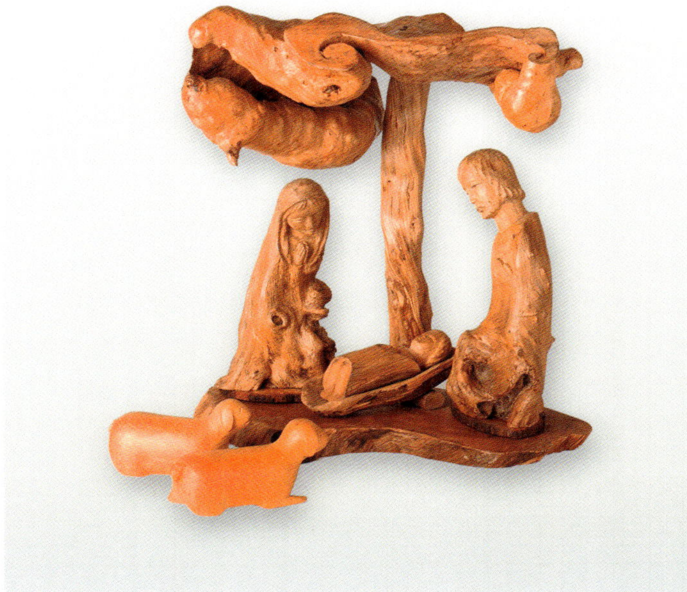

Philippinen
Teakholz-Kamel-Krippe
gebeiztes Teakholz
Höhe bis 20 cm
Sammlung Würth, Inv. K544
Erworben 2002

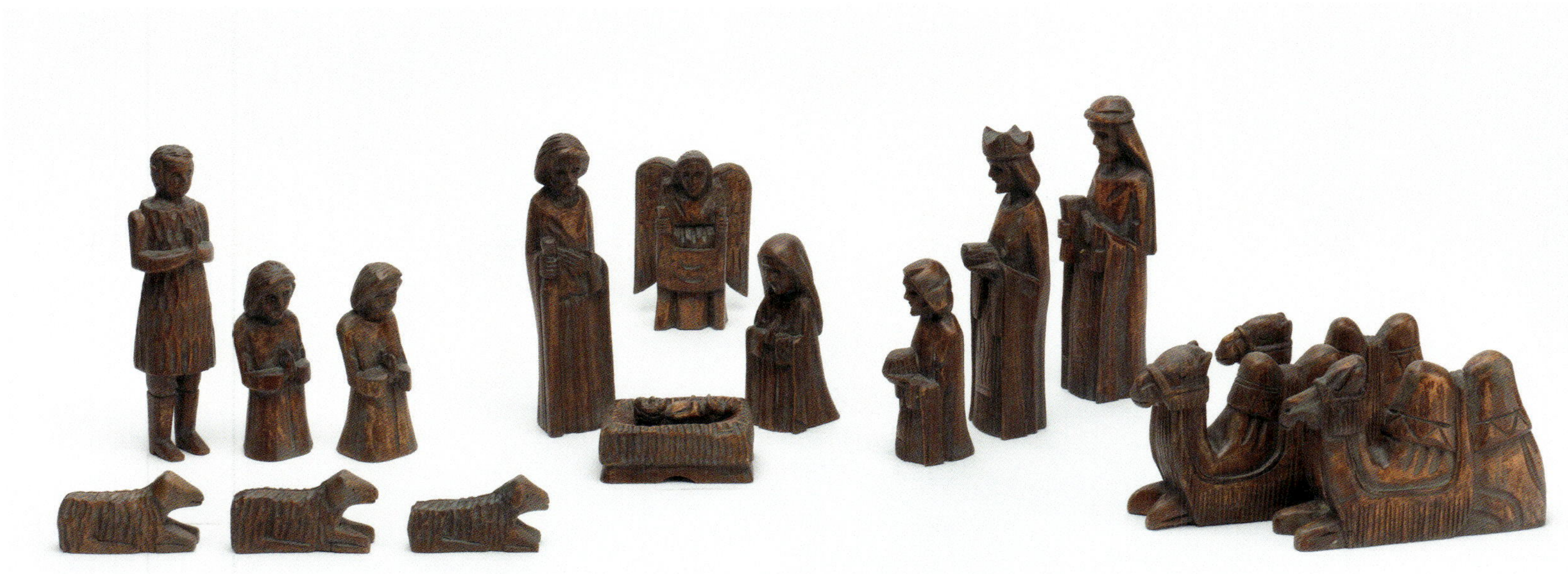

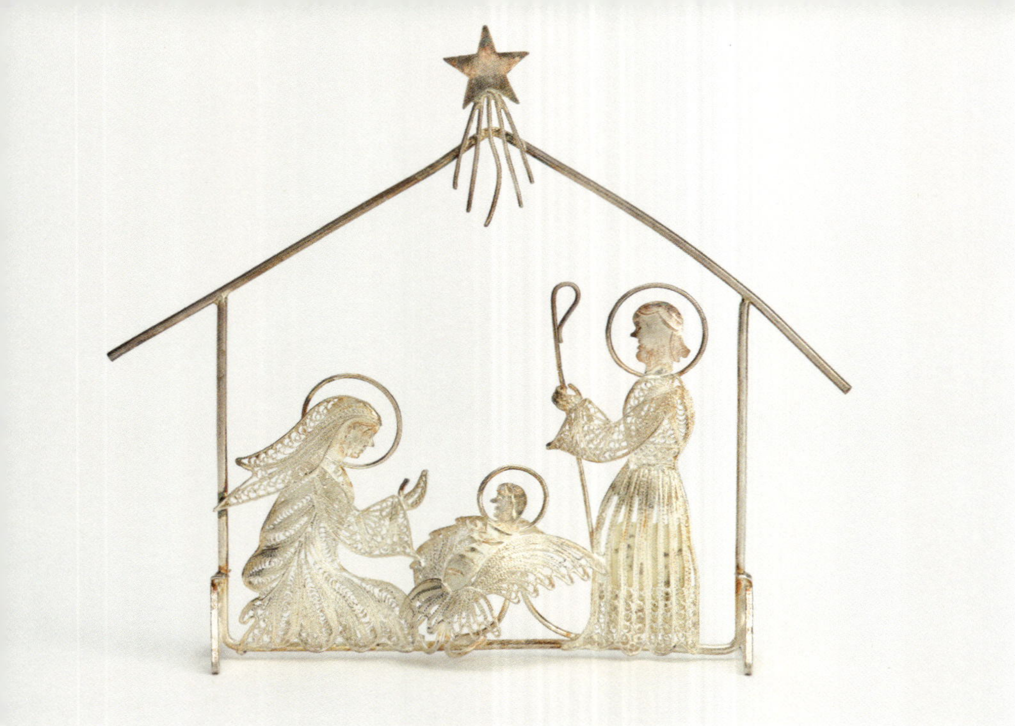

Philippinen
Silberdraht-Krippe
Metalle, Silberdraht
10,3 x 11,8 x 2,5 cm
Sammlung Würth, Inv. K836
Erworben 2002

Myanmar
Anbetung
Glas
Höhe bis 17,3 cm
Sammlung Würth, Inv. K829
Erworben 2002

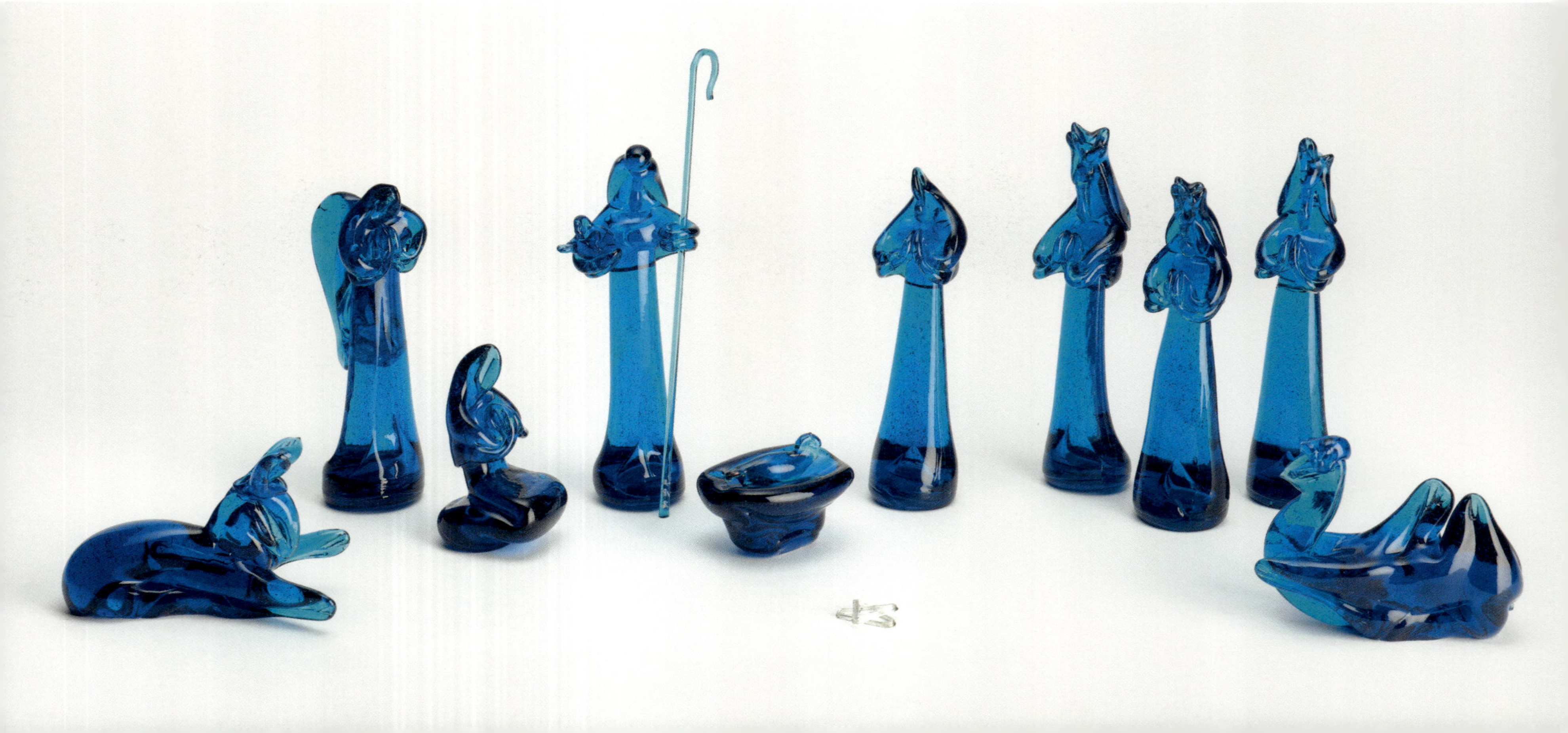

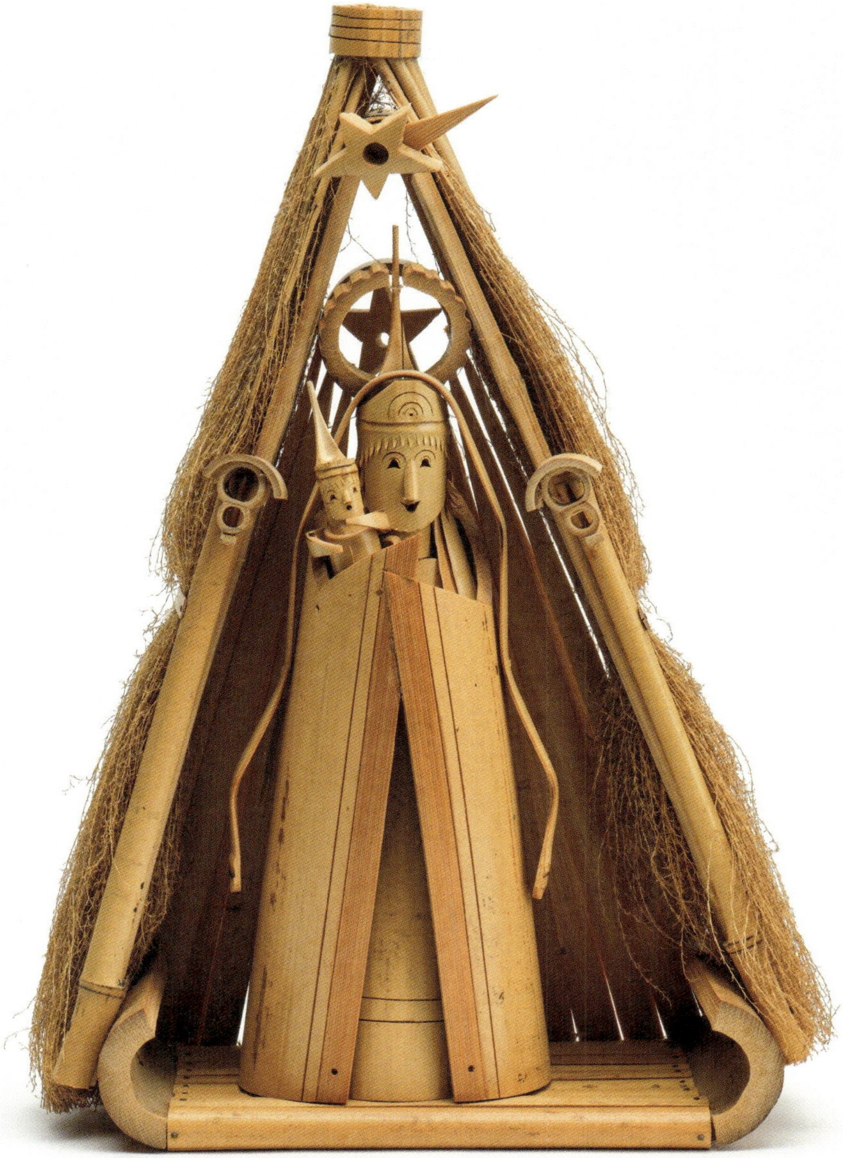

Philippinen
Bambus-Madonna
Bambusholz, Stroh
43,5 × 27,5 × 13 cm
Sammlung Würth, Inv. K545
Erworben 2002

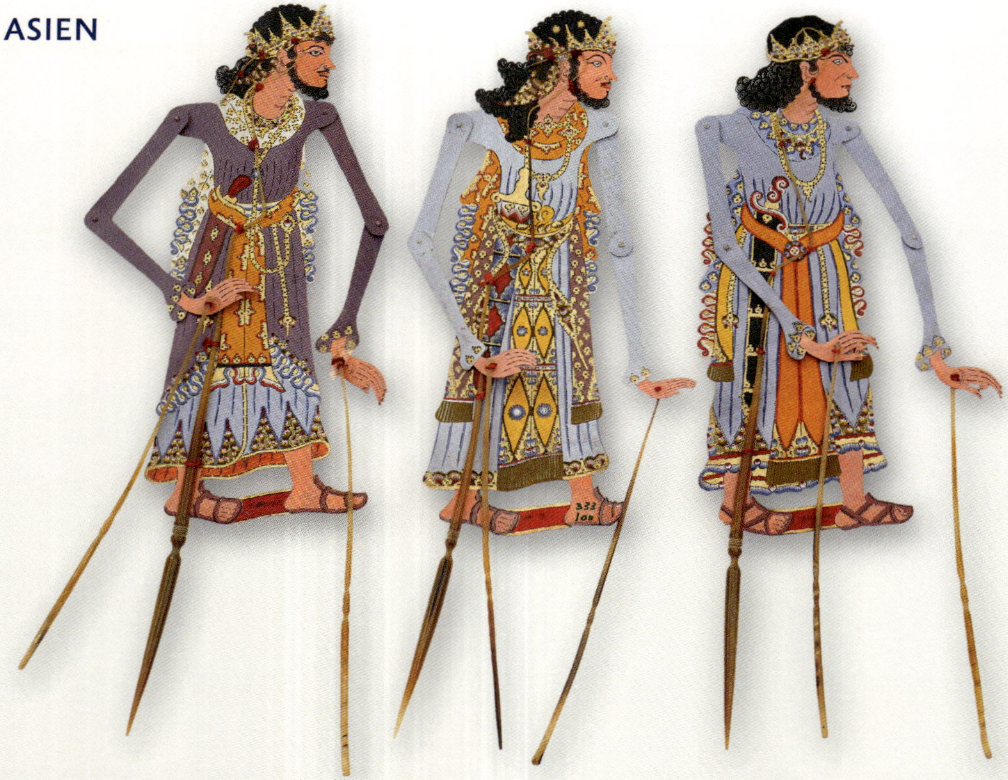

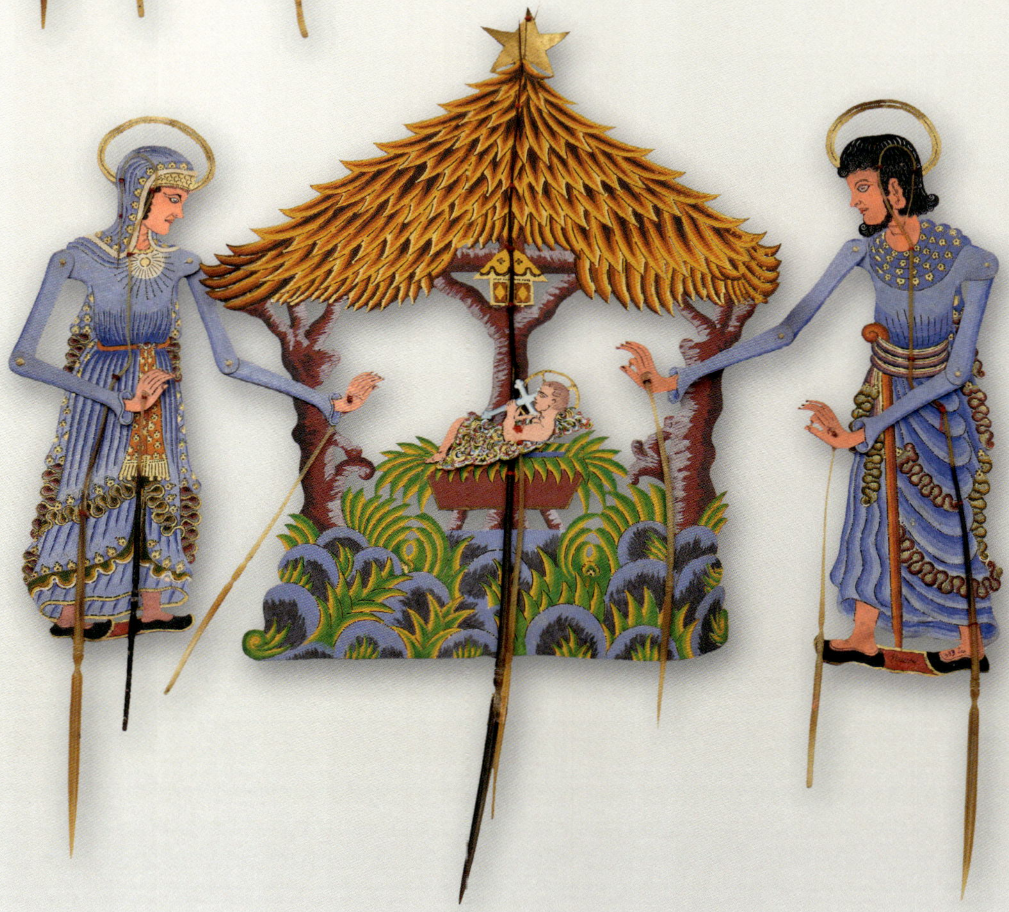

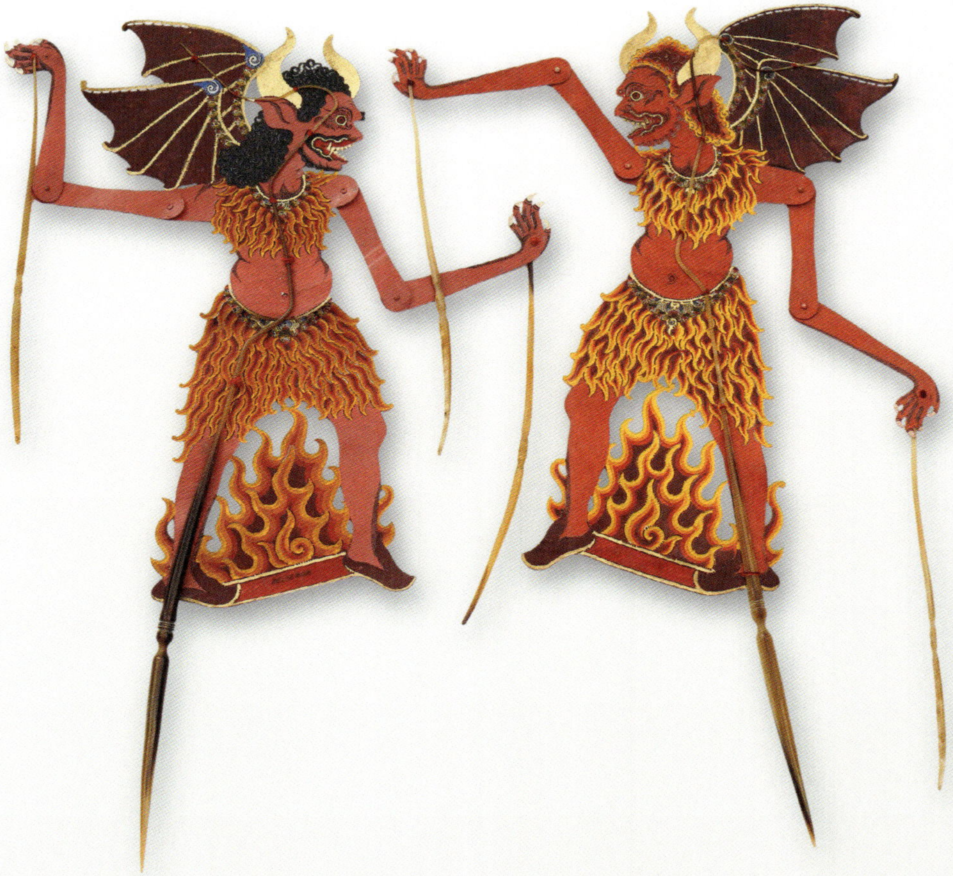

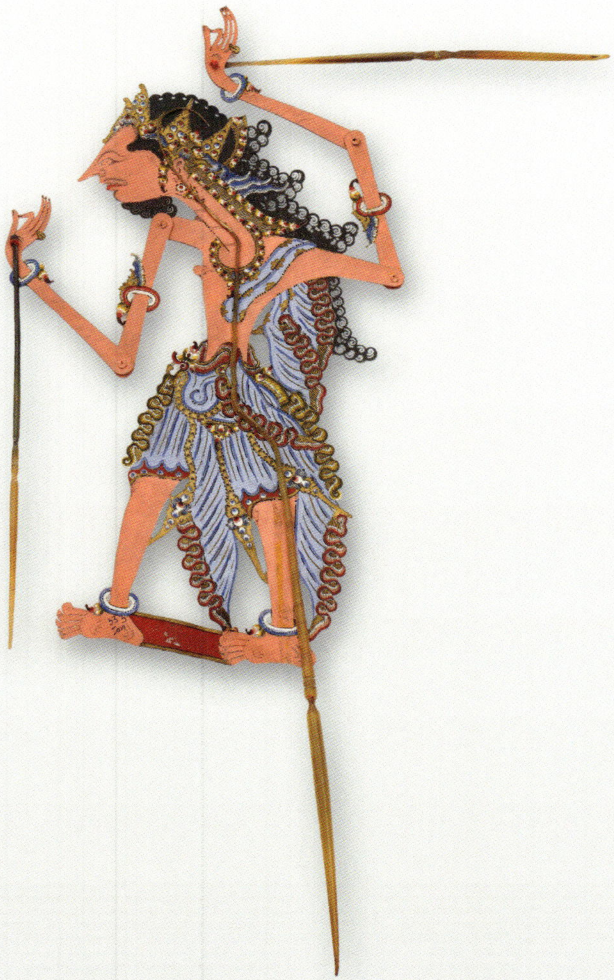

Indonesien
Wayang-Schattenspiel
Leder, Hornstäbe
Höhe bis 60 cm
Sammlung Würth, Inv. K398
Erworben 2002

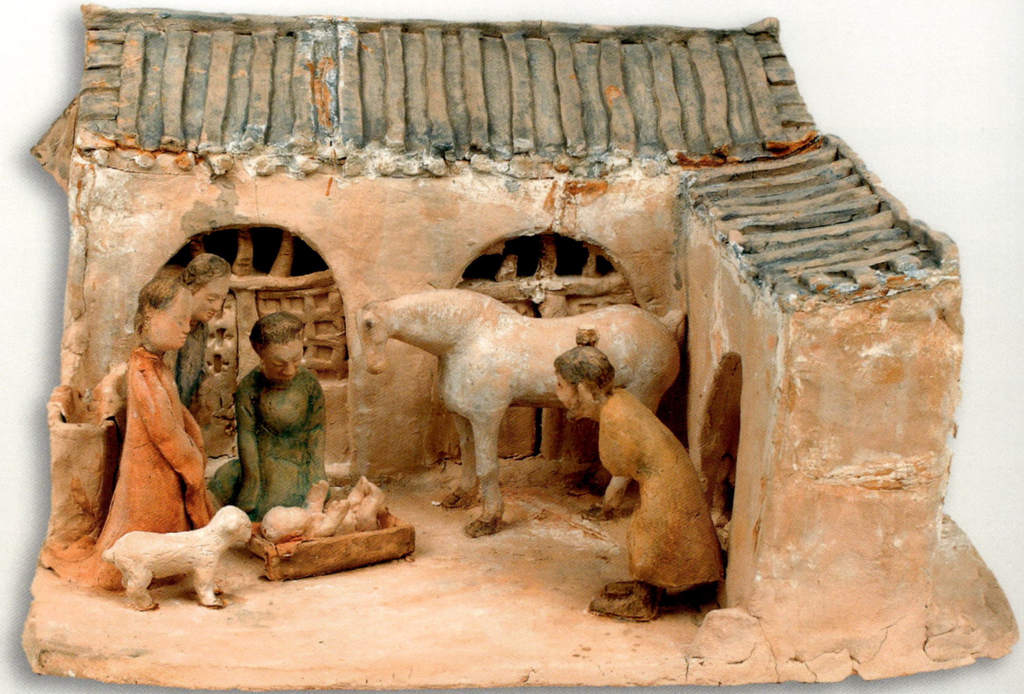

China
Tonkrippe
Ton
32,5 x 37,5 x 25 cm
Sammlung Würth, Inv. K874
Erworben 2002

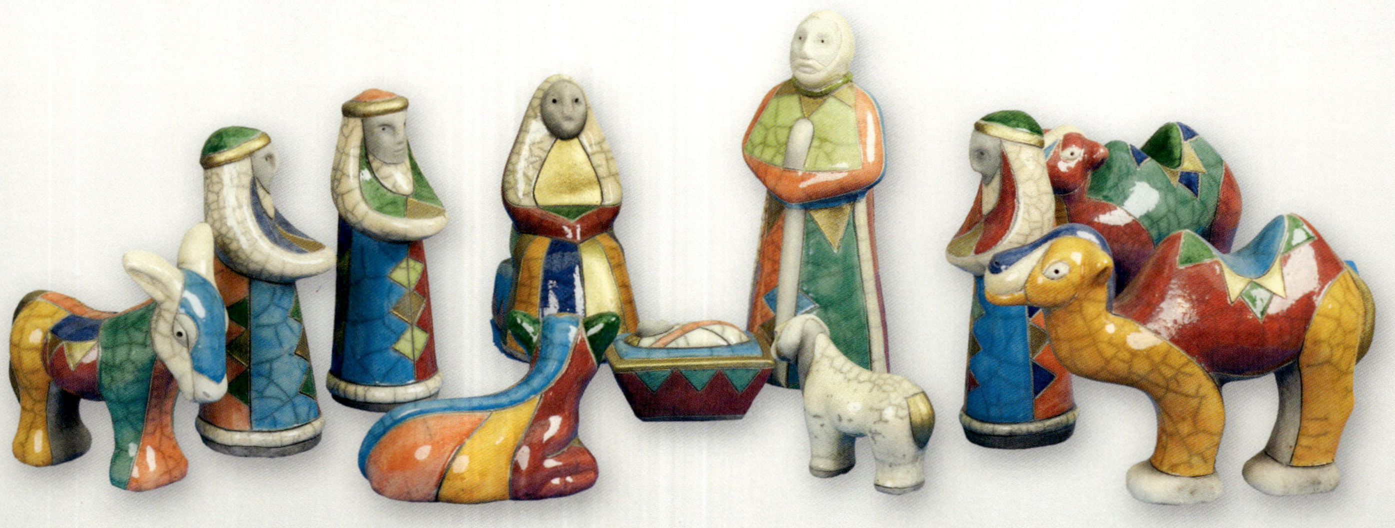

Japan
Raku-Krippe
Ton, Glasurfarbe
Höhe bis 17,2 cm
Sammlung Würth, Inv. K881
Erworben 2002

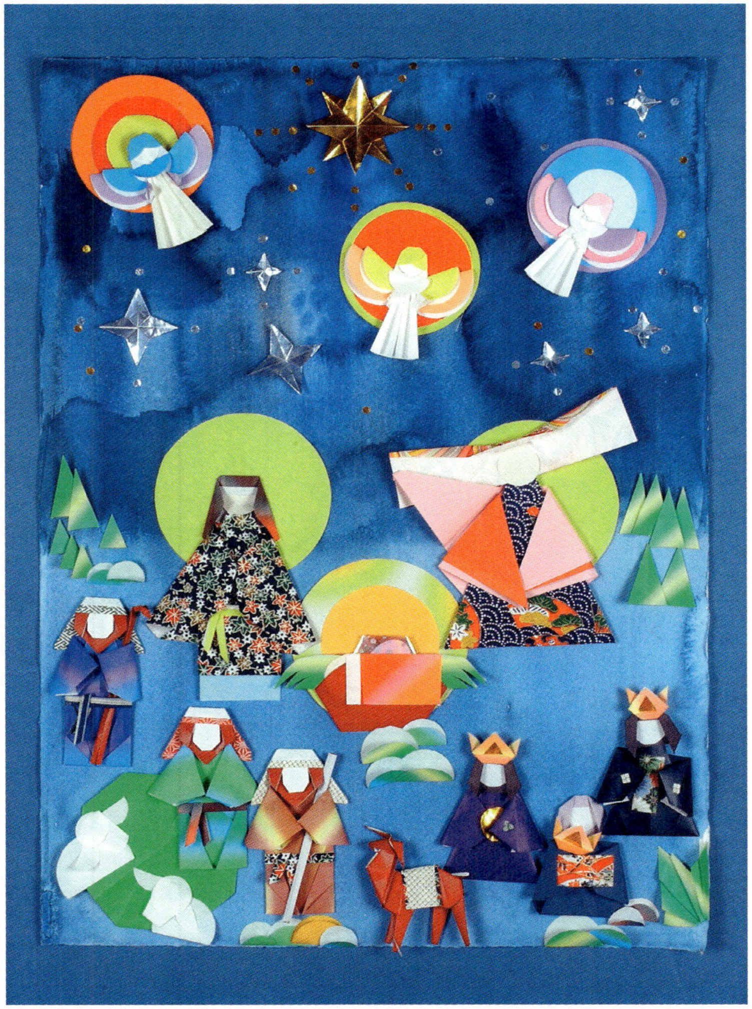

Japan
Origami-Krippe
Papier
80,5 x 62 cm, gerahmt
Sammlung Würth, Inv. K435
Erworben 2002

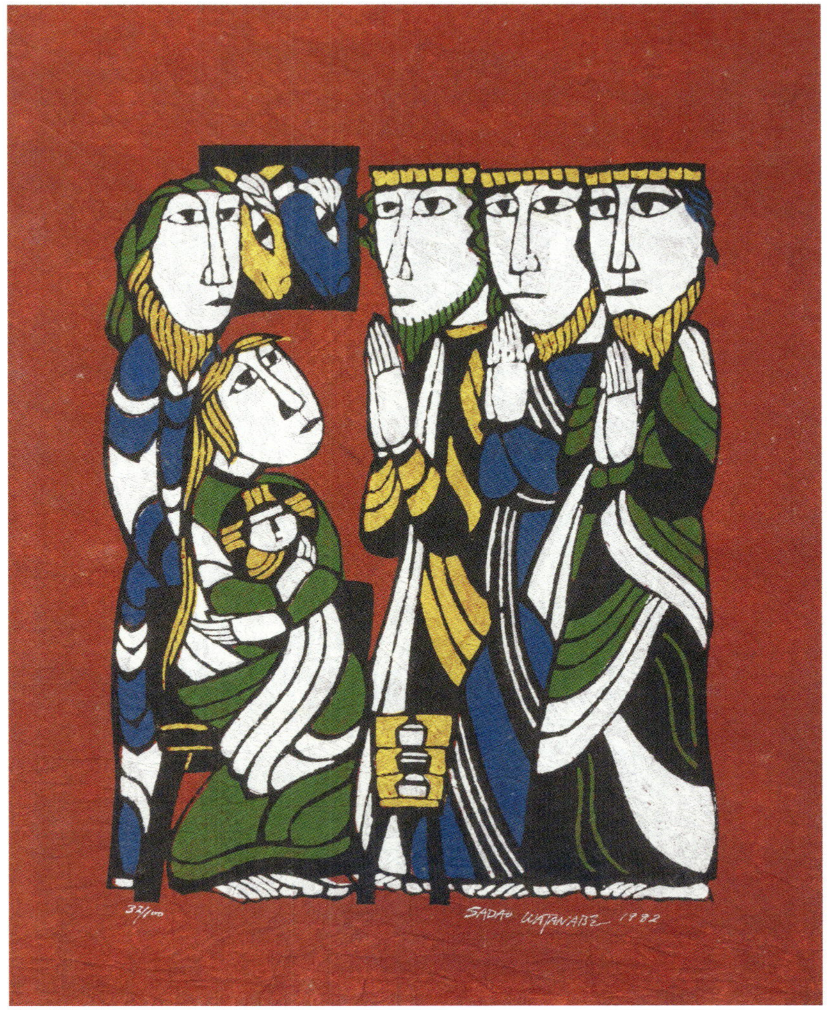

Japan
Heilige Drei Könige
farbiger, signierter Druck
auf Zeichenkarton
63,5 x 51 cm, gerahmt
Sammlung Würth, Inv. K432
Erworben 2002

ASIEN

Japan
Madonna mit Kind
Porzellan, Bast
Grundplatte: 18 x 21 cm
Sammlung Würth, Inv. K429
Erworben 2002

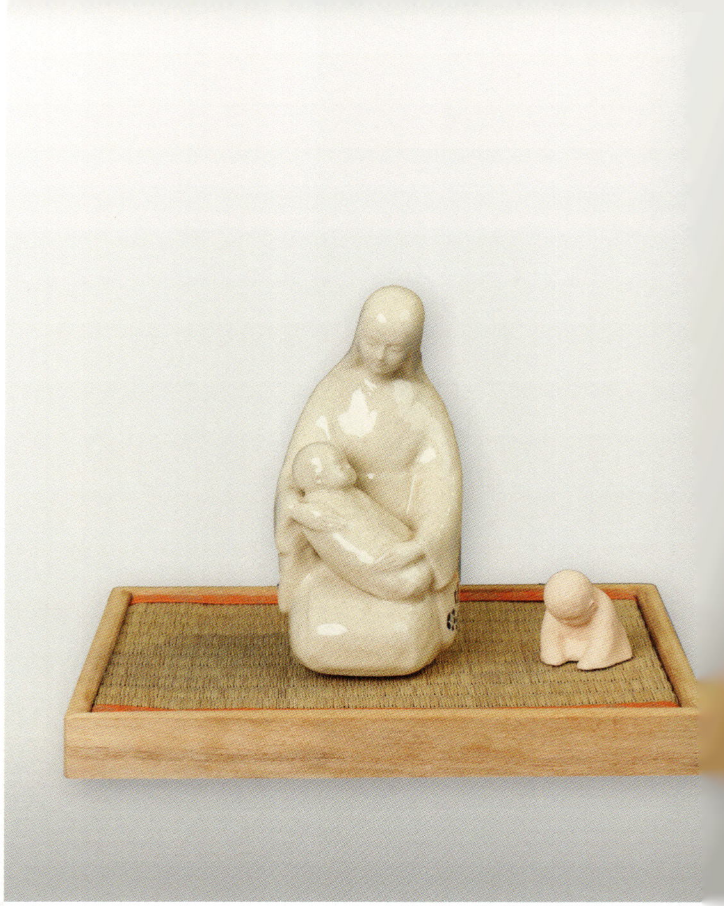

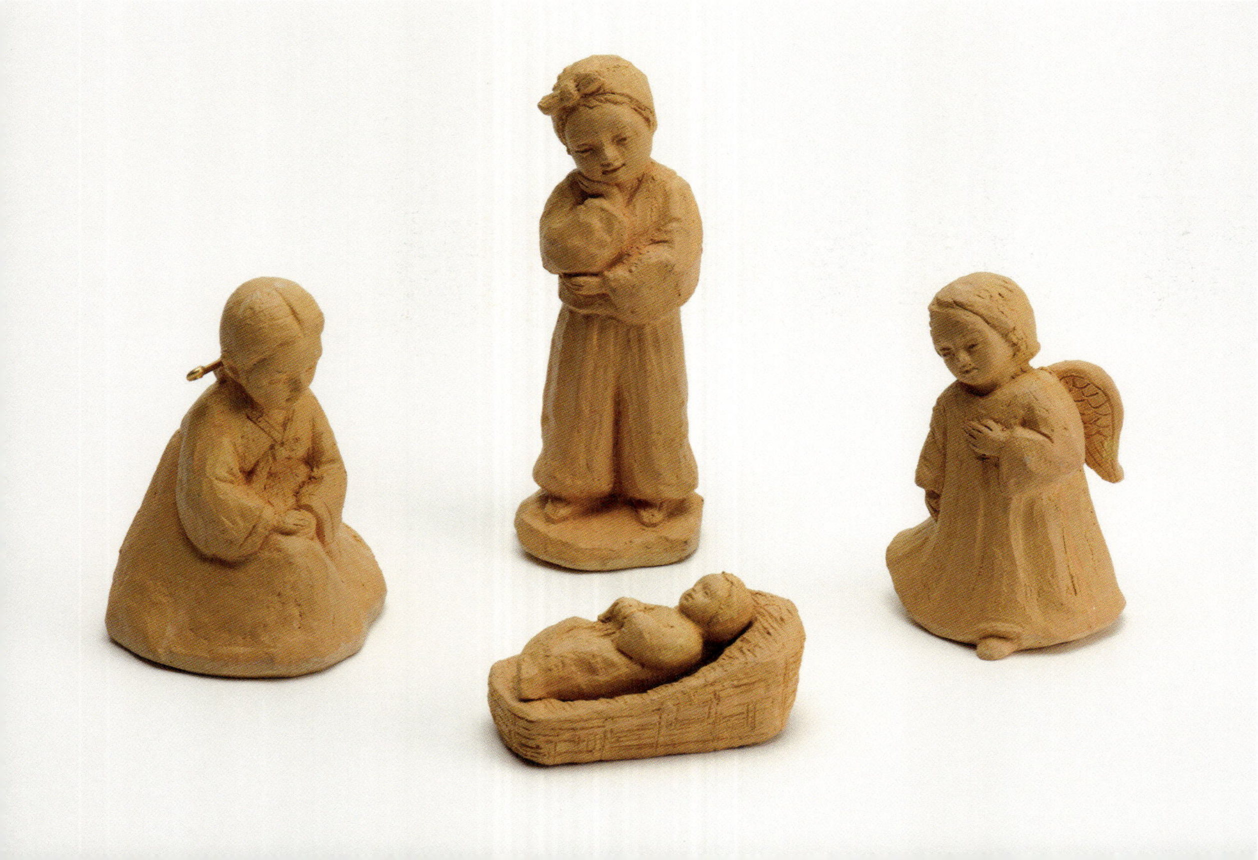

Südkorea
Heilige Familie
gebrannter Ton
Höhe bis 11,5 cm
Sammlung Würth, Inv. K741
Erworben 2002

Australien
Toymakers-Krippe
Pinienholz, Lackfarbe
18,5 x 35 x 18,9 cm
Sammlung Würth, Inv. K80
Erworben 2002

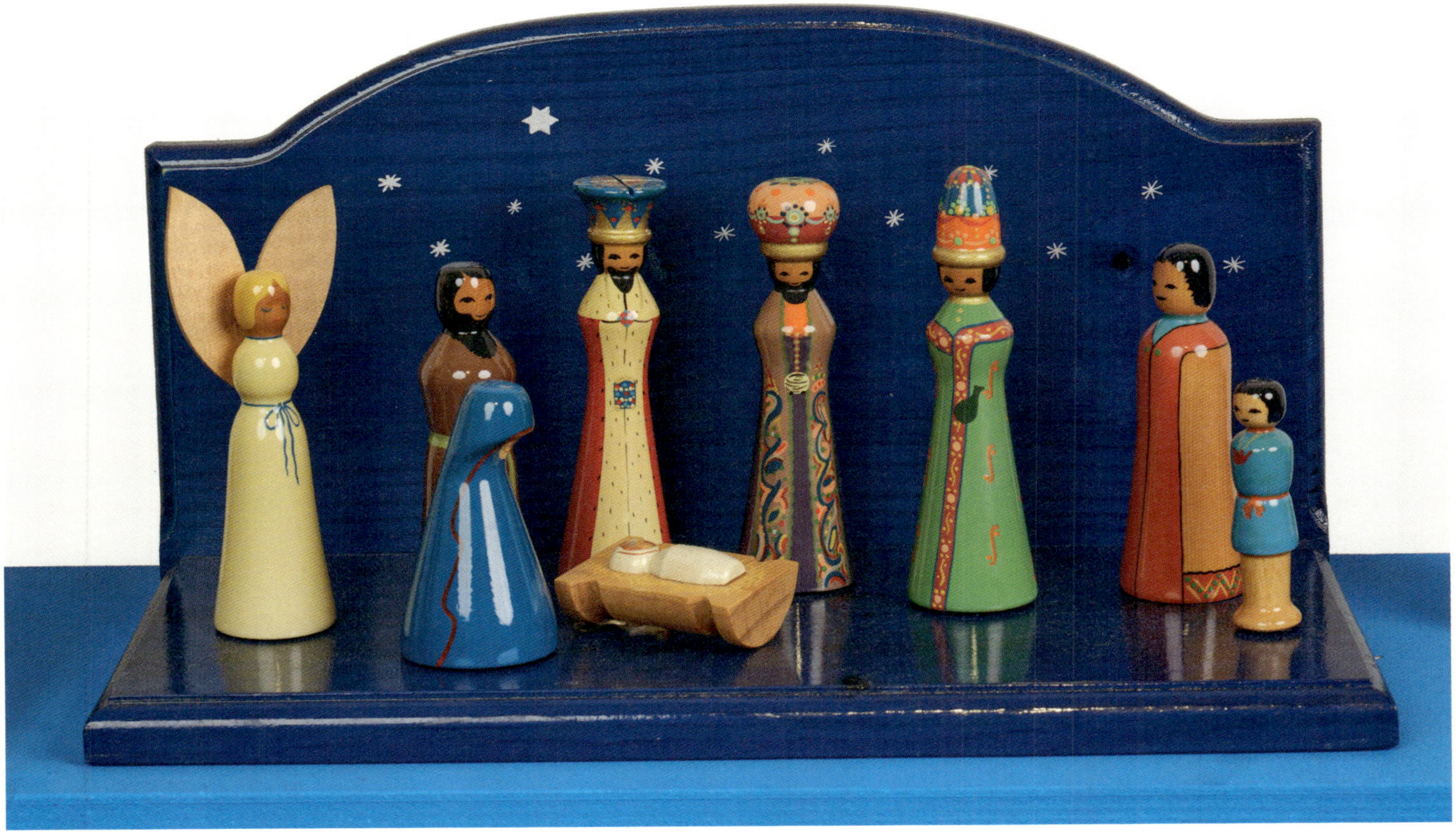

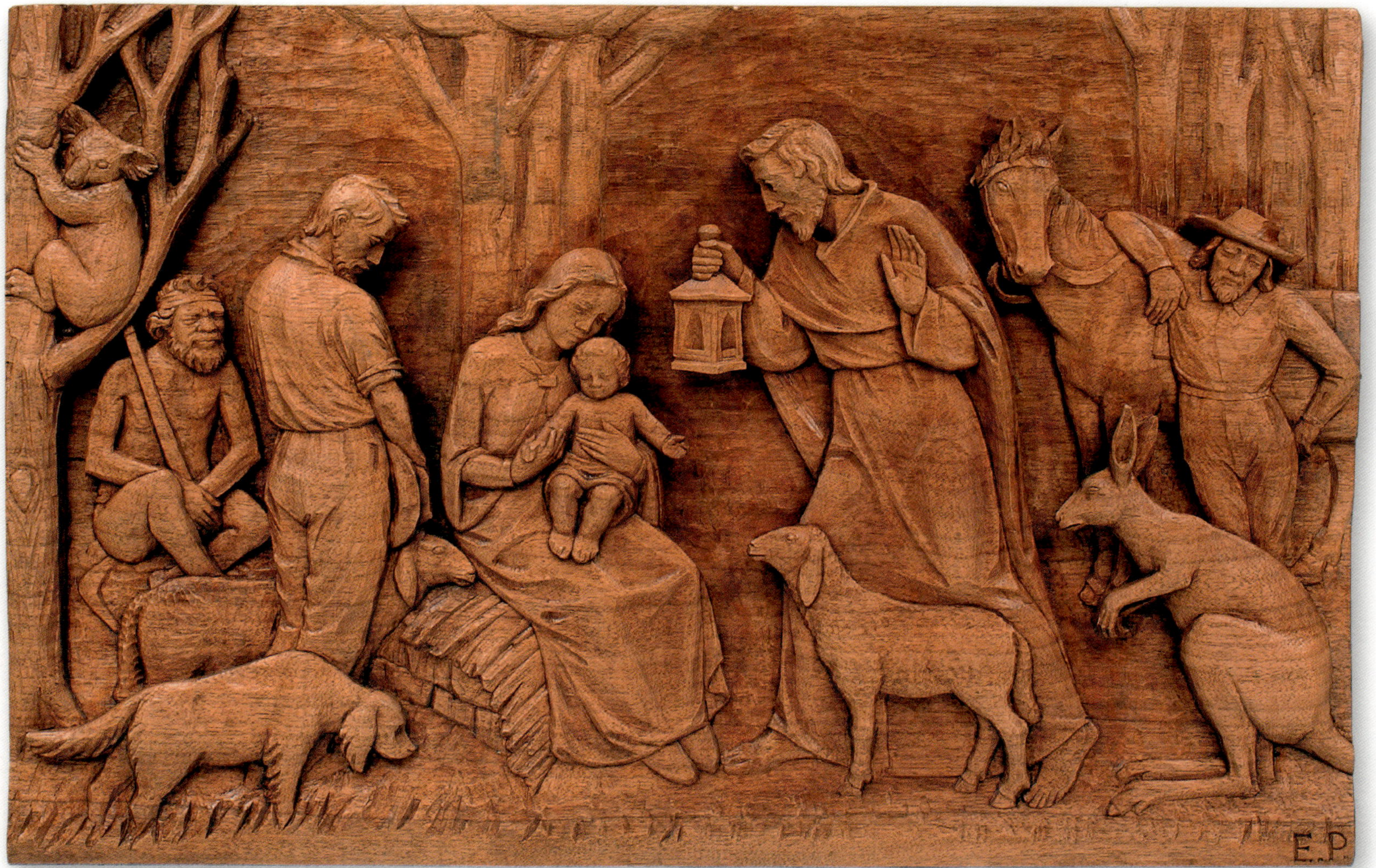

Australien
Holzrelief
(nach Vorstellungen
des Ehepaar Buchholz)
Holz
41 x 62 x 5 cm
Sammlung Würth, Inv. K82
Erworben 2002

ZENTRAL- / NORDAMERIKA

Mexiko gilt als das krippenreichste Land der Welt. Vor allem im Süden des Landes entstehen Krippen aus Ton, aber auch aus so unterschiedlichen Materialien wie Weißblech, Stroh und Papiermaché, Holz und Glas. Textilbilder, Scherenschnitte und Malereien auf Baumborke ergänzen die Vielfalt. Oft werden Haus- und Hoftiere um die Krippe herum platziert wie etwa der Hahn.

Als Höhepunkt mexikanischer Krippenkunst kann der Lebensbaum („Arbol de la vida") oder Paradiesbaum bezeichnet werden. Vögel, Blüten und Blätter aus gebranntem, in leuchtenden Farben bemaltem Ton ranken sich um Kerzenständer. Sie stehen sinnbildlich für die erneute Öffnung des Paradieses durch die Geburt Jesu.

Auch die anderen Länder Mittelamerikas und der Karibik zeichnen sich durch kunstvolle Krippen aus, insbesondere solche aus Ton und Holz sowie Stoff. Bei diesen Darstellungen mischen sich ebenfalls deutlich europäische Krippentraditionen mit Elementen aus den indigenen Kulturen. Oftmals werden die Krippen farbenfroh durch zahlreiche Tierfiguren und Pflanzendarstellungen ergänzt.

Nordamerika mit den Ländern USA und Kanada hat das Sammlerehepaar als eher krippenarm kennengelernt. Doch werden in Missionsstationen nach wie vor Krippen hergestellt, die auch hier von den Farben, Formen und Figuren der indigenen Völker und First Nations geprägt sind und das weihnachtliche Geschehen bis ins ferne Alaska bringen.

Mexiko
Anbetung
gebrannter Ton
Höhe bis 20 cm
Sammlung Würth, Inv. K455
Erworben 2002

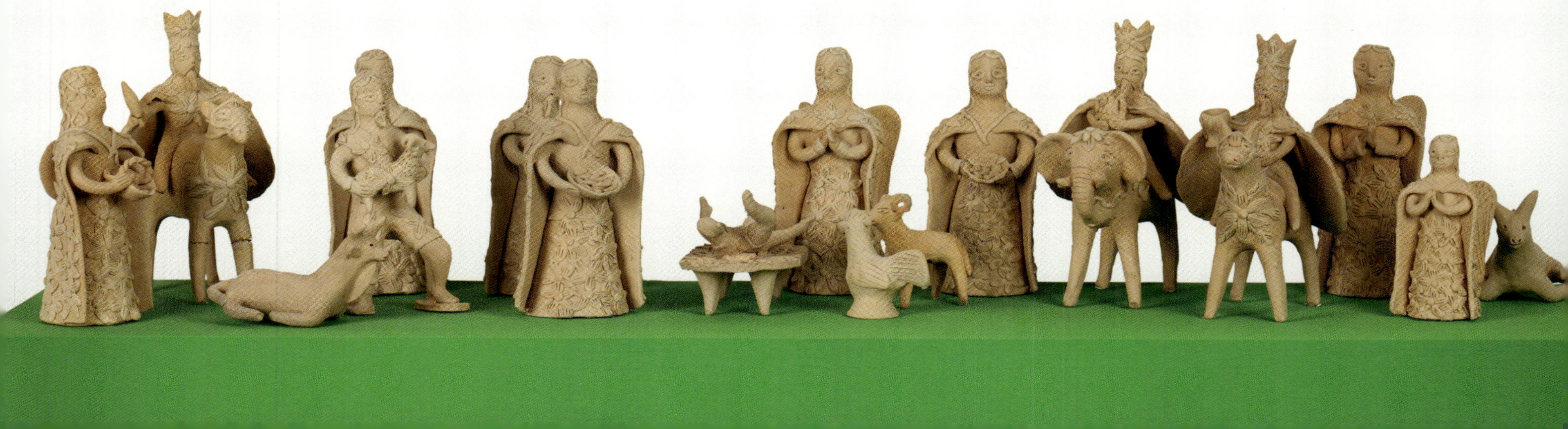

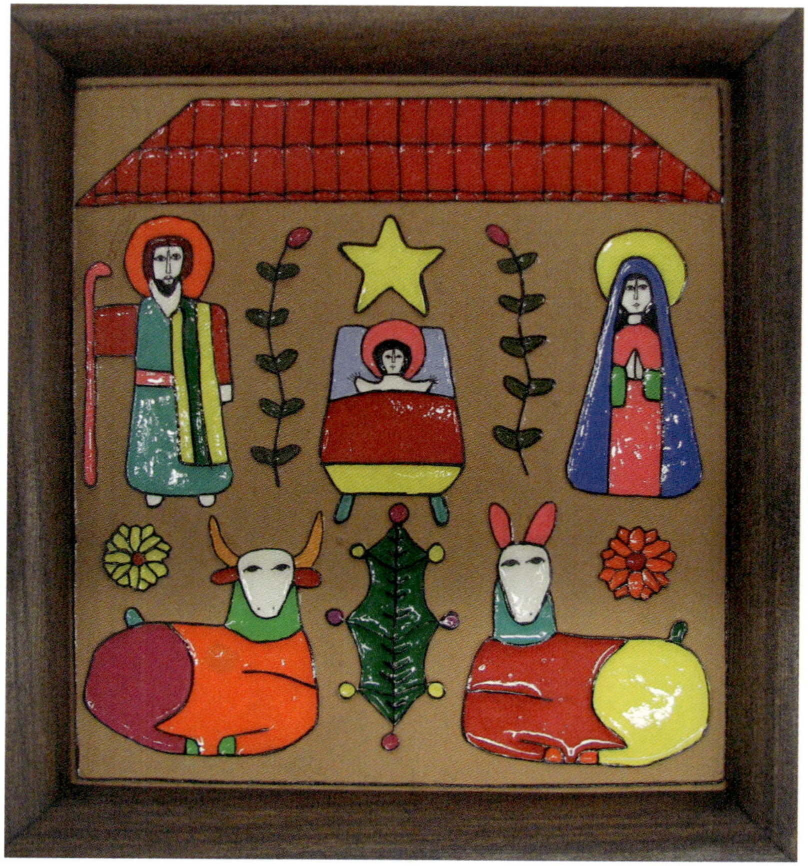

El Salvador
Blütenranken-Krippe
Ton, Lackfarben, gerahmt in Holz
17,5 x 16 x 2,5 cm
Sammlung Würth, Inv. K342
Erworben 2002

El Salvador
Spielzeugretablo
Holz, Lackfarben
15 x 12,6 x 6,1 cm
Sammlung Würth, Inv. K855
Erworben 2002

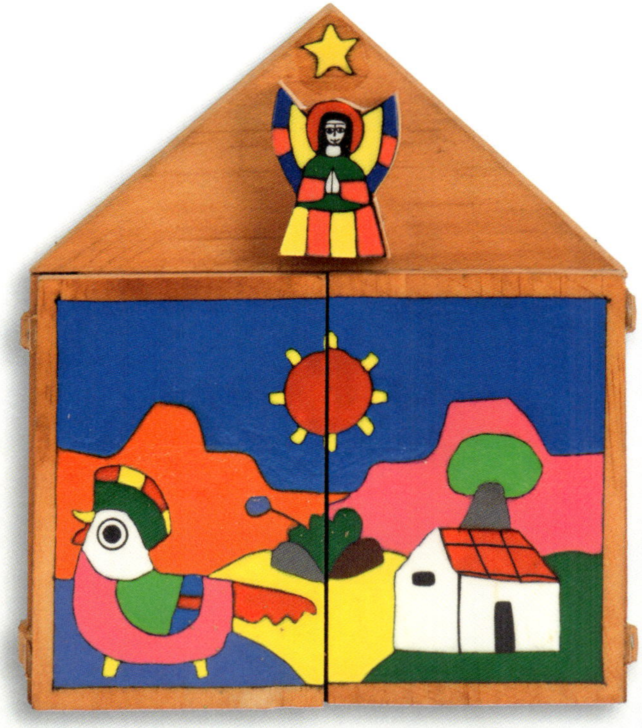

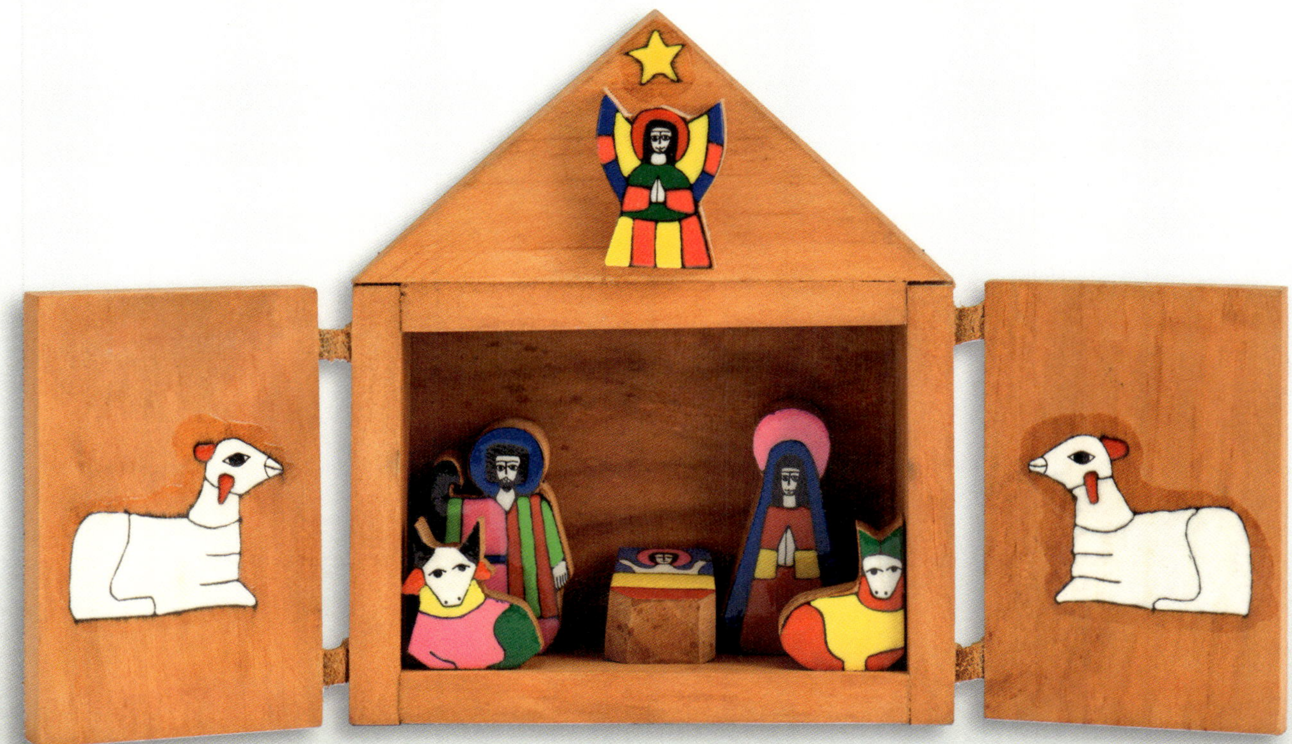

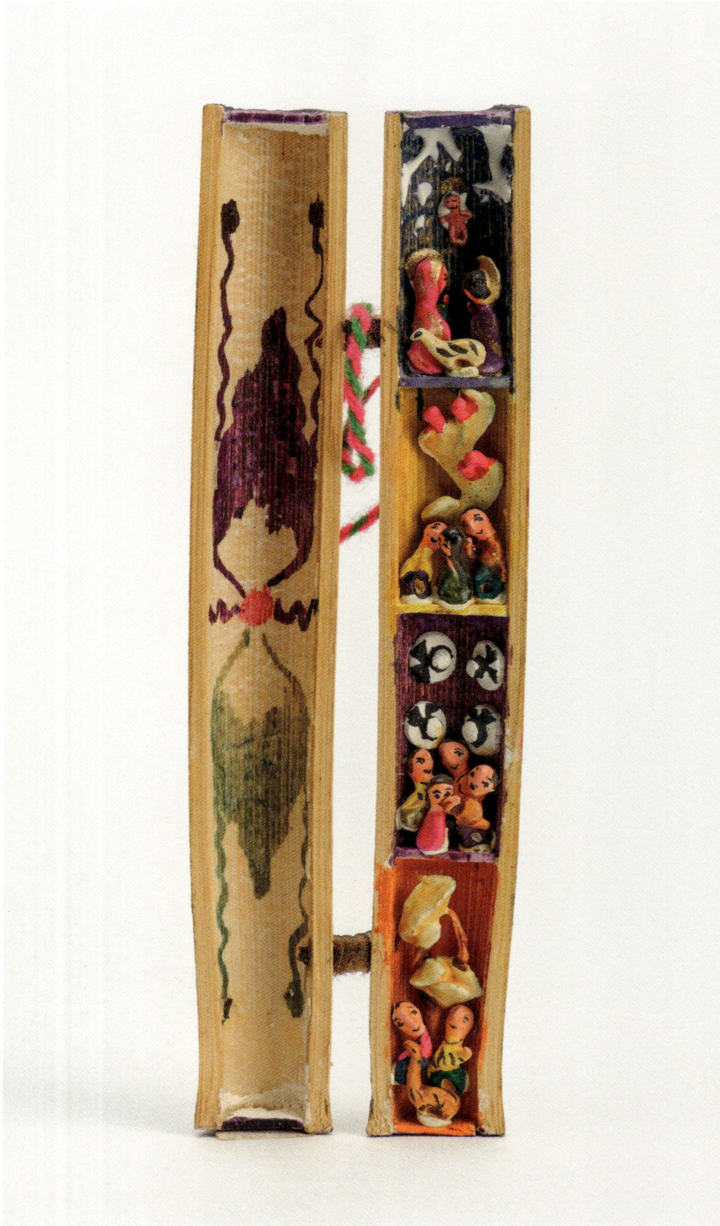

Mexiko
Bambusrohrkrippe
Bambus, gebrannter
und bemalter Ton
18 x 2,5 cm
Sammlung Würth, Inv. K461
Erworben 2002

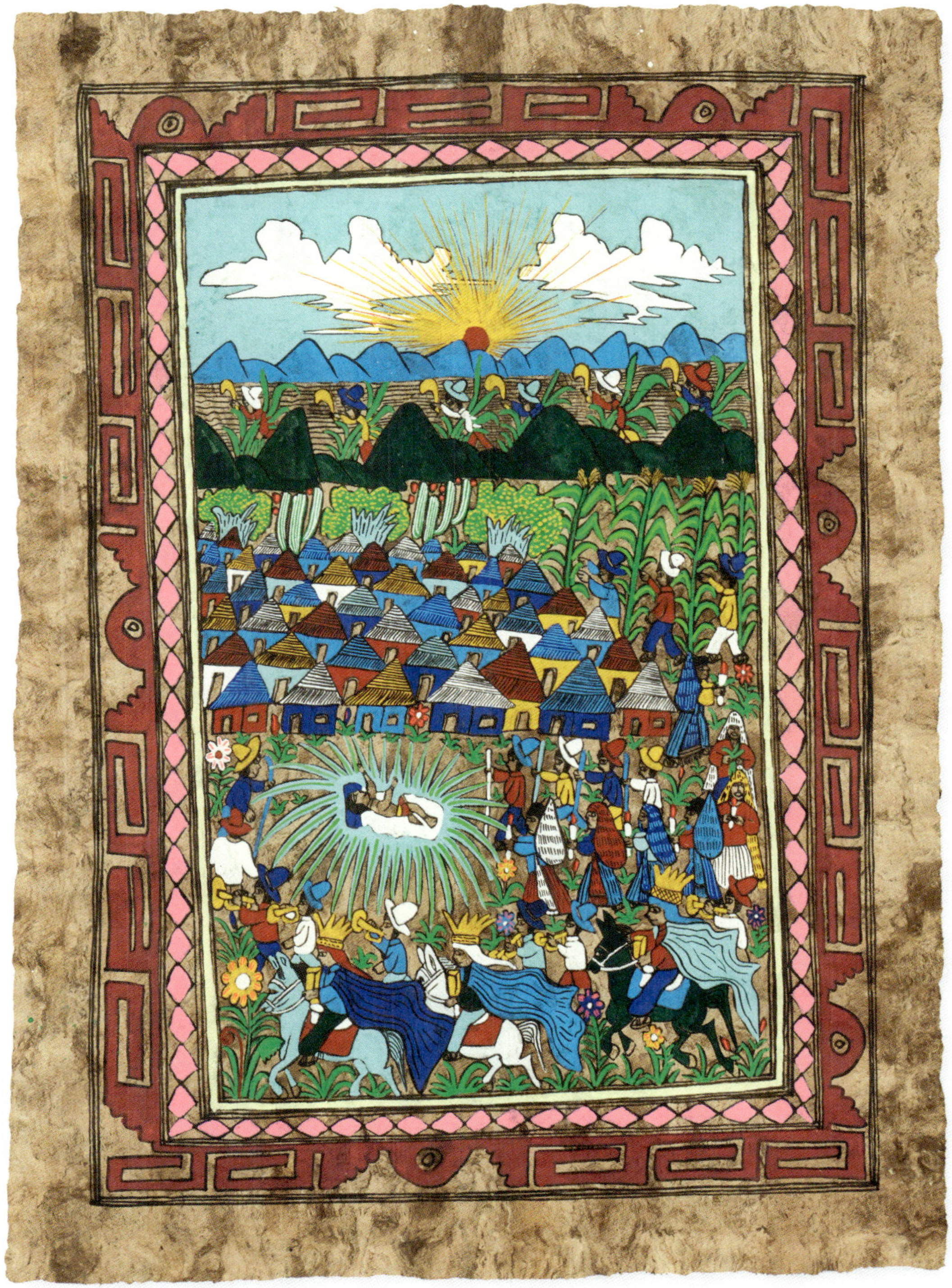

Mexiko
Jesus inmitten des Volkes
Blätter, Borkenblatt, Farben
71 x 53,3 cm, gerahmt
Sammlung Würth, Inv. K479
Erworben 2002

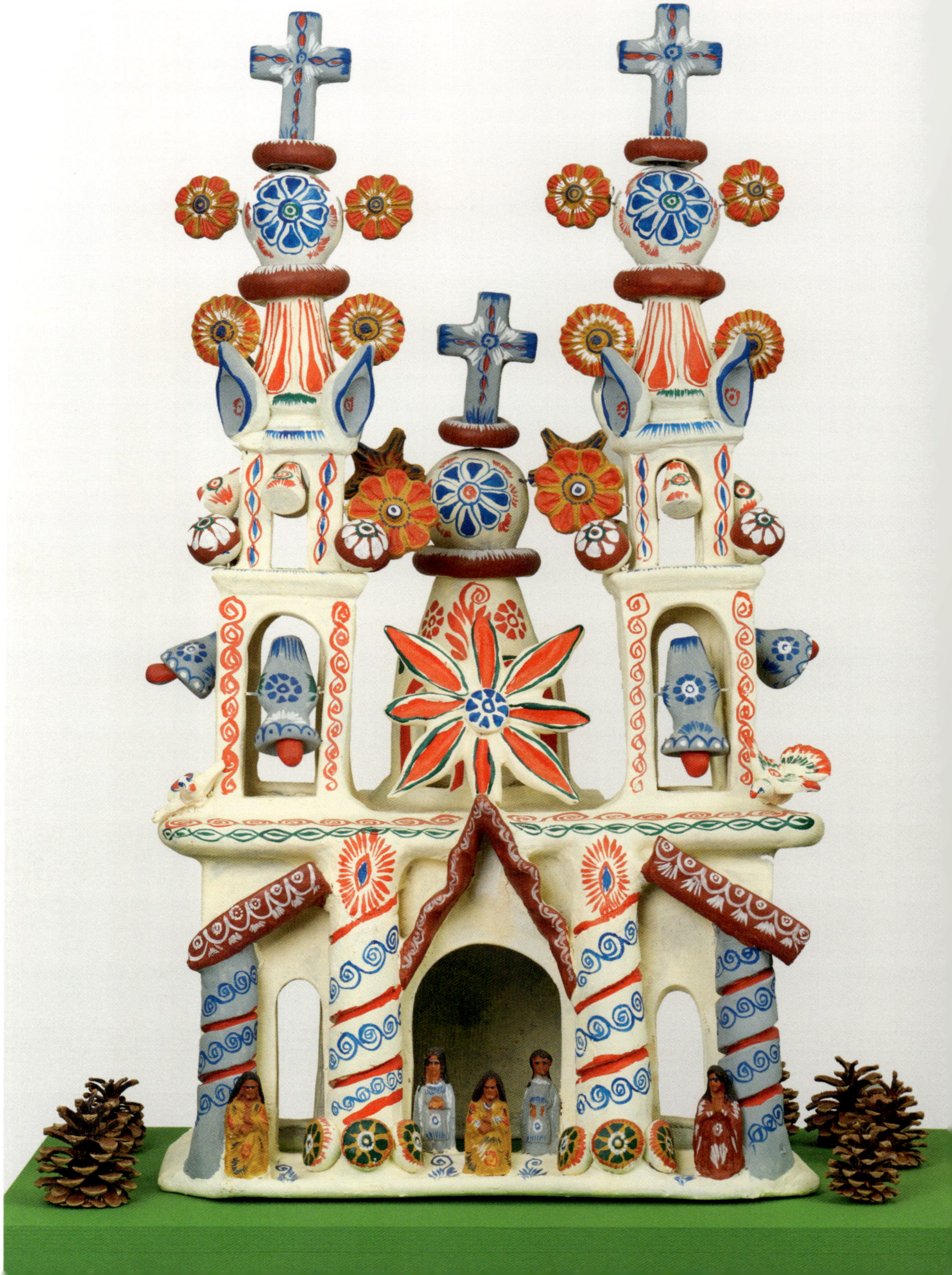

Mexiko
Kirchenkrippe
gebrannter und bemalter Ton
81 x 43 x 34 cm
Sammlung Würth, Inv. K472
Erworben 2002

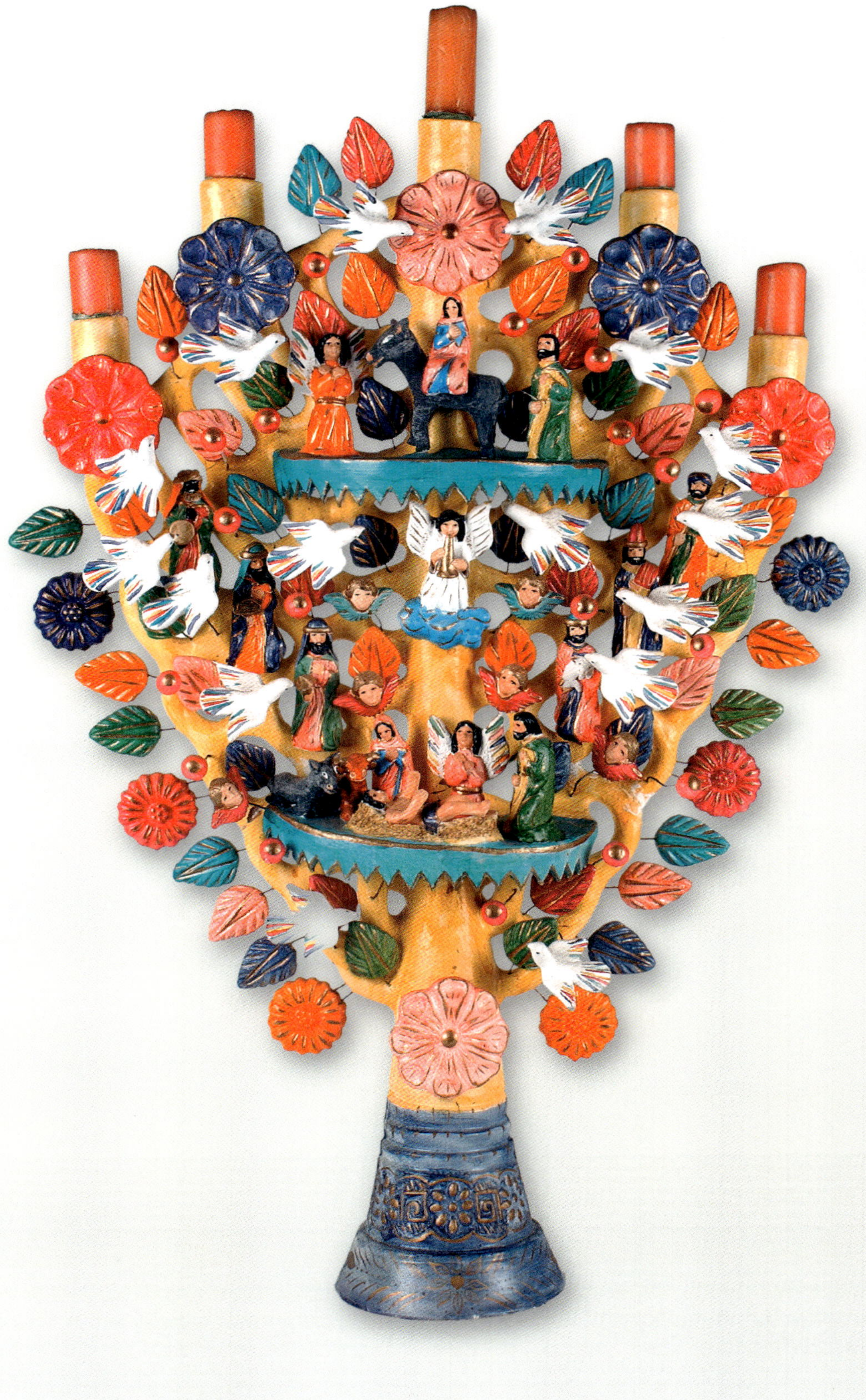

Mexiko
Krippenbaum
gebrannter und glasierter Ton
94 x 63 x 20 cm
Sammlung Würth, Inv. K454
Erworben 2002

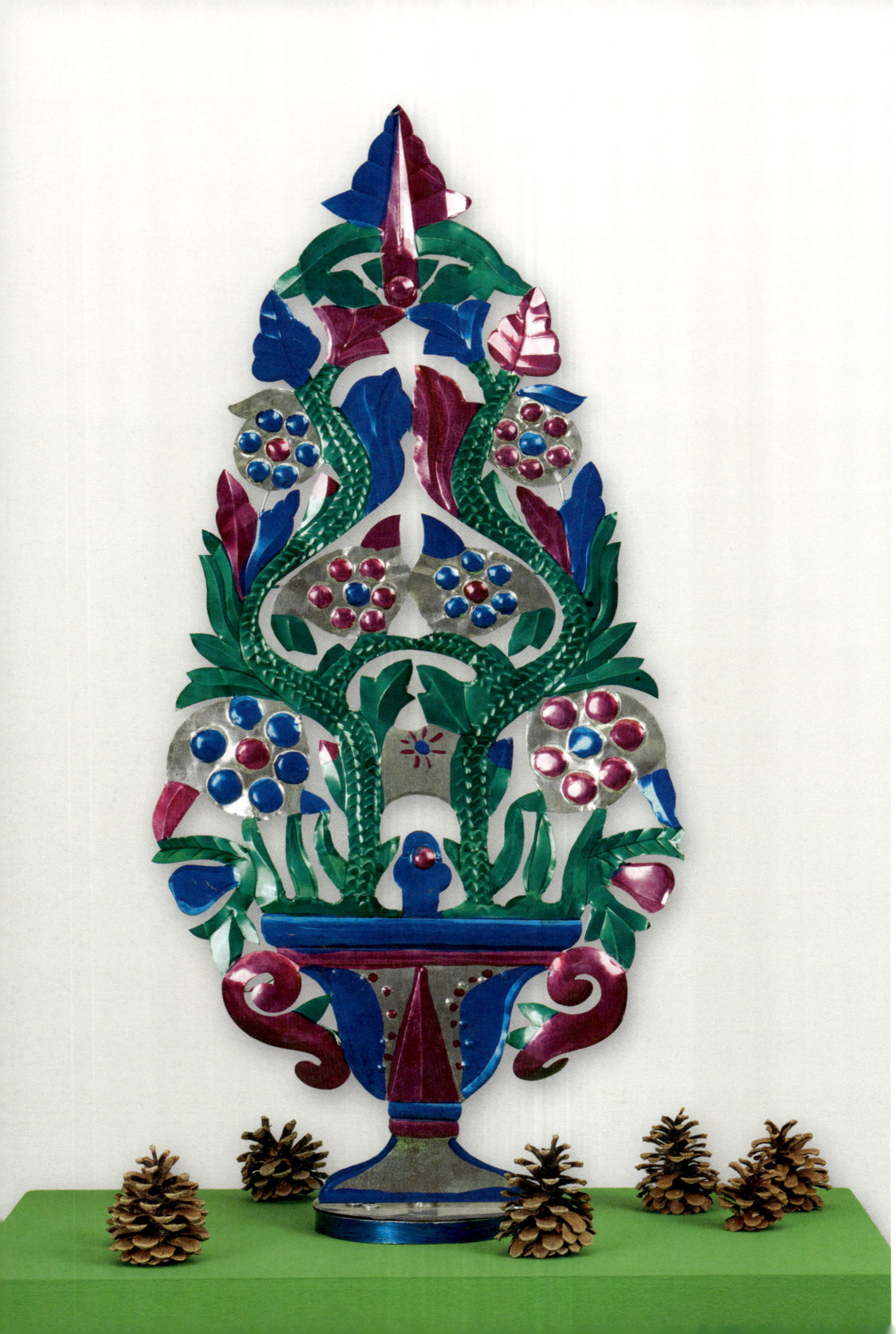

Mexiko
Weißblechbaum
Metalle, Weißblech, Acrylfarben
76,5 x 36 cm
Sammlung Würth, Inv. K473
Erworben 2002

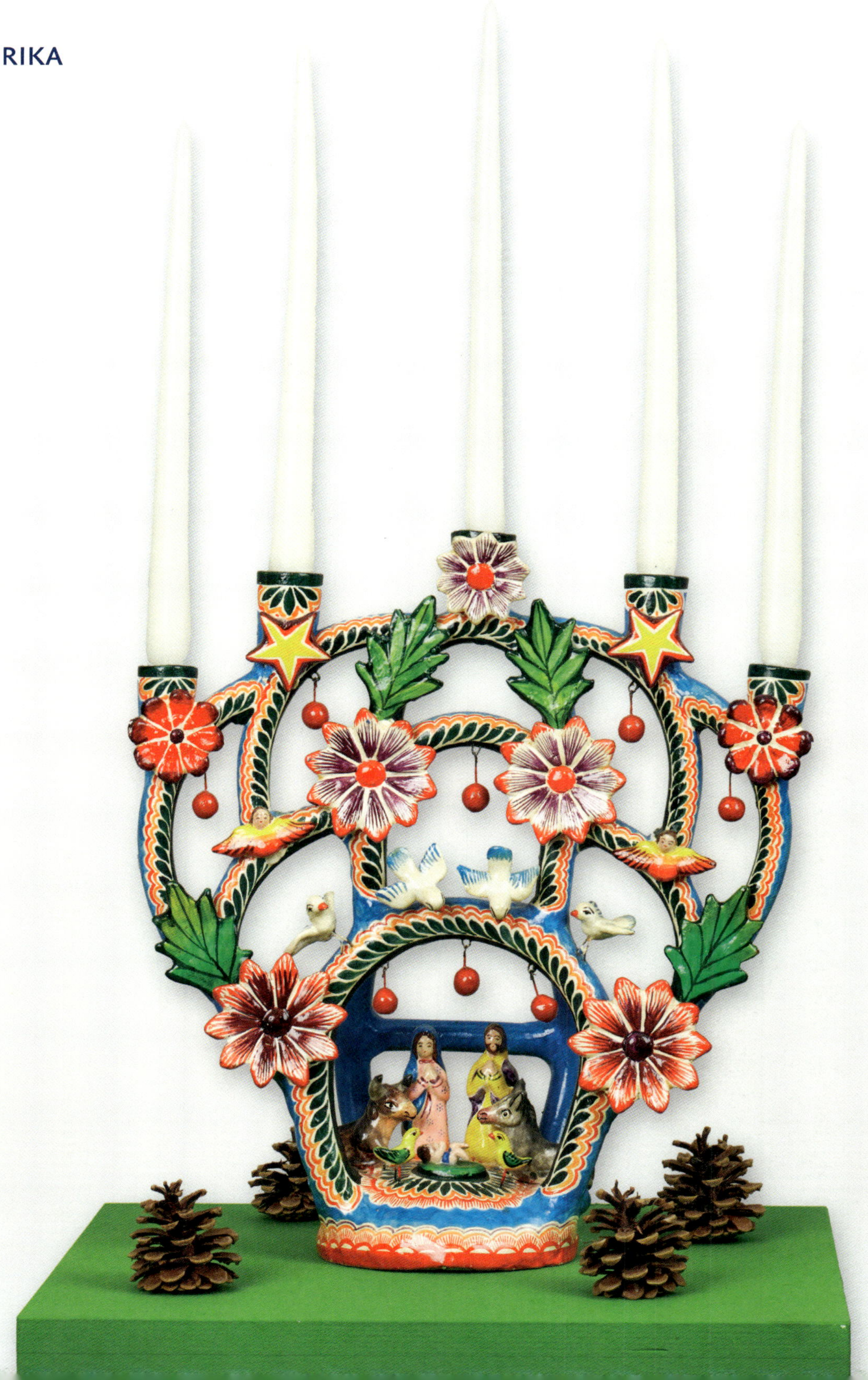

Mexiko
Bunter Krippenbaum
gebrannter und lackierter Ton
39 × 35 × 16 cm
Sammlung Würth, Inv. K487
Erworben 2002

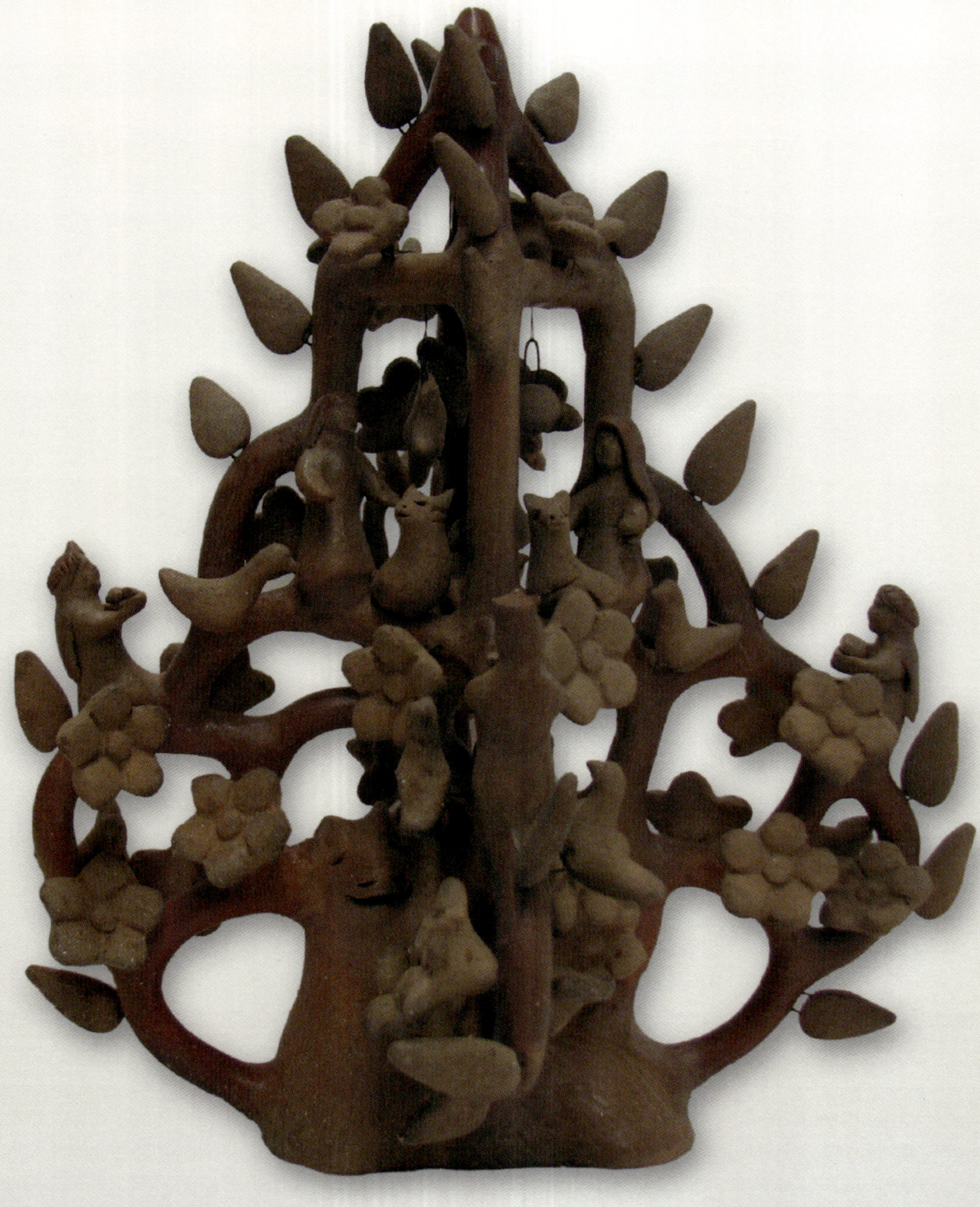

Mexico
Krippenbaum mit Tier
gebrannter Ton, Draht
33 x 26 x 23 cm
Sammlung Würth, Inv. K469
Erworben 2002

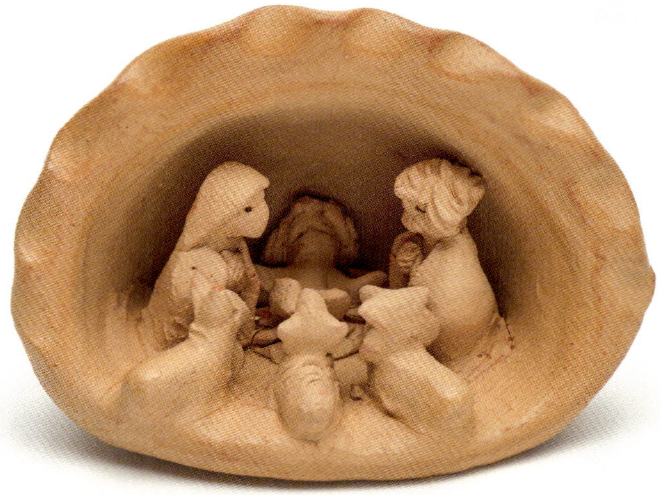

Guatemala
Miniatur-Krippe
gebrannter Ton
5 × 7 × 4,5 cm
Sammlung Würth, Inv. K163
Erworben 2002

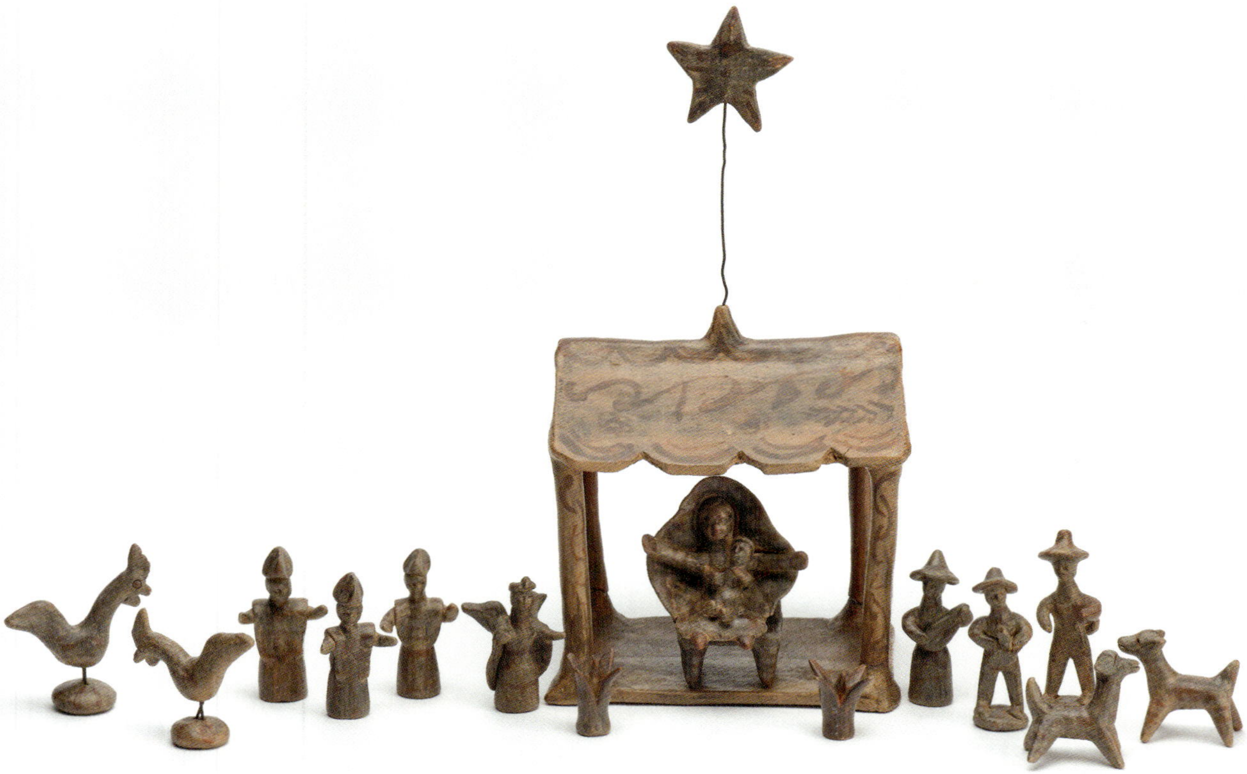

Mexiko
Thronmadonna
gebrannter und glasierter Ton
Stall: 20 x 19,5 x 17 cm, Höhe
Figuren bis 11 cm
Sammlung Würth, Inv. K467
Erworben 2002

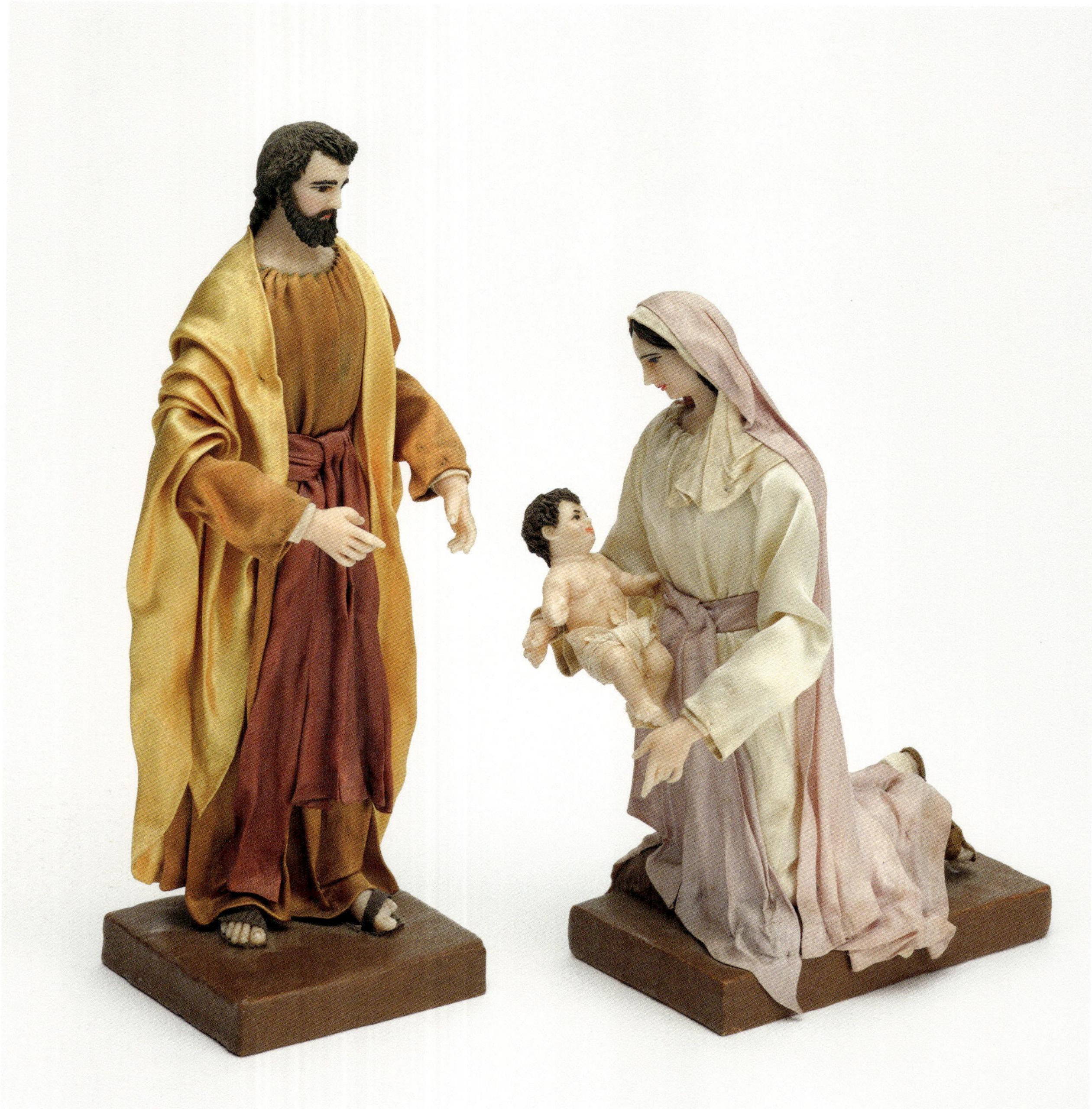

Mexiko
Heilige Familie von Guadalupe
Salzteig, Wachs, Textil
Höhe bis 31,5 cm
Sammlung Würth, Inv. K465
Erworben 2002

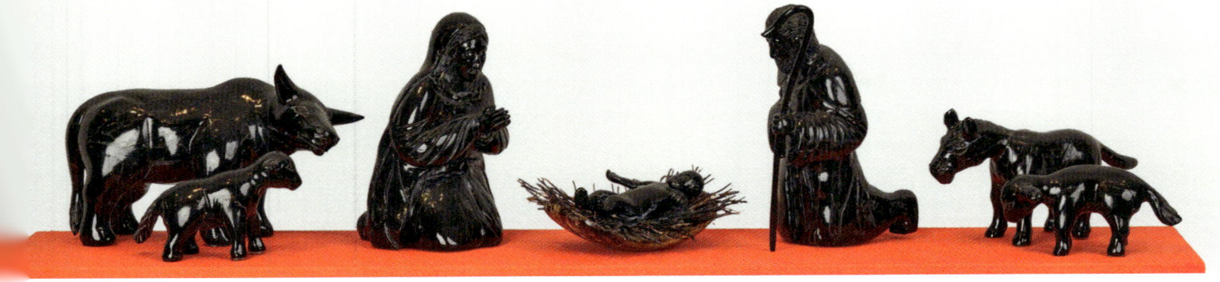

Dominikanische Republik
Heilige Familie mit Tieren
schwarze Koralle
Höhe bis 11 cm
Sammlung Würth, Inv. K775
Erworben 2002

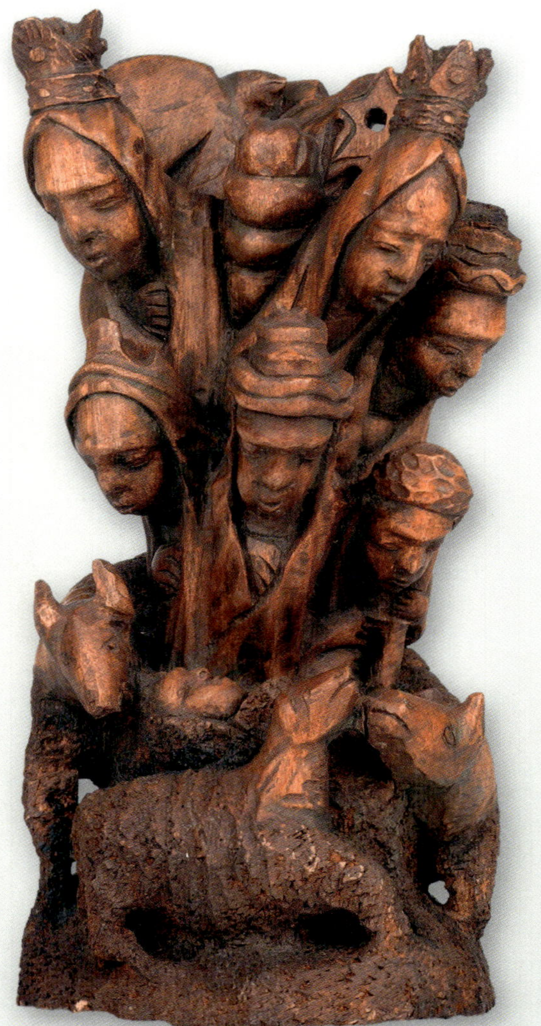

Haiti
Joseph Nacius
Skulptur mit Köpfen
Holz
35 x 18,5 x 18 cm
Sammlung Würth, Inv. K362
Erworben 2002

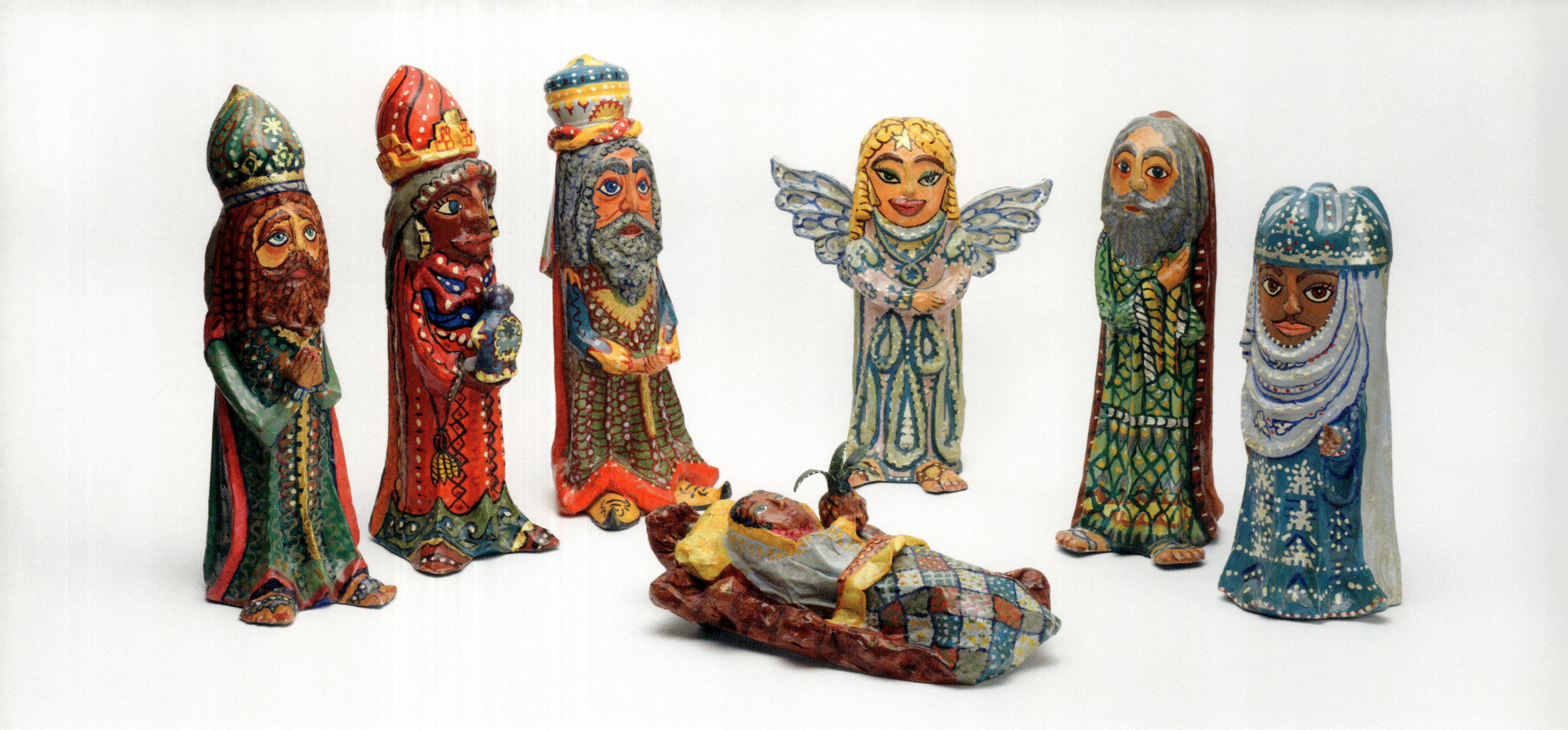

Kuba
Jorge Nasser Gonzáles
Anbetung der Heiligen Drei Könige
Pappmaché
Höhe bis 44 cm
Sammlung Würth, Inv. K986
Erworben 2002

USA
Flucht nach Ägypten
gebrannter und glasierter Ton
22 x 21 cm
Sammlung Würth, Inv. K644
Erworben 2002

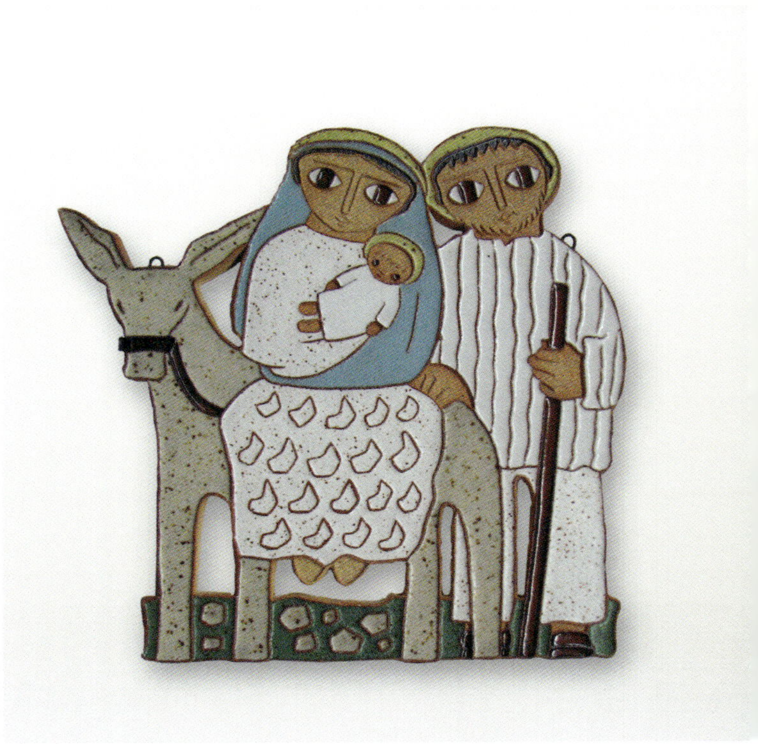

USA
Navajo-Krippe
gebrannter und bemalter Ton, Holz
Höhe bis 22,5 cm
Sammlung Würth, Inv. K867
Erworben 2002

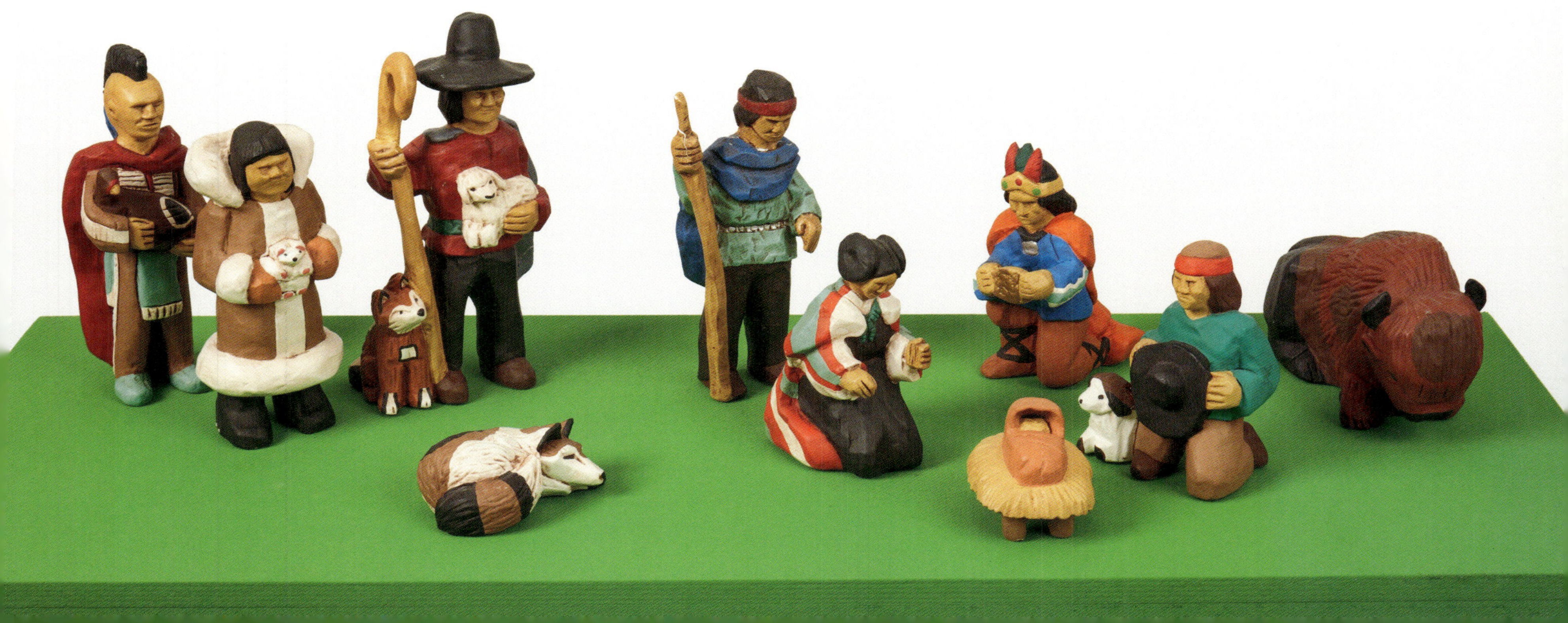

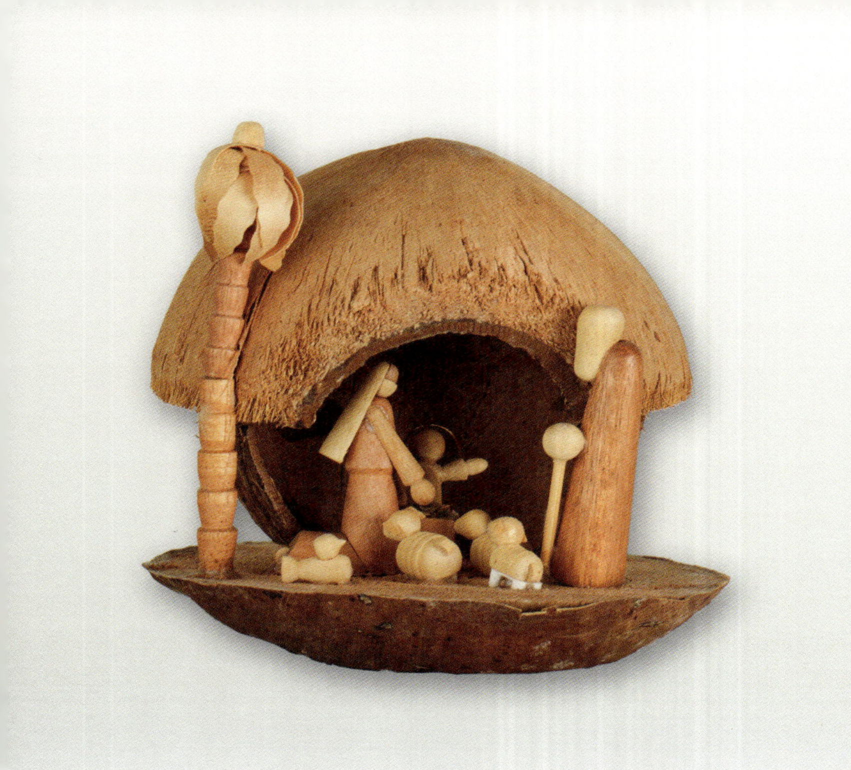

USA
Hawaii-Krippe
Früchte, Kokosnuss, Holz
12,5 x 14 x 14,5 cm
Sammlung Würth, Inv. K651
Erworben 2002

USA
Feuerstellenkrippe
gebrannter und bemalter Ton
12 x 29 x 16 cm
Sammlung Würth, Inv. K646
Erworben 2002

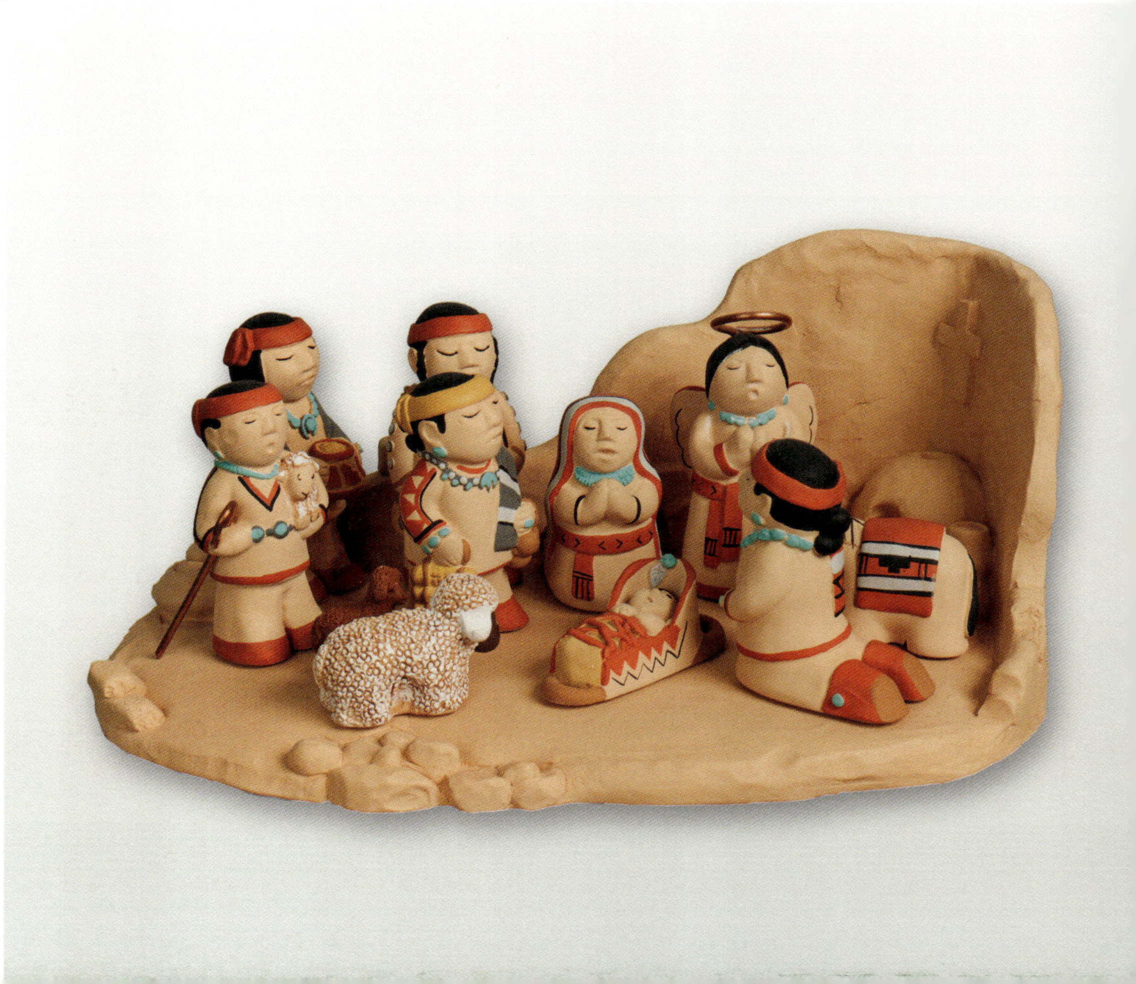

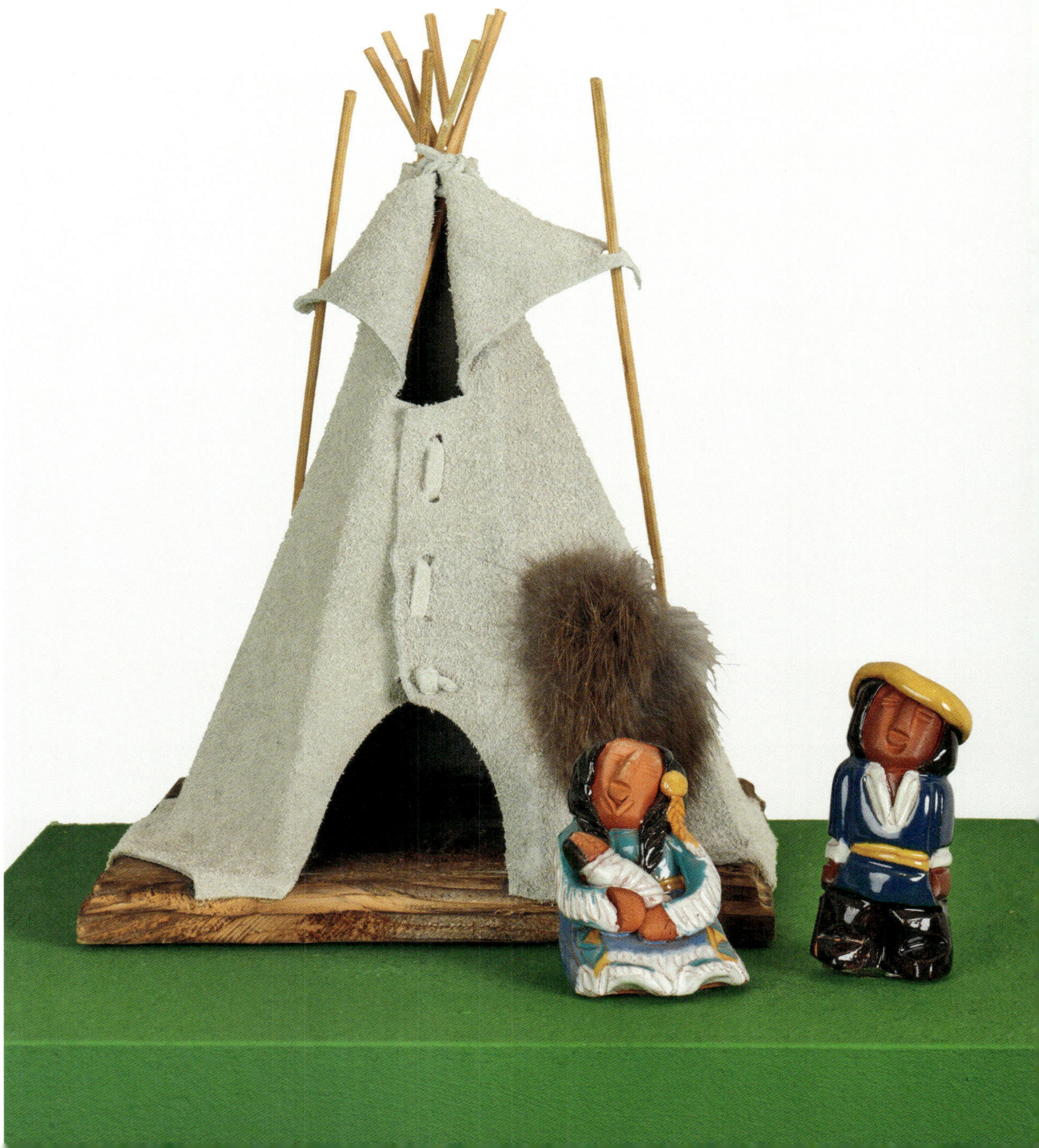

Kanada
Zeltkrippe
gebrannter und bemalter Ton,
Leder, Holz
25 x 17 x 17 cm
Sammlung Würth, Inv. K110
Erworben 2002

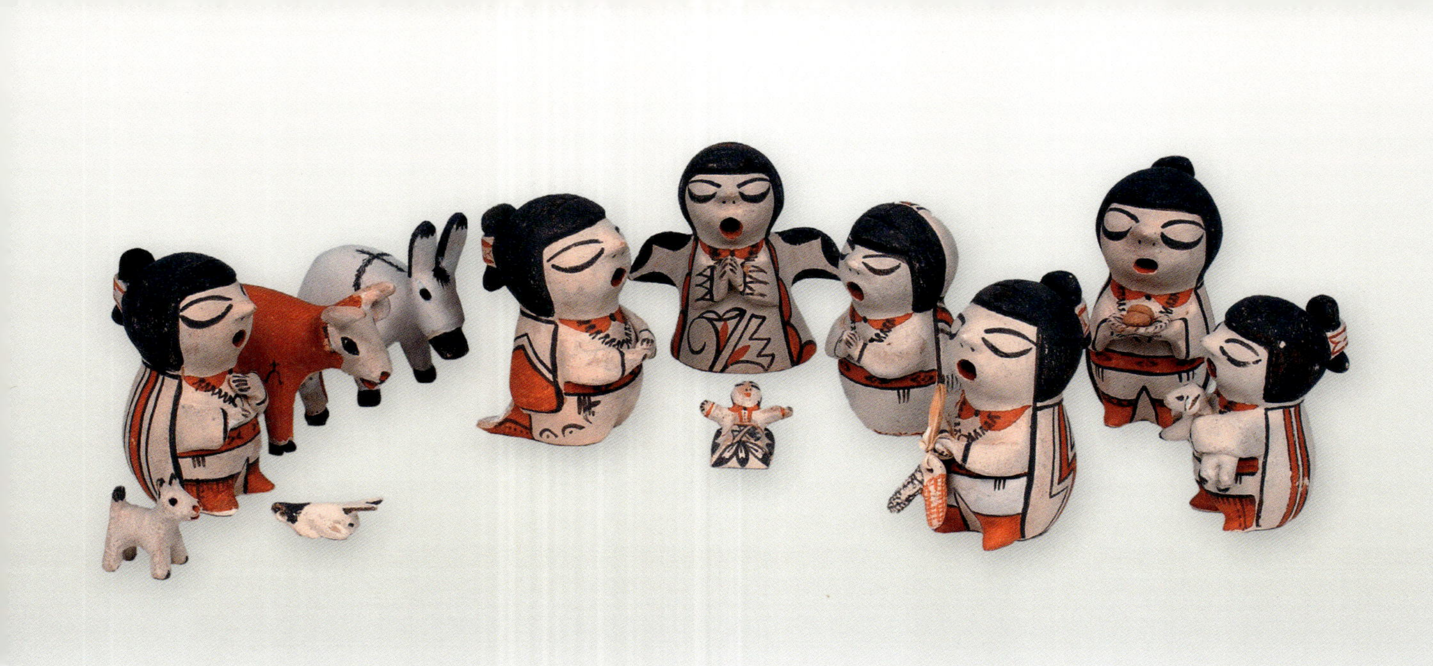

USA
Pueblo-de-Cochiti-Krippe
gebrannter und glasierter Ton
Höhe bis 11,5 cm
Sammlung Würth, Inv. K639
Erworben 2002

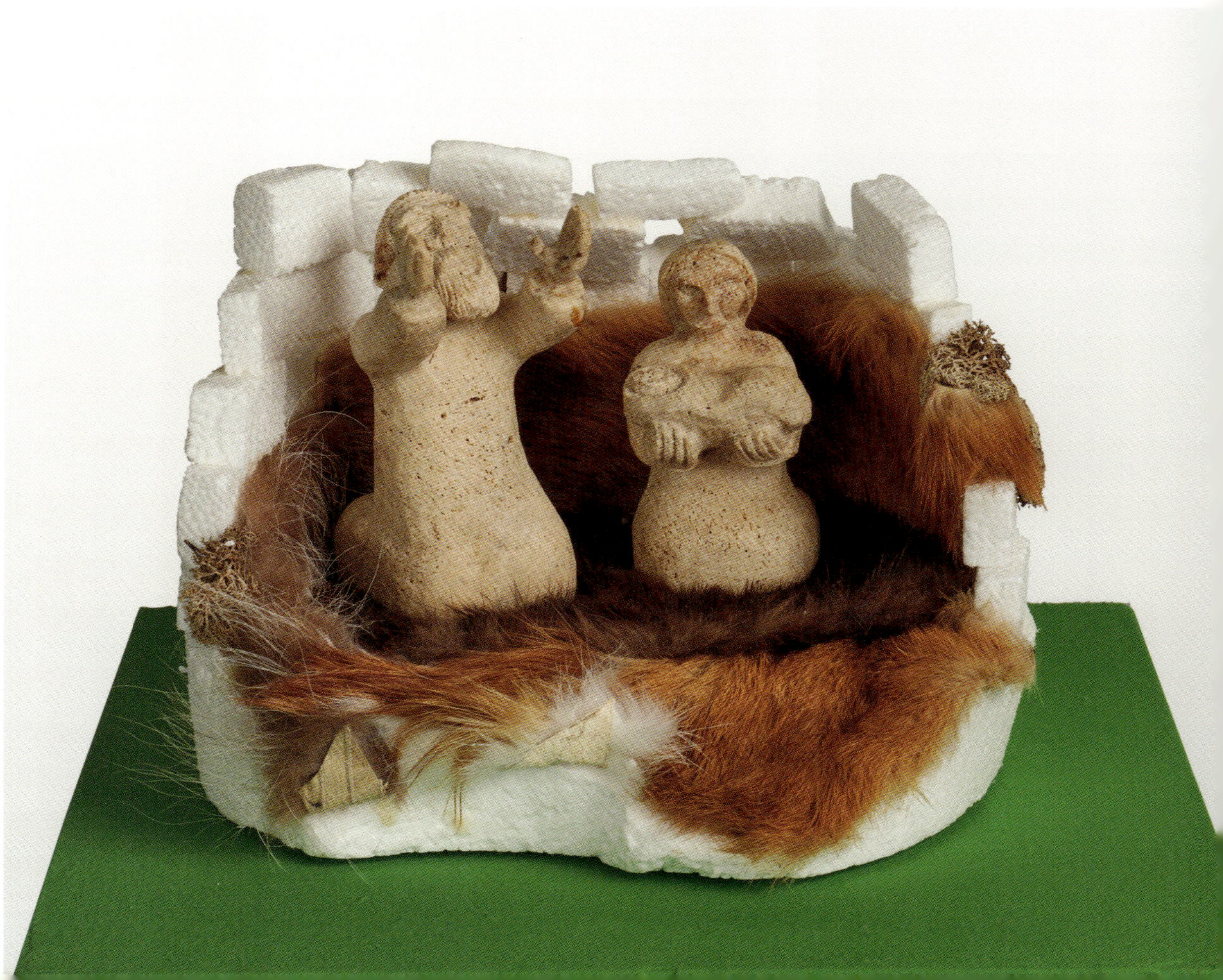

USA
Walknochenkrippe
Walknochen, Styropor, Fell,
Naturmaterialien
17 x 22 x 22 cm
Sammlung Würth, Inv. K640
Erworben 2002

SÜDAMERIKA

Reichhaltig und farbenprächtig zeigt sich die südamerikanische Krippenkultur, deren Ursprünge sich auf die jesuitische Missionierung der indigenen Völker seit dem 17. Jahrhundert zurückführen lassen. Eine große Hürde für die Christianisierung stellten hier, wie in anderen Erdteilen auch, neben anderen interkulturellen Schwierigkeiten die sprachlichen Barrieren dar, sodass figürliche Darstellungen wie Krippen zur Unterweisung in der Heilsgeschichte genutzt wurden. Zunächst aus Europa importiert, wurden sie bald von vor Ort ansässigen Künstlerinnen und Künstlern angefertigt, die ihre lokalen Stile und Vorstellungen einfließen ließen. Hieraus entwickelte sich eine eigene Tradition, die auch nichtchristliche Elemente und Spezifika der indigenen Kultur aufscheinen lässt und damit den Betrachterinnen und Betrachtern die Möglichkeit bietet, sich in ihrem gewohnten Umfeld und zugleich inmitten der biblischen Geschichte wiederzufinden.

Ecuador ist berühmt für seine Krippendarstellungen aus bemaltem Brotteig. Aus Bolivien kommen buntbestickte Stofffiguren aus Lamawolle, in Kolumbien fand das Sammlerehepaar farbig glasierte Tongruppen auf Platten und in Argentinien bemalte Kalebassen (Kürbisse). Einzigartig ist auch die Krippenkunst in Peru: Bei Künstlern wie Hilario Mendívil beeinflussen Bestandteile des lateinamerikanischen Barocks die kunstvollen Krippenfiguren; aus den Hausaltären haben sich farben- und figurenprächtige Retablos in sehr unterschiedlichen Größen entwickelt. Einfacher, aber keineswegs weniger Andacht hervorrufend sind die zahlreichen Tonkrippen in erdverbundenen Farben und mit Komponenten der indigenen Kultur.

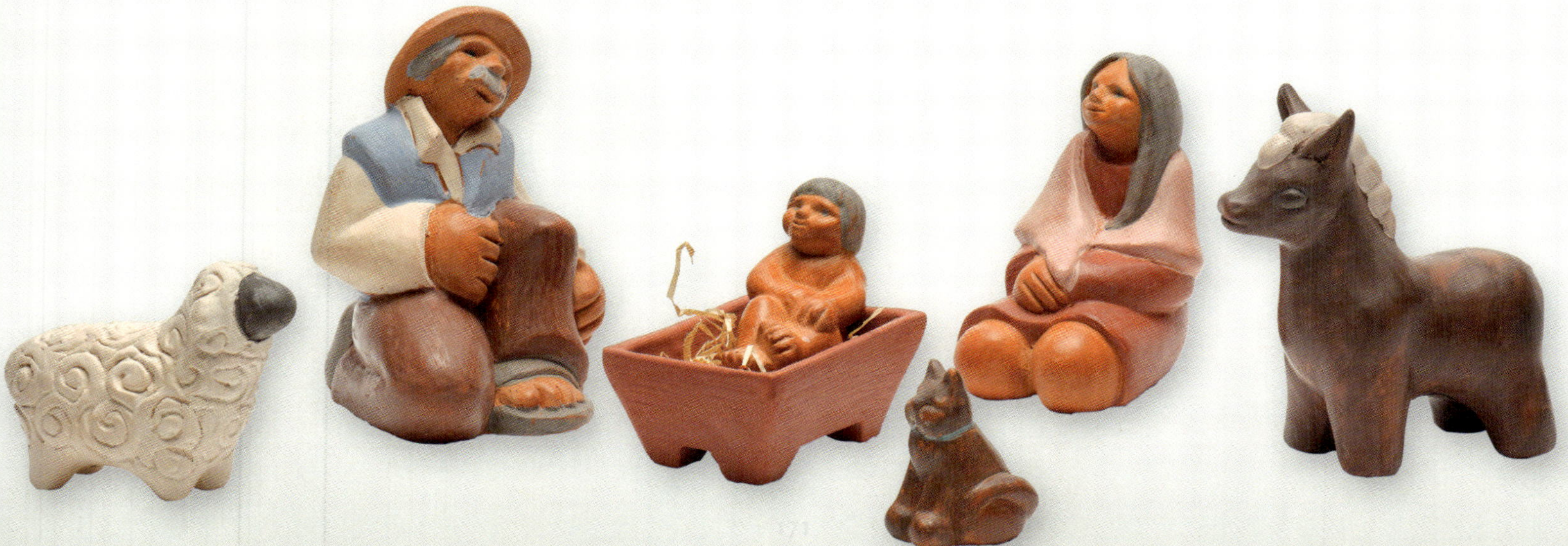

Chile
Krippe mit Katze
gebrannter und bemalter Ton
Höhe bis 14 cm
Sammlung Würth, Inv. K116
Erworben 2002

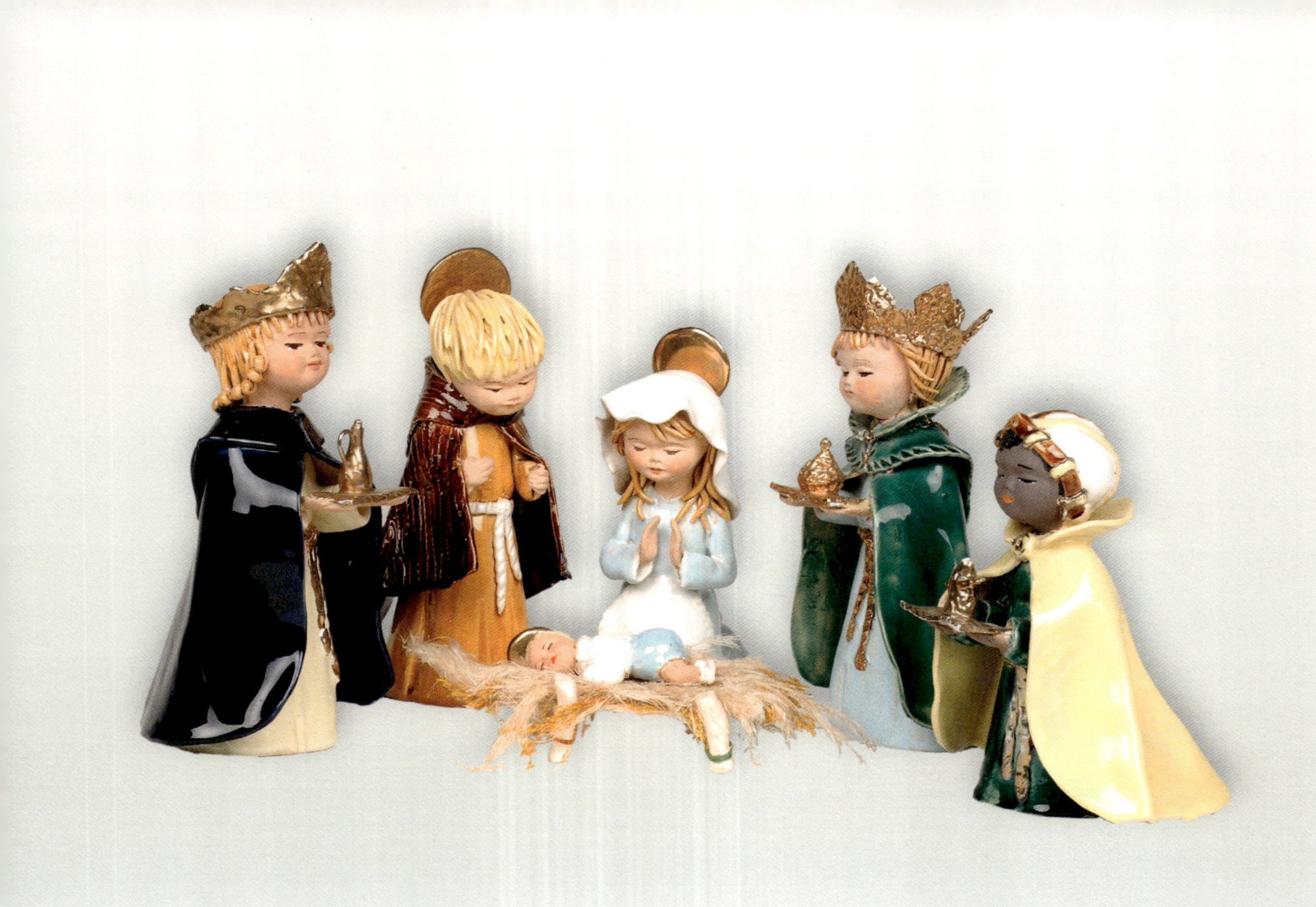

Chile
Anbetung der Heiligen Drei Könige
gebrannter und glasierter Ton
Höhe bis 22,5 cm
Sammlung Würth, Inv. K112
Erworben 2002

Kolumbien
Kompaktkrippe
gebrannter und glasierter Ton
8 x 15 cm
Sammlung Würth, Inv. K448
Erworben 2002

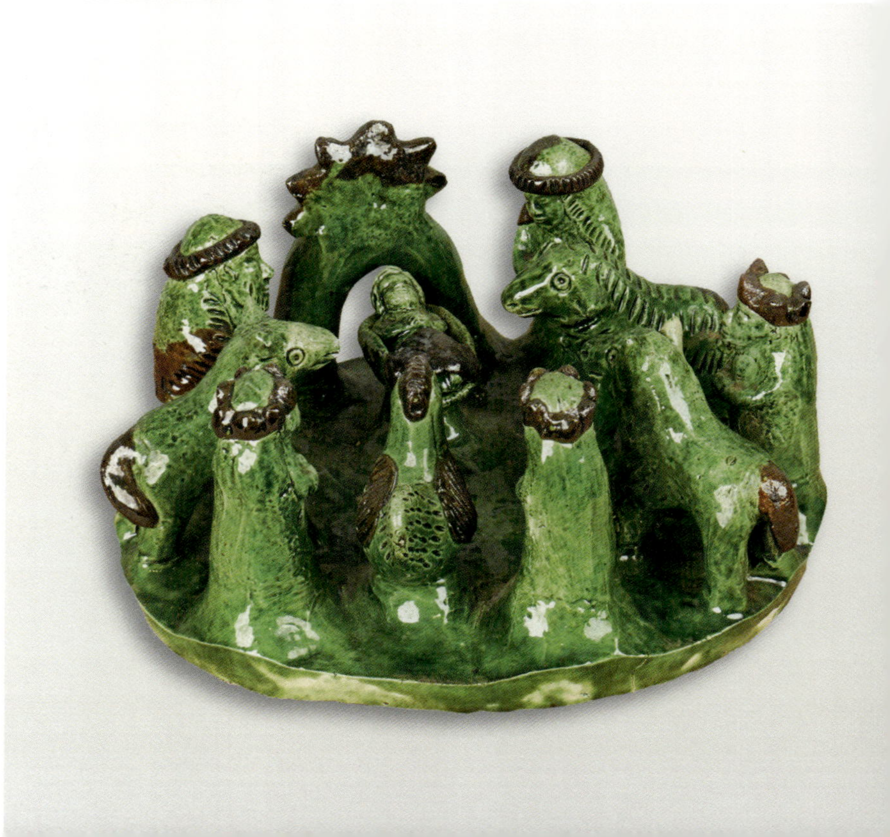

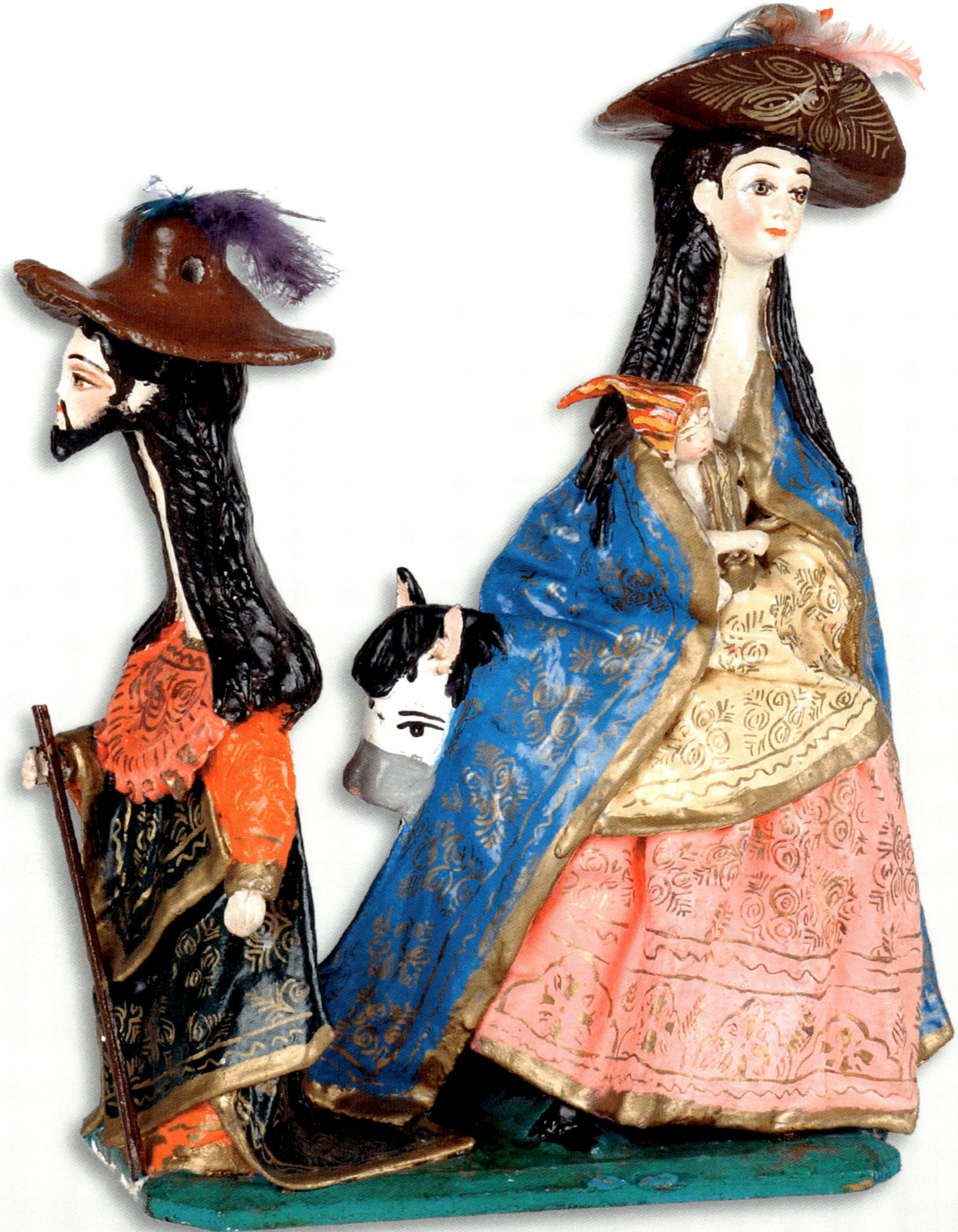

Peru
Hilario Mendívil
Flucht nach Ägypten
lackiertes Papiermaché
32,5 x 28 x 11,5 cm
Sammlung Würth, Inv. K523
Erworben 2002

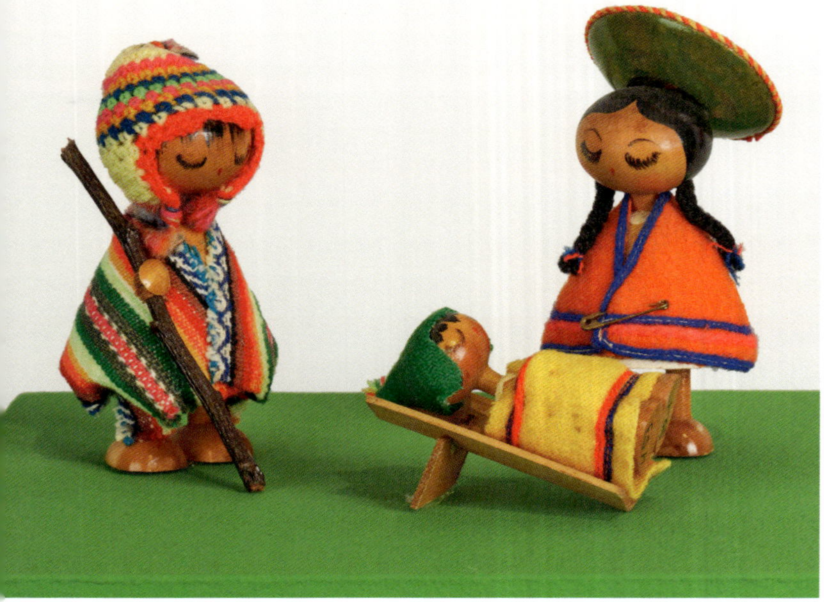

Peru
Heilige Familie
Holz, Textilien
Höhe bis 12 cm
Sammlung Würth, Inv. K518
Erworben 2002

Chile
Heilige Familie
gebrannter und bemalter
Ton, Textilien
Höhe bis 24,5 cm
Sammlung Würth, Inv. K114
Erworben 2002

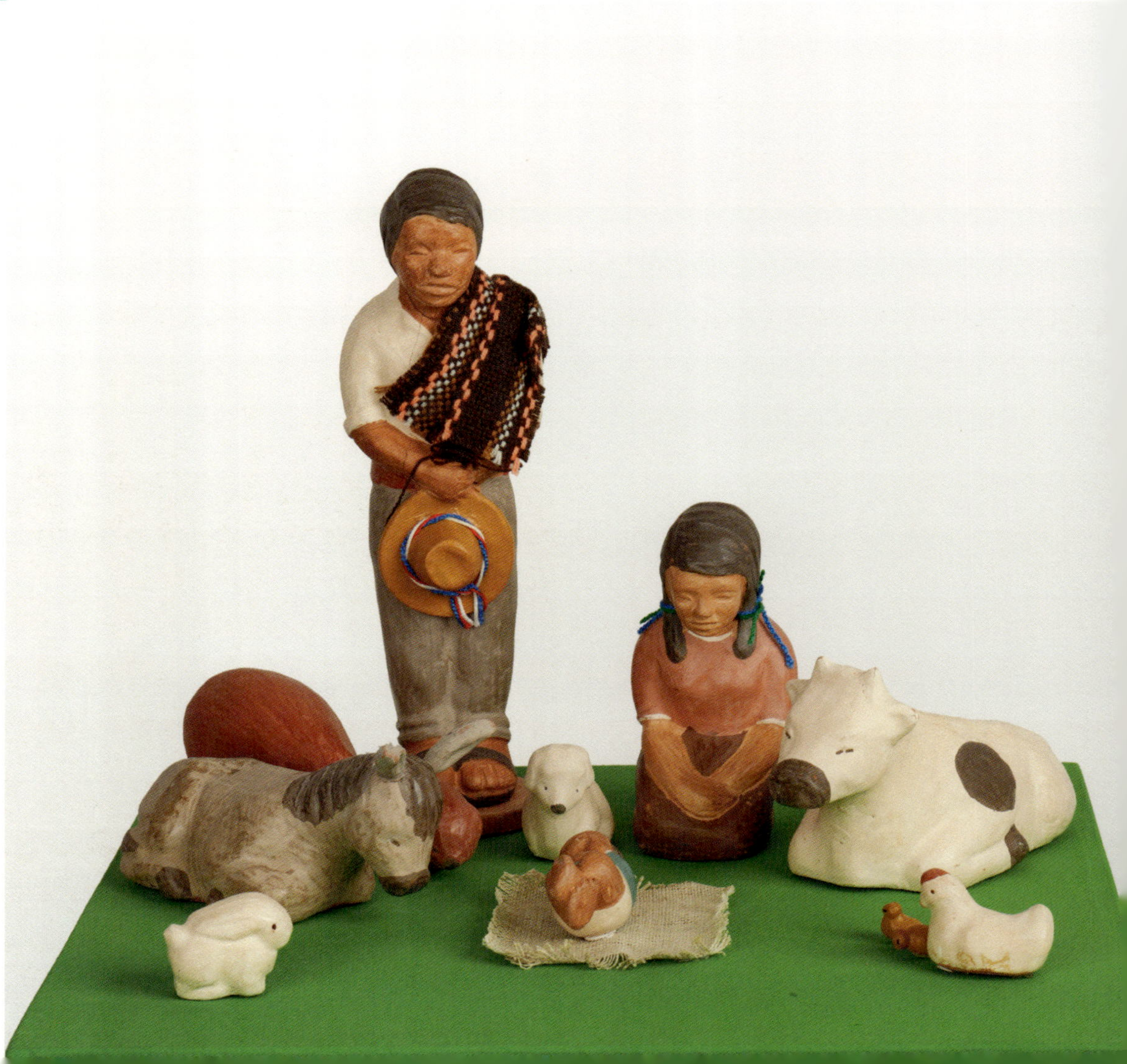

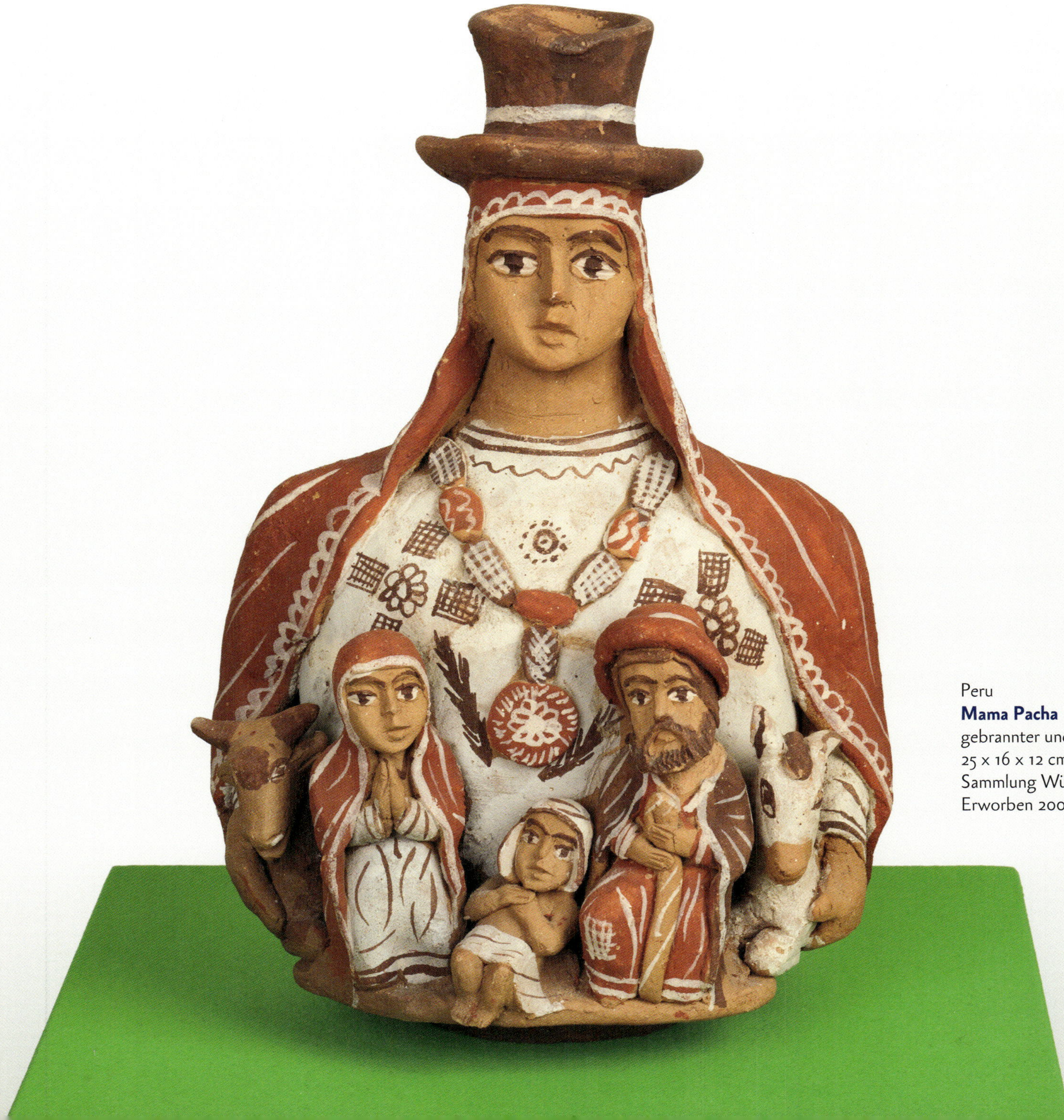

Peru
Mama Pacha
gebrannter und bemalter Ton
25 x 16 x 12 cm
Sammlung Würth, Inv. K535
Erworben 2002

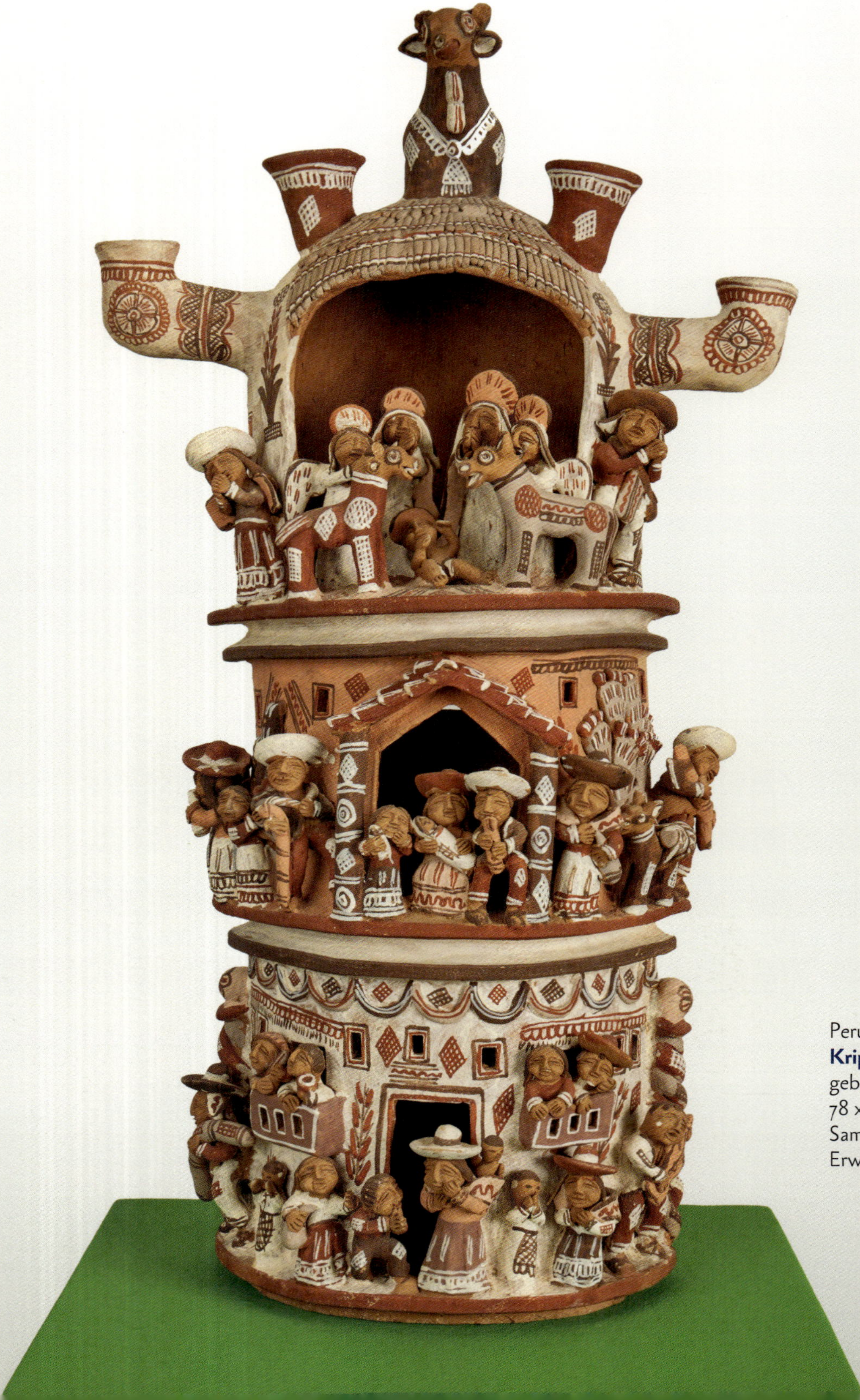

Peru
Krippenturm
gebrannter und bemalter Ton
78 x 42 x 20 cm
Sammlung Würth, Inv. K537
Erworben 2002

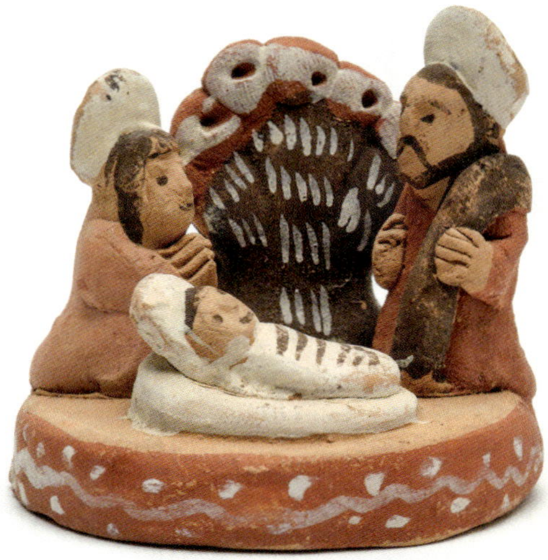

Peru
Heilige Familie mit Kaktus
gebrannter und bemalter Ton
4 x 4 cm
Sammlung Würth, Inv. K849
Erworben 2002

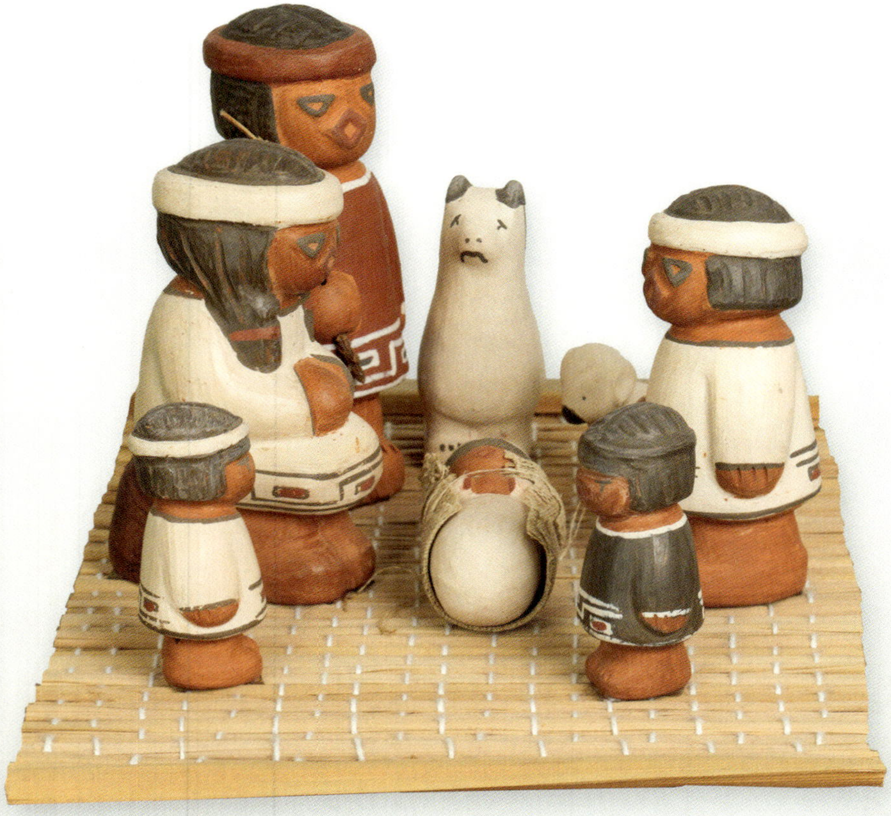

Chile
Heilige Familie mit Lama
gebrannter und bemalter Ton
Höhe bis 14 cm
Sammlung Würth, Inv. K115
Erworben 2002

Argentinien
Mataco-Krippe
Palo-Santo-Holz
8,5 × 17,5 × 5,5 cm
Sammlung Würth, Inv. K77
Erworben 2002

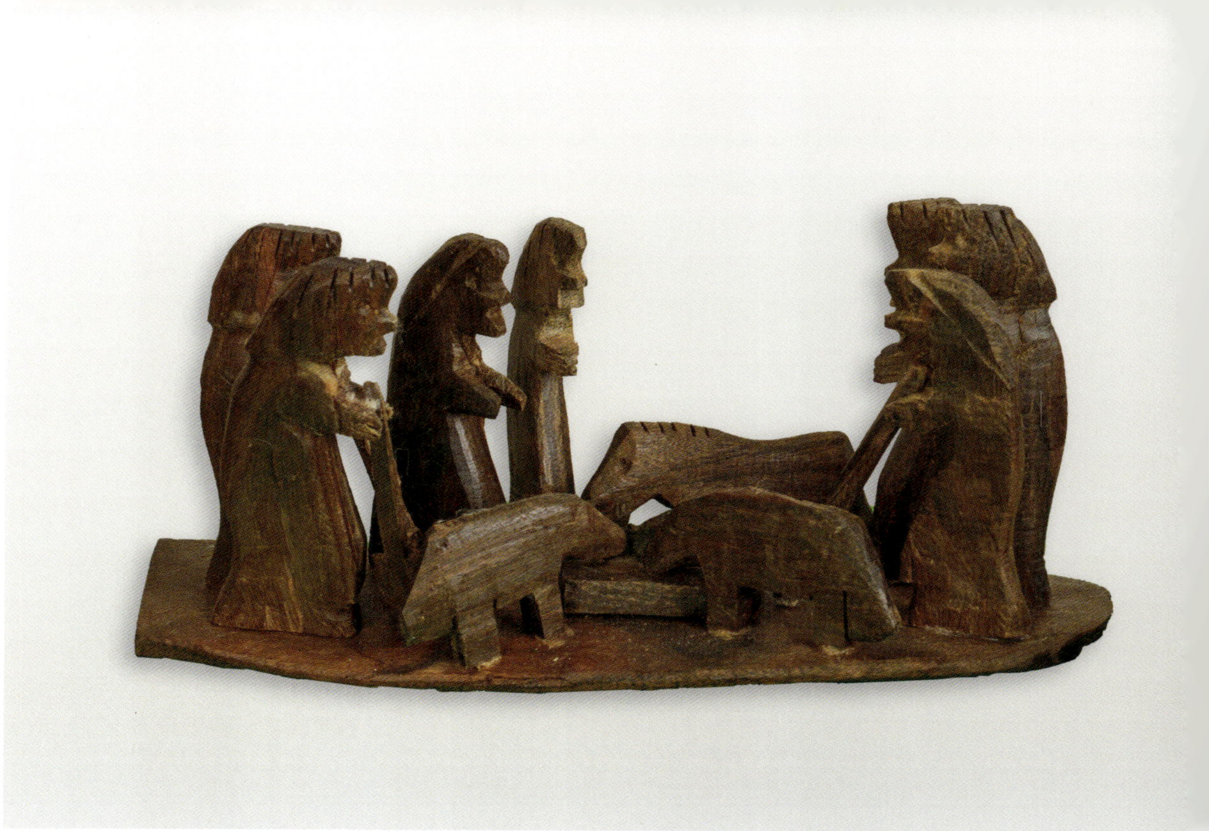

Argentinien
Kalebassenkrippe
bemalte Kalebassen
Höhe: 15 cm
Sammlung Würth, Inv. K78
Erworben 2002

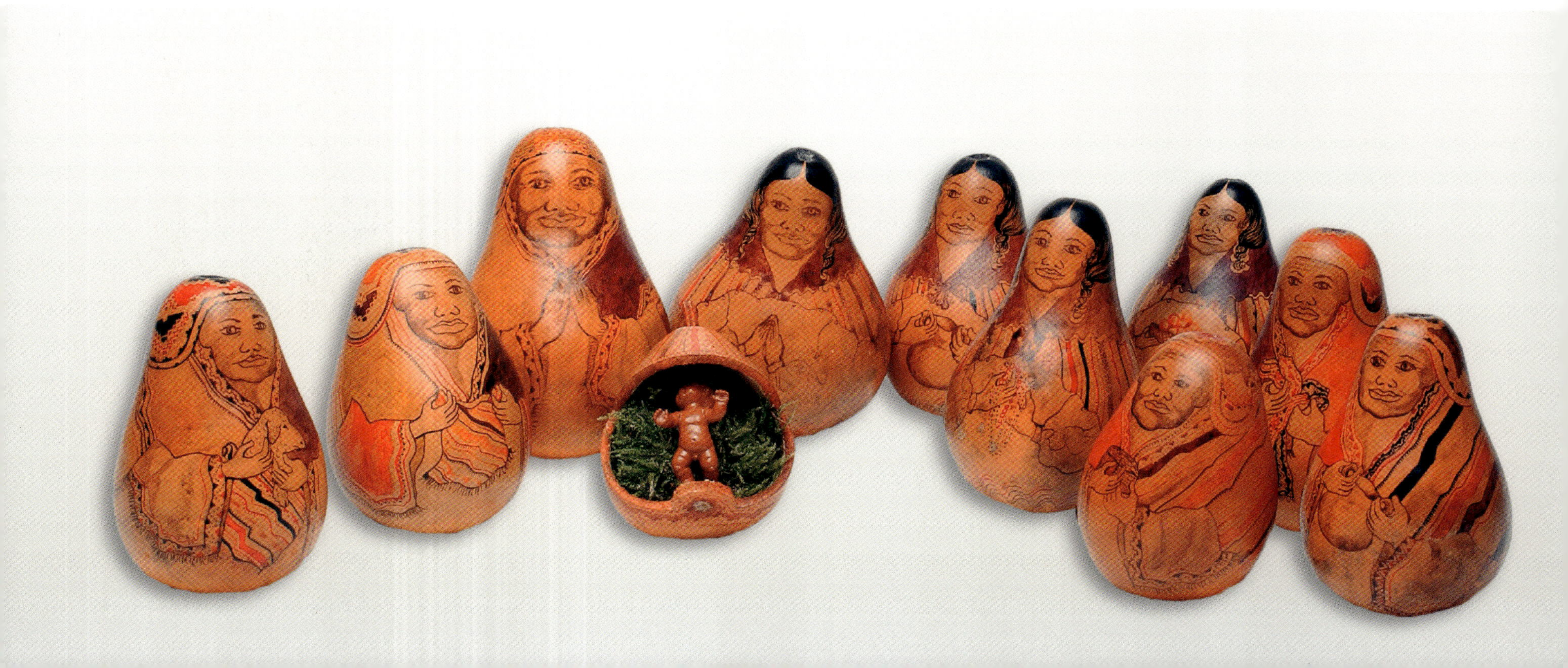

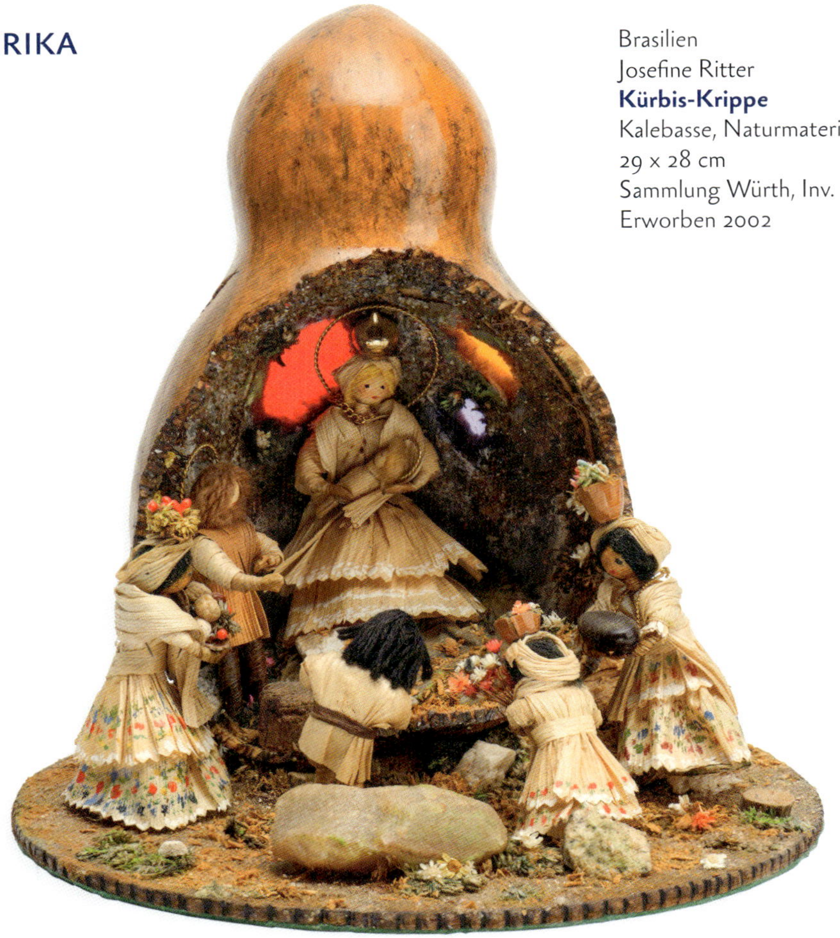

Brasilien
Josefine Ritter
Kürbis-Krippe
Kalebasse, Naturmaterialien
29 x 28 cm
Sammlung Würth, Inv. K94
Erworben 2002

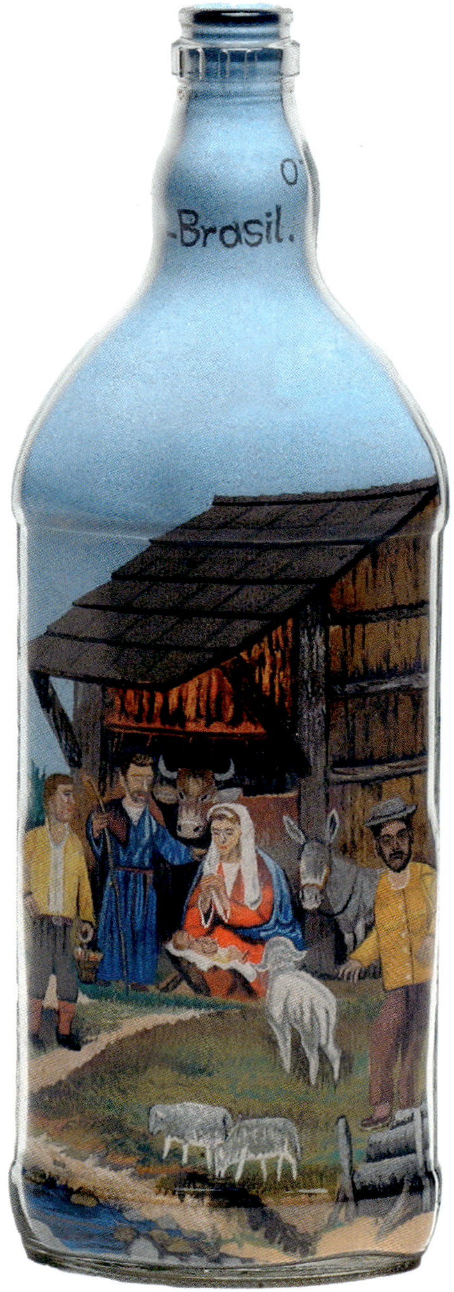

Brasilien
Sandflaschen-Krippe
Glas, gefärbter Sand
28,5 x 9 x 7,5 cm
Sammlung Würth, Inv. K789
Erworben 2002

Brasilien
Krippe mit Hahn und Engel
gebrannter und glasierter Ton
Höhe bis 6,5 cm
Sammlung Würth, Inv. K101
Erworben 2002

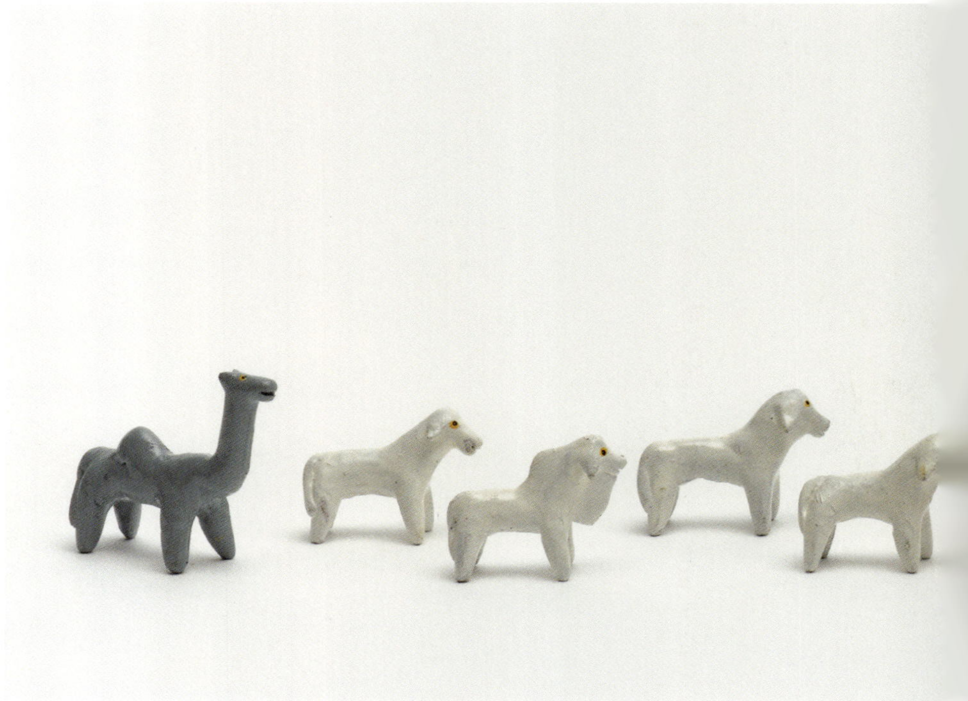

Ecuador
Kleine Salzteigkrippe
Salzteig
Höhe bis 10 cm
Sammlung Würth, Inv. K339
Erworben 2002

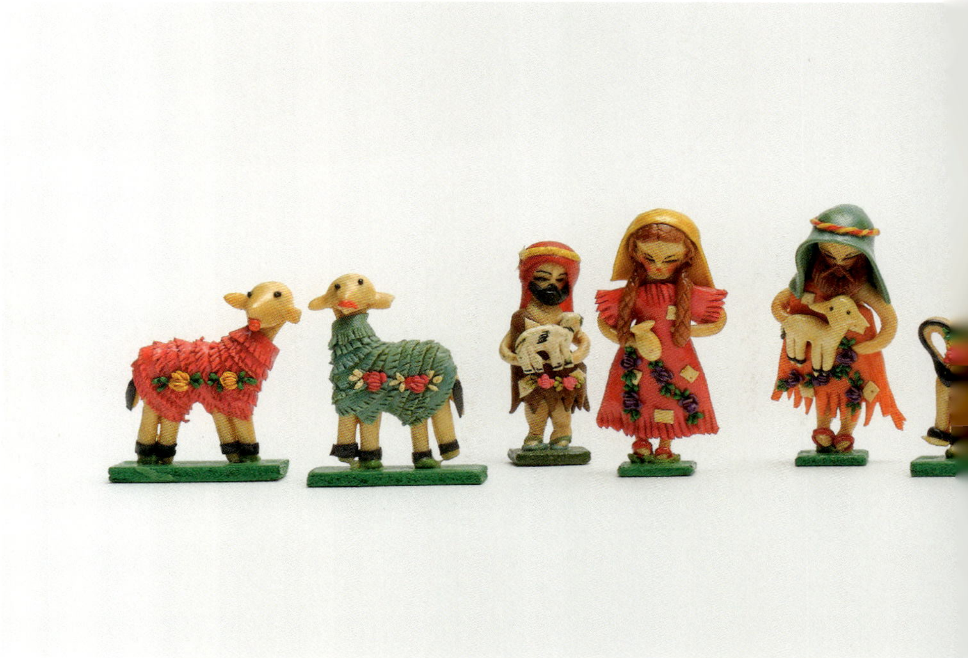

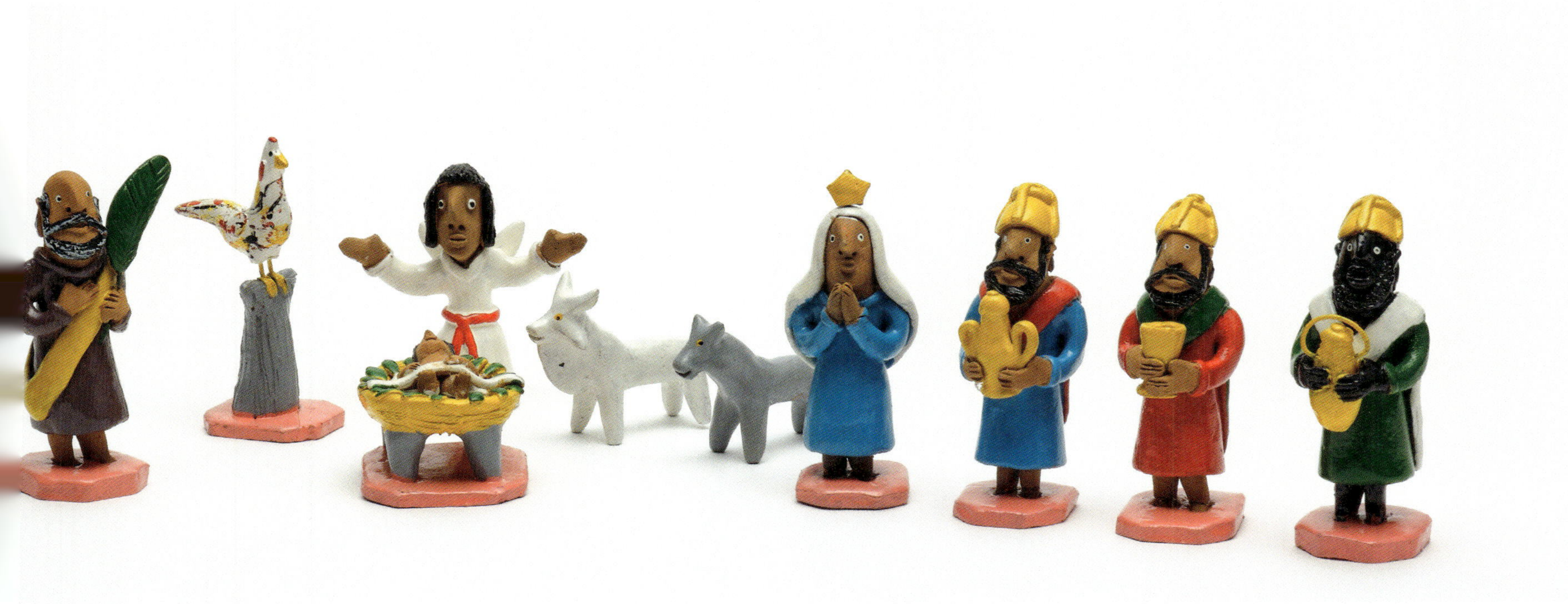

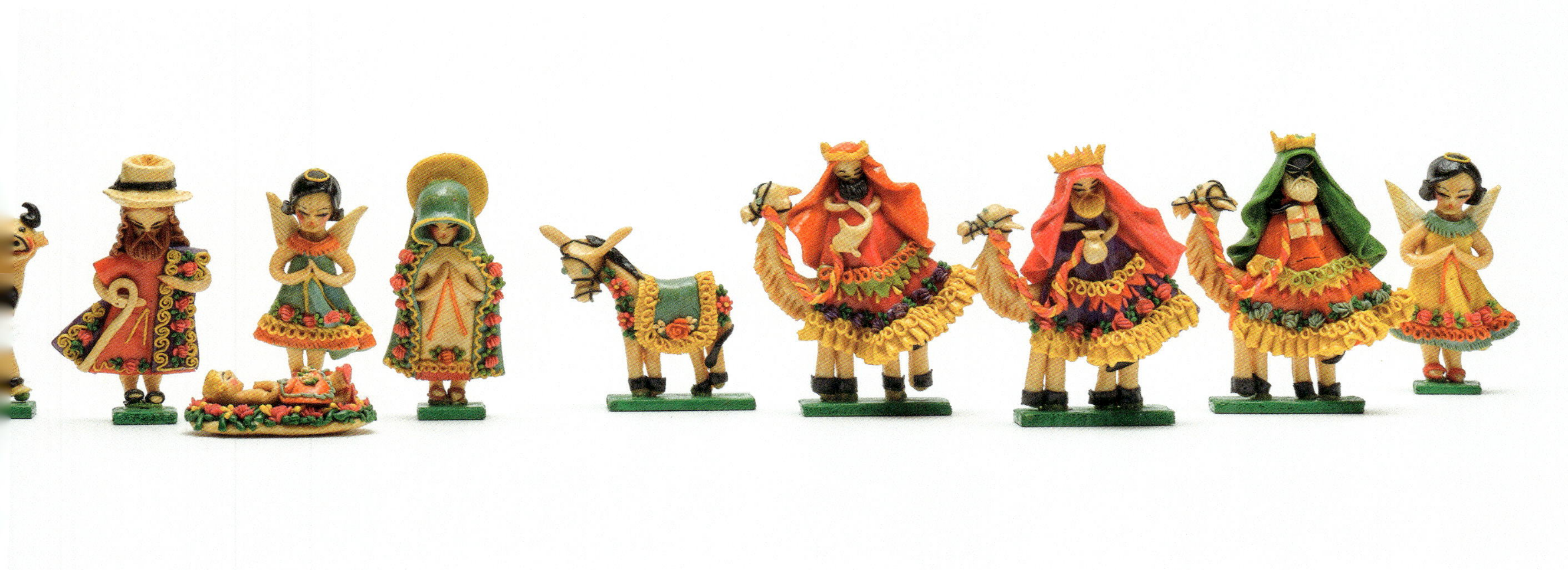

Ecuador
Große Salzteigkrippe
Salzteig, Wachs
Höhe bis 9 cm
Sammlung Würth, Inv. K340
Erworben 2002

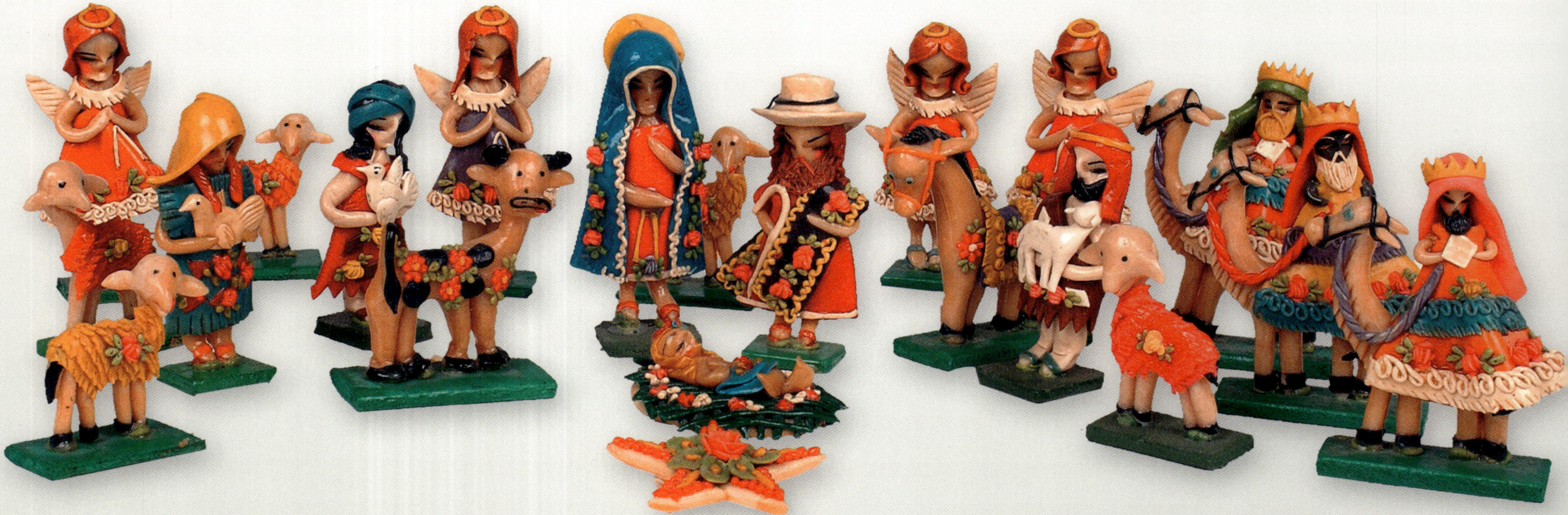

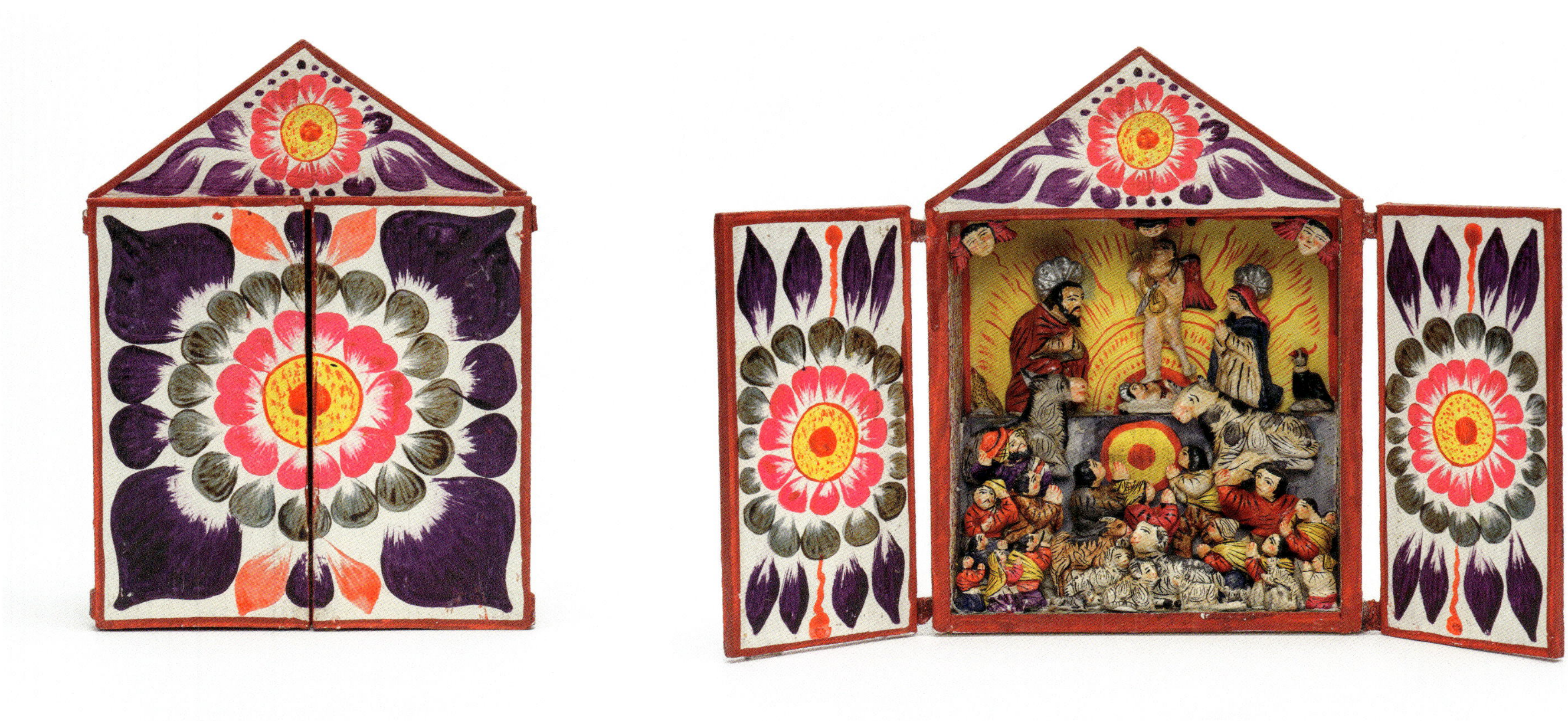

Peru
Retablo
gebrannter und lackierter Ton
27,5 x 40 x 7,5 cm
Sammlung Würth, Inv. K525
Erworben 2002

Die Autoren

Prof. Dr. h.c. mult. Reinhold Würth
Vorsitzender des Stiftungsaufsichtsrats
der Würth-Gruppe

C. Sylvia Weber
Geschäftsbereichsleiterin Kunst und Kultur in
der Würth-Gruppe, Direktorin Sammlung Würth

Dr. Beate Elsen-Schwedler
Stellvertretende Direktorin Sammlung Würth

Prof. Dr. Edwin Buchholz
Der Katalogtext von Edwin Buchholz stammt aus dem Jahr 2002 und wurde für diese Fassung leicht gekürzt und überarbeitet. Edwin Buchholz ist im Jahr 2015 im Alter von 85 Jahren verstorben.

WÜRTH

Der Katalog ist ein Projekt der
Adolf Würth GmbH & Co. KG

Herausgegeben von
C. Sylvia Weber

Redaktion
Friederike Höhn, Carla Mannschedel

Grafische Gestaltung
Büro Langemann, München
Danièle Appel

Lektorat
Isolde Bacher, Textdienst
Konzeption & Redaktion, Leinfelden-Echterdingen

Druck und Bindung
Jürgen Schweikert e. K., Obersulm-Eschenau

Fotonachweis

Archiv Würth: K70, K71, K78, K122, K250, K257, K269, K285, K306, K365, K366, K369, K377, K398, K404, K435, K437, K444, K445, K469, K550, K616, K608, K698, K726, K753, K789, K801, K807, K834, K979
Volker Naumann Fotografie: K76, K88, K95, K101, K107, K111, K112, K116, K123, K133, K159, K163, K270, K273, K294, K340, K336, K348, K351, K393, K401, K415, K417, K426, K448, K461, K465, K467, K468, K490, K524, K525, K544, K545, K548, K561, K562, K588, K593, K603, K604, K605, K607, K610, K 628, K644, K646, K648, K665, K688, K690, K693, K696, K719, K735, K741, K764, K765, K767, K781, K791, K794, K795, K806, K817, K822, K836, K829, K837, K840, K846, K847, K849, K875, K876, K986
Hans Neukircher Neale, Scanner GmbH: K73, K77, K80, K82, K105, K110, K114, K115, K120, K121, K125, K127, K130, K132, K135, K142, K 143, K144, K148, K150, K156, K181, K188, K199, K208, K242, K253, K259, K262, K264, K287, K288, K312, K342, K347, K355, K394, K412, K420, K424, K429, K442, K454, K455, K472, K473, K487, K507, K518, K520, K523, K535, K537, K555, K566, K567, K569, K570, K576, K579, K580, K583, K599, K602, K639, K640, K651, K675, K702, K992, K346, K614, K246, K717, K723, K740, K745, K746, K747, K756, K768, K769, K775, K783, K806, K811, K812, K823, K833, K843, K855, K867, K870, K871, K872, K874, K879, K881, K993, K998

ISBN 978-3-89929-449-1

Umschlag
Brasilien
Krippe mit Hahn und Engel
gebrannter und glasierter Ton
Höhe bis 6,5 cm
Sammlung Würth, Inv. K101
Erworben 2002